CONATUS

코나투스

: 습관성 자기계발 시대,
삶의 주도권을 지켜내는
일생이론

유영만 지음

*A stream of instinctive
desire to
continue one's existence*

행성B

PART 4
스스로 코나투스를 정의하라

CONATUS

습관성 자기계발을 멈춰야 자기가 계발된다

자기계발을 꾸준히 반복하는데 '자기'가 '계발'되기는커녕 오히려 '자아'가 '탕진'되는 이유를 한 번이라도 생각해본 적이 있는가? 위기는 무의식적 반복, 즉 관성에서 온다. 아침에 일어나자마자 습관적으로 스마트폰을 들여다보는 나는 왜 스마트해지지 않을까? 매일 유명인의 인사이트를 참고하는 사람인데 왜 경험에서 우러나는 인사이트는 찾아볼 수 없을까? 남들이 말하는 부자 되는 비법이나 특별한 성공법에 열광하는 사람들이 현실이 아닌 환상에 젖어 사는 이유는 무엇일까? 어쩌면 우리는 성공과 자기계발에 집착한 나머지 정말 중요한 것을 놓치고 있는지도 모른다.

코나투스는 '노력하다'는 뜻의 라틴어 'cōnor'에서 유래했다. 스피노자의 《에티카》[1]에 따르면 코나투스는 단순한 노력을 넘어, 존재를 유지하고 실존을 이어가려는 근원적 욕망이다. 나를 유지하고 살아 있게 하며 어제와 다르게 발전시키는 에너지가 바로 코나투스다. 코나투스가 위축되면 슬픈 감정이 생기고 우울해지며, 반대로 코나투스가 증진되면 기쁜 감정이 생기고 명랑한 삶이 펼쳐진다.

코나투스는 우리 존재의 기쁨을 강화하고 슬픔을 줄이려고 노력한다. 코나투스는 사람마다 다르게 작동한다. 내게는 삶을 고양시키는 낯선 마주침이 다른 사람에게는 오히려 삶을 위축시키는 방향으로 작용할 수도 있다.

진정한 자기계발을 이루려면 내면의 코나투스를 이해해야 한다. 그러나 언제부터인가 우리는 자기 보존 욕망인 코나투스를 외면하고 자기 변화를 추구하지 않은 채 타자의 욕망을 추종하면서 변덕스럽게 흔들리는 삶을 살아가고 있다. 자기 코나투스를 따르지 않는 이들의 삶은 행복하지 않다. 변덕스러운 세상의 성공 기준에 휩쓸리며 다른 누군가를 추종하는 사람이 아닌, 스스로 땀 흘리며 변화를 추구하는 사람이야말로 대체 불가능한 자기다운 삶을 사는 사람이다. 오늘보다 나은 내가 되려면 타인의 욕망에 휘둘리지 말아야 한다. 세상을 나의 욕망대로 살아가며 삶의 주도권을 지켜내는 힘이 바로 코나투스다. 코나투스를 알아야 진정한 자기계발이 이루어진다.

"모든 고귀한 것은 어렵고도 드물다."

스피노자가 쓴, 난해하기로 유명한 《에티카》의 마지막 문장이다. 여기에 '성공'이나 '성장'을 대입해도 뜻이 통한다. "모든 고귀한 성공은 어렵고도 드물다." 물론 성공을 하나의 기준이나 잣대로 평가하기에는 무리가 있다. 기준이 저마다 다르기 때문이다. 다만 '어렵고 드문' 성공이나 성장은 거기에 이를 특별한 비법도 쉽게 갈 지름길도 없다는 사실만큼은 분명하다. 그런데도 우리는 성공에 이르는 좁은 문을 잠깐의 노력만으로 손쉽게 통과할 수 있으리라는 환상에 심각할 정도로 중독되어 있다.

'상상하면 이루어진다'거나 '간절하게 원하면 현실이 된다'는 말은 모두 잘못된 인식을 심어주는 과장 광고이거나 왜곡된 선전이다. 이런 선전과 광고는 성공과 성장에 목마른 사람들을 유혹하는 미끼다. 여기에는 이미 성공했다고 자부하는 사람이나 돈을 많이 벌어서 부자가 된 사례들이 동원된다. 그들이 개발한 '비법'을 따라하기만 하면 누구나 성공하거나 부자가 될 수 있다는 주장은 억지 논리거나 잘못된 주장이다.

좌절을 부르는 SNS의 평균 올려 치기

"대학 안 가도 인생 안 망함. 돈 없는데 애 낳아도 인생 안 망함. 나이 많은데 뭔가 시작해도 인생 안 망함. 대신 인터넷에서 남들 사는 거랑 비교하기 시작하면, 내 정신은 반드시 망함."

위의 글은 '의외로 많은 사람이 모르는 삶의 진실'이라는 제목으로 한동안 SNS에서 유행했다. 글쓴이의 말처럼 인생은 쉽게 망하지 않는다. 문제는 '비교'다. 매일 올라오는 멋진 사진들, 화려한 쇼핑과 사치를 내 처지와 비교하고 열망하는 순간 삶은 비참해진다.

'대한민국을 망친 최악의 문화'라는 글이 인기를 끈 적이 있다.

글쓴이는 SNS가 활성화되면서 상류층 일부의 삶이 마치 우리 사회의 평균이라도 되는 것처럼 현실을 왜곡하는 문화가 생겼다는 점을 지적한다. 바로 '평균 올려 치기'다. SNS상의 화려한 이미지와 영상 그리고 메시지는 말 그대로 누군가에게 보이고 싶은(자랑하고 싶은) 삶의 단면일 뿐이다.

자기만 평균에 못 미치는 삶을 산다는 생각은 좌절과 열등감으로 이어지고 심하게는 자기혐오나 우울감을 불러온다. 우리나라는 치열한 경쟁 사회로 그만큼 남과 비교하고 눈치 보는 경향이 심하다. 그래서 심지어 연애와 결혼에도 '평균 올려 치기' 현상이 나타난다. 현실을 받아들이고 주어진 삶을 열심히 살아가기에는 스마트폰 화면 속 화려한 세상은 너무도 유혹적이다. 이미지의 홍수 속에서 삶은 점점 가벼워지고 미래는 암울해진다.

SNS는 특성상 때와 장소를 가리지 않는다. 우리 삶을 에워싸다시피 하면서 성공을 열망하게 만든다. 잘만 따라 하면 돈을 벌 수 있다는 성공학이나 부자학이 쏟아진다. 한번 관심을 준 SNS는 알고리즘을 통해 우리를 지배한다. 당장 오늘 해야 할 일을 하는 대신 부자가 된 자신을 꿈꾸며 스마트폰 화면에 등장하는 성공 스토리에 몰입한다. 보면 볼수록 더 많은 성공담이 등장한다. 마치 나만 빼고 거의 모든 사람이 부자가 된 듯한 착각이 들 정도다. 성공 비책들은 틈틈이 주식 투자나 새로운 사업 기회를 제안하고, 그것이 마치 부자로 가는 지름길인 양 홍보한다.

남의 성공에 열광할수록 멀어지는 나의 성공

모든 성공은 숱한 좌절과 절망을 거친 땀과 눈물의 합작품이다. 우리가 SNS에서 접하는 성공에는 이것이 빠져 있다. 과장된 성공 이미지를 자주 접하다 보면 특별한 방법만 알면 쉽게 성공하리라는 착각에 빠진다. 게다가 과대 포장된 화려한 삶은 필연적으로 지금 내 삶을 초라하게 만든다. 하루하루 빠듯하게 살아가는 나의 일상이 오히려 비정상적이며 잘못된 삶이라고 속삭인다. 평균적인 삶은 소위 일류 대학을 나오고 억대 연봉을 누리며 외제 차를 굴리는 것과는 거리가 멀다. 저녁에는 남들이 부러워하는 여가 활동을 하고, 주말에는 고급 음식점에서 브런치를 즐기고, 자주 호캉스 사진을 올리는 사람들은 소수다. 틈나는 대로 해외여행을 가며 이를 브이로그로 남기는 이들의 삶이 과연 평균일까?

미래는 예측한 대로 흘러가지 않는다. 내 삶이 앞으로 어떻게 될지는 오로지 그 사람의 선택과 노력만이 결정할 수 있다. 우리 삶은 미지수다. 그래서 아름답다. 그러나 과대 포장된 성공 '이미지'는 나를 삶이라는 '미지'의 세계로 이끌지 못한다. 노력 없이 성공하는 삶이 있다는 미신만 각인시킬 뿐이다. 불확실성이 지배하는 우리 삶을 성공으로 이끄는 유일한 방법은 용감하게 도전하는 것뿐이다. 뛰어들지 않으면 얻을 것도 없다.

다른 사람이 알려주는 성공 비법이나 '올려 치기'된 평균치에 매

달리는 사람들은 정해진 미래를 살고 싶어 한다. 노력으로 지금의 삶을 바꾸기보다 손쉽게 결론을 내고 싶어 한다. 당연히 요행을 바라게 되고 한탕주의에 휩쓸리기 쉽다.

'추종자'는 타인의 성공에 주목하지만 '추월자'는 지금 이 순간에 최선을 다한다. 성공하려면 먼저 남과 비교하는 일부터 멈추어야 한다. 그러지 않으면 스스로 노력하여 성취감을 맛볼 가능성은 물론 일상에서 우리가 누리는 작은 행복의 가치마저 잃게 된다.

성공하려면 우리를 초라하게 만드는 허황된 수사, 화려한 성공의 이미지와 결별해야 한다. SNS를 떠도는 성공담과 전시된 이미지는 삶을 바라보는 시각을 왜곡하여 그 폐해가 바이러스처럼 우리 몸에 스며들게 만든다. 타인의 성공에 열광하면 할수록 땀 흘리는 노고를 헛수고로 착각하게 된다.

스스로 가치를 결정하고 창조하는 성공법

세상의 유명한 처방전이나 비법도 수많은 시행착오 끝에 얻은 나만의 고유한 방법만 못하다. 다른 사람의 비법은 그것을 개발한 사람이 복잡한 환경 속에서 다양한 변수들의 통제를 받아가면서 몸으로 겪어본 경험적 깨달음의 산물이다. 밖에서 검증된 수많은 '성공 비법'이나 '부자가 되는 길'이 내게도 맞는다는 보장은 없다.

니체의 《선악의 저편》[2]에 따르면 주인으로 살아가는 사람은 스스로 가치를 결정하고 창조하는 사람이다. 반대로 다른 사람이 결정해준 가치를 추구하거나 자신의 성과를 다른 사람의 가치 판단에 맡기는 사람은 노예나 다름없다. 주인으로 살아가려면 내 몸에 맞는 방법을 스스로 찾아가면서 그 안에서 의미와 가치를 찾아야 한다. 아무리 좋은 가치를 지닌 물건도 내게는 의미 없을 수 있다. 자기계발도 마찬가지다. 한때 '아침형 인간'이 유행한 적이 있다. 그러나 새벽에 일어나는 습관이 몸에 맞는 사람이 있고 그렇지 않은 사람도 있다. 게다가 성공한 사람이라고 해서 모두 새벽에 일어나지는 않았다. 성공에는 단지 노력과 경험이 필요하다. 나와 환경이 구체적인 삶의 현장에서 마찰을 일으키고 충돌하면서 자연스럽게 체화될 때, 비로소 나만의 고유한 자기계발 비법이 만들어진다.

다른 사람의 주장이나 견해에 일방적으로 매몰되는 것만큼 위험한 것은 없다. 세상의 모든 주장이나 견해는 저마다 문제의식과 사연과 배경이 있다. 배경 없이 대상은 드러나지 않는다. 모든 주장과 견해는 그것이 탄생될 수밖에 없었던 당시의 배경을 함께 이해할 때 오류 없이 온전히 받아들일 수 있다. 누가 어떤 환경에서 누구의 도움을 받고 어떤 과정을 통해서 탄생했는지 꼼꼼히 따져보는 사고 과정의 부재는 무조건적 추종과 맹목적 믿음을 낳는다.

중국 당나라 시대의 고승인 임제 선사는 주인의 인생을 사는 방법을 다음과 같은 파격적인 말로 제시했다. "부처를 만나면 부처를 죽이고, 부모를 만나면 부모를 죽이고, 친척을 만나면 친척을 죽여라." 임제의 주장을 자기계발에 대입해 생각해보면, 성공했다는 사람들의 메시지를 무조건 믿지 말고 주체적으로 받아들이라는 말로 이해할 수 있다. 니체식으로 해석하자면 타자의 가치를 맹종하는 '노예의식'을 버리라는 뜻이겠다. 자기 삶을 주체적으로 영위하지 못하고 타인의 권위에 맹목적으로 복종하며 살아가는 노예근성을 없애야 주인으로 살아갈 수 있는 길이 열린다는 의미다.

비밀의 열쇠는 밖이 아닌 안에 있다

많은 사람이 성공을 원한다. 그들을 겨냥해 부자가 되는 법, 성공 비결 등을 담았다고 주장하는 책이나 영상물이 쏟아지고 있다. 난무하는 '비법'들 속에서 사람들은 저마다 성공을 향해 질주한다. 하지만 정작 성공을 향해 뚜벅뚜벅 걸어가는 사람, 자기 일에 몰입하며 성장하는 사람은 찾아보기 힘들다. 심지어 성공한 사람들이 가르쳐준 방법으로 성공하고 부자가 된 사례보다 '처방전'에 중독되어 어려운 현실에서 헤어 나오지 못하는 사람이 더 많아지고 있다. 그 이유가 무엇일까?

다른 사람의 비법을 주문처럼 외우며 자기 확신에 사로잡힌다고 해서 성공이 보장되지는 않는다. 오히려 남의 성공 비법에 의존할수록 자유로운 주인의 삶은 어려워진다. 스스로 주체적인 삶을 살고 있는지는 글쓰기로 확인할 수 있다. 지금 당장 특정한 주제로 혹은 생각나는 대로 글을 써보자. 언어로 드러난 생각, 즉 글로 건축된 문장이 바로 내 삶의 현주소다. 다른 사람의 신념이나 주장에 사로잡혀 있을수록 문장은 뻔해지고 내용도 초라해진다. 주체적인 내 생각이 담겨 있지 않기 때문이다. 남의 견해나 주장에 의존할수록 내 존재 가치는 평가 절하된다. 자기계발도 그렇다. 남이 알려주는 대로 하다가는 자기가 계발되기는커녕 오히려 자기를 잃게 된다. 주체적으로 살아야 생각과 행동이 바뀌며 주도적으로 원칙과 가치도 만들어낼 수 있다.

인생은 뜻대로 되지 않을 때가 더 많다. 그렇다고 실망할 필요는 없다. 계획대로 풀리지 않고 곤경에 처하거나 예기치 못한 사고로 난국에 처하는 경험은 나를 어제와 다른 세계로 인도해주는 소중한 자산이다. 시행착오 속에서 배우고 어제보다 나아진 작은 성공이야말로 스스로 거듭나게 하는 원동력이다.

내 삶을 능가하는 글을 쓸 수 없고 삶을 능가하는 생각도 없다. 진정한 자기계발은 자기의 존재 이유를 찾는 일이자 나만의 길을 찾아내려는 안간힘 속에서 발견하는 비밀이다. 그 비밀의 열쇠는 밖에 있지 않고 내 안에 있다. 존재 이유를 찾아낸 사람이 바로 자유를 찾은 사람이며 자유를 찾은 사람만이 주인의 인생을 살아갈 수 있다.

성공에 이르는 가장 확실한 길은 기도보다 시도, 남의 생각 읽기보다 내 생각 쓰기, 치밀한 계획과 철저한 준비보다 과감한 실천과 지루한 반복, 간절한 목표와 원대한 꿈보다 지금 시작하며 나만의 방법을 개발하는 데 있다. 자기계발은 자기 암시나 마인드 컨트롤로 움직이는 정신노동이 아니라 육체노동이다. 나의 미래는 마음이 아니라 몸이 결정한다. 야생의 텃밭에서 획득한 신체성만큼 자기 정체성이 생기고 미래가 바뀐다. 주어진 환경과 조건에서 몸을 움직여 실천하고 시행착오를 겪으며 깨달은 만큼 자기가 계발된다.

성공이나 성취는 요행의 산물이 아니라 지루한 실행의 부산물이다. 모루 위에서 단련되는 백련강(百錬剛)처럼 지루한 실천을 반복하는 고통 속에서도 성장하는 체험과 성취감을 맛보는 사람만이 성공할 수 있다. 주어진 환경을 배경 삼아 노력하는 여정이야말로 나를 중심에 세우고 주인으로 살아가게 하는 보루가 된다. 자기 몸으로 험난한 인생의 파고를 넘어본 사람만이 자신만의 언어를 가질 수 있다. 그런 사람만이 세상이 부추기는 욕망의 물결에 휩쓸리지 않고 자기 중심을 잡는다. 또한 경험적 깨달음을 자기 언어로 번역하여 일생일대의 사건, 즉 자기만의 일생이론을 구축할 수 있다.

CONATUS

: 일생이론을 구축하는 이들에게

A stream of instinctive desire to continue one's existence

공허한 성공을 꿈꾸는 이에게
철학자 들뢰즈가 건네는 쓴소리

성공과 부는 어디에 있는가

습관성 자기계발에 심취한 이들은 다른 사람의 성공 스토리나 비법에 중독된 나머지 손가락만 움직인다. 그러면서 이미 성공한 듯한 착각에 빠지는, 성공 도파민에 중독된 모습을 보인다. 자기계발은 SNS에서 눈으로 하는 게 아니라 손발을 움직이며 몸으로 힘든 노력을 전개할 때 비로소 일어나는 상황적 산물이다. '자기계발'이 상황적 산물이라는 말은 개인 차원의 외로운 노력만으로는 원하는 대로 쉽게 계발되지 않는다는 뜻이다. 즉 상황에 따라 노력해도 실패할 수 있다는 말이다. 내가 통제할 수 없는 무수한 변수들이 복잡하게 상호작용하는 전쟁터와 같은 일상에서 어떤 사람의 자기계발 비법을 일반화하여 따라 하기를 강권할 수 없는 이유다.

자기계발 책의 독자이자 작가로서 나는 자기계발의 소중한 가치를 충분히 이해한다. 그러나 여기에는 허점도 있다. 아마도 많은 사람이 느끼고 있겠지만, 이를 공개적으로 드러내거나 비판적으로 논의하는 경우는 드물다. 우리는 지금껏 자기계발을 통해 도달해야 할 궁극적인 경지를 전제해왔다. 그리고 여기에 이르는 최상의 방법과 처방을 담았다는 책을 수없이 만나왔다.

부자가 되는 방법과 성공할 수 있다는 믿음의 전파는 자기계발서의 역할이자 존재 이유다. 그런데 이는 마치 고대 플라톤 이래로 철학계에 있어온 '이데아론'에 가깝다. 이를 다루는 철학자들은 이상적인 세계나 궁극적인 본질을 따로 상정하고 여기에 이르는 방법을 탐구했다.

사람마다 코나투스가 증진되는 방향과 방식이 다르다. 마찬가지로 자기계발도 저마다의 고유한 방식으로 이루어져야 한다. 문제는 다름과 차이라는 코나투스의 속성을 간과할 때 생긴다. 마치 하나의 보편적 코나투스가 존재하는 것처럼 생각하고 이를 그대로 따라 하면 누구나 성공할 수 있다는 잘못된 신념을 키운다. 그러나 이는 현실과 다르다.

성공과 부는 모든 이가 이상적인 꿈과 목표로 삼는 하나의 '이데아'로서 존재하는가? 자기계발을 통해서 우리가 도달해야 할 목적지이자 변함없는 진리, 혹은 본질인가? 결론부터 말하자면 성공은 현실이나 복잡한 상황적 맥락과 동떨어져 존재하지 않는다. 또한 사람마다 본능적으로 욕망하는 코나투스나 생각하는 성공의 의미가 다르듯 성공에 이르는 길도 제각각이다. 절대적인 성공이란 있을 수 없다는 뜻이다. 진리라 여겨지는 성공 비법을 열심히 따라 해도 목적을 이룰 수 없는 데는 이런 이유가 있다. 모든 성공은 성공에 이르는 수많은 변수가 특정한 상황에서 다양한 변수들과 복잡한 상호작용을 하는 가운데 효력을 발휘했기 때문에 일어난 결과다. 저마다 코나투스가 고유한 것은 물론 목적지가 다르고 경로가 다른데 어떻게 하나의 이상적인 등반로가 존재할 수 있단 말인가.

동일성의 범주 안에 갇힌 고유의 가치

지금까지 우리가 추구해왔던 자기계발을 프랑스 철학자 들뢰즈에게 묻는다면 아마도 '동일성의 패러다임'이라고 비판할 것이다. 무슨 뜻일까? 예를 들어 우리는 개, 돼지, 소, 고양이, 양, 호랑이를 모두 '동물'이라는 하나의 범주로 묶어서 이해한다. 우리의 사고 체계상 일일이 구분하지 않고 묶어서 관리하니 효율적이다. 하지만 여기에는 치명적인 단점이 있다. 각각의 존재가 하나의 범주로 묶이는 순간 개별성이 사라진다. 우리가 아는 개와 돼지는 분명히 다르다. 개는 개 나름의 속성과 존재적 가치가 있다. 그럼에도 이러한 존재 간 차별성은 무시되고 동일성의 범주로 획일화된다.

또 하나 예를 들면 학교가 있다. 교실에는 다양한 사람들이 모여 있다. 이들은 모두 개성 있는 존재들로 생김새와 기질, 성격이 다르다. 그런데 이들을 '학생'이라는 이름으로 규정하는 순간 모두가 공부 혹은 입시라는 동일한 목표를 달성해야 되는 존재가 된다. 저마다의 인격과 무한한 가능성, 잠재력은 무시되고 성적에 따른 서열화의 대상, 좋은 대학에 보내야 하는 관리의 대상이 된다. 우리는 우리가 호명하는 대로 인식한다.

우리는 일상에서 수많은 꽃을 지나친다. 매일 보는 것이지만 특별한 감흥이 없다. 그들이 '꽃'이기 때문이다. 만약 하나하나 이름을 대면서 산수유, 개나리, 철쭉, 민들레라고 불러준다면 어떨까? 아마도 그 '꽃'들은 어제와는 다른 새로운 존재로 다가올 것이다. 이처럼 우리는 세상의 많은 사물을 동일성의 범주에 가두면서 그들 고유의 가치를 빼앗는 오류를 반복하고 있다. 세세한 차이를 부정하고 덩어리로 인식하는 세계관에서, 차이는 표준화를 방해하고 생산성을 떨어뜨리는 부정적인 요소다. 이런 세계관은 하나로 뭉뚱그려지고 이상화된 자기계발상을 우리 앞에 내놓는다.

단지 다른 성공이 있을 뿐이다

자기계발로 성공했다는 사람 중 일부는 성공으로 이끄는 변함 없는 진리가 있다고 주장한다. 시공간을 초월해 언제 어떤 상황에서도 보편적으로 적용되는 법칙으로 이를 따르면 누구나 반드시 성공한다고 한다. 동일성의 패러다임이다. 이 논리로 보면 자기계발에는 보편타당한 단 한 가지 방법만 있다. 하지만 실상은 그렇지 않다. 어떤 성공 방정식도 대상과 상황에 따라 결과가 다르다.

인상파 화가 모네는 루앙 대성당을 그렸는데, 시간대와 시점을 달리하여 수십 편의 작품으로 남겼다. 작품 이름도 〈밝은 햇살, 푸른색과 황금색의 조화〉, 〈아침 햇살, 푸른색의 조화〉 등이다. 시간대에 따라 빛과 그림자가 빚어내는 양상이 다르다. 화가는 이에 따라 시시각각 변하는 풍경을 오롯이 담아내고 싶어 했다.

루앙 대성당의 본질이나 이데아는 없다. 모네가 본질이나 이상을 염두에 두었다면 단 한 장의 가장 잘된 작품만 남겼을 것이다. 하지만 모네는 수십 개의 화폭에 루앙 대성당을 그렸다. 동일성의 패러다임으로 바라본다면 이들은 모두 루앙 대성당이다. 그러나 이들 그림에서 중요한 것은 '차이'다. 우리가 보는 것은 특정한 시간대, 특정한 빛들이 빚어낸 '그 순간의 대성당'이다. 어떤 것이 가장 루앙 대성당에 가깝다고 말할 수 없다. 현실에는 다만 차이가 존재할 뿐이다.

자기계발 혹은 성공도 마찬가지다. 단 하나의 성공은 없다. 저마다 고유의 방식으로 자신이 가치관을 따라가다 보면 만나는 것이 바로 성공이다. 당연히 목적지가 다 다를 수밖에 없다. 모네가 그린 수십 편의 작품은 루앙 대성당의 극히 일부를 담았을 뿐이다. 어제의 대성당은 오늘의 대성당과 또 다르다. 하물며 이를 화폭에 담은 그림을 두고 무엇이 가장 이상적인지, 무엇이 진짜 대성당 그림인지 판단할 수 없다. 저마다 의미가 있고 가치가 있다. 틀린 그림은 없다. 단지 다른 그림이 있을 뿐이다. 우리가 꿈꾸는 성공 역시 그렇다.

차이는 현실 세계의 모습을 드러내려는 저항

다시 강조하지만 성공에 이르는 가장 완벽한 길은 없다. 각자의 방식으로 노력하면서, 인생의 길 위에서 마주하는 다양한 장애물을 상황적 맥락에 따라 지혜롭게 극복할 때 우리는 비로소 성공과 만난다.

철학자 들뢰즈가 《차이와 반복》[3]에서 주장하는 핵심 메시지를 자기계발과 연결 지어 생각할 수 있다. 기존 자기계발서들은 이미 성공했거나 돈을 벌어서 부자가 된 사람을 따라 하면, 즉 동일성을 반복하면 당신도 그렇게 될 거라고 말한다. 하지만 우리가 목도하는 진실은 그와 다르다. 그들과 똑같이 되려는 행위, 즉 반복되는 동일성 추구는 획일화되고 평준화된 자기계발을 낳을 뿐이다. 상품으로 치면 개성 없는 공산품만 대량 생산해내는 식이다. 이는 우리가 사는 자본주의 사회의 속성이기도 하다.

일찍이 앤디 워홀은 이러한 비판적 인식을 자신의 작품에 담았다. 1962년작 〈캠벨 수프 캔〉에는 32개의 통조림이 등장하고 〈마릴린 먼로 두 폭〉이라는 그림에는 50개의 마릴린 먼로 초상이 등장한다.

하나같이 개성 없이 복제된 듯한 이미지다. 이런 그림들을 통해 작가는 무슨 말을 하고 싶었던 걸까?

한편으로 대량 생산, 대량 소비로 움직이는 자본주의 사회를 풍자하면서 다른 한편으로는 그 무엇도 본질이나 이데아일 수 없다는 말을 하고 싶었는지 모른다. 우리는 이미 그런 세상에 살고 있다. 무한 복제되는 디지털 이미지, 음악, 동영상의 홍수 속에서 원본을 찾는 일은 무의미하다. 모든 것이 획일화된 세계, 무한 복제의 세계에서 동일성은 극복의 대상이 된다. 이때 중요한 것이 '차이'다.

차이는 우리가 사는 세계를 새롭게 만든다. 여기 하나의 사과가 놓여 있다. 마트에 쌓여 있는 사과들과 다르지 않다. 그저 '사과'라는 추상적인 개념으로 단순하게 보면 진짜 사과를 인식할 길이 막혀버린다. 모네가 루앙 대성당 앞에 서서 시시각각 변하는 모습, 즉 차이에 주목했던 것처럼 사과를 대해보자. 손을 내밀어 부드러운 표면을 만져보고 한입 깨물어보면서 맛과 향을 느껴보자. 최대한 다양한 시각과 관점에서 사과를 볼 때, 사과는 이제껏 알지 못했던 의미로 우리에게 다가온다. 이때의 사과는 국어사전에 나오는 그런 사과가 아니다. 세상 모든 사물이 그렇다. 선입견과 편견으로 점철된 동일성 안에 포섭되는 순간 구체성은 거세된다. 추상적인 개념으로 사물이나 현상을 대하면 현실 세계에서 드러나는 구체적인 차이를 포착하지 못한다. 차이를 알 때 비로소 사과의 진면목이 드러난다.

수천 년 전 고대 그리스인이던 플라톤은 이데아만이 본질이자 진리라고 역설했다. 그에게 현실은 모두 이데아의 그림자, 즉 허상이자 환상에 불과하다. '차이'는 현실을 평가 절하하는 플라톤의 이분법적 세계관에 대한 저항이다. 차이는 추상적 개념으로 범주화된 세계 안에서 현실 세계의 참모습을 드러낸다.

나무형 자기계발과 뿌리줄기형 자기계발

들뢰즈와 가타리는 《천 개의 고원》[4]에서 인간의 사유를 두 가지로 나눈다. 하나는 나무(tree) 또는 수목형 사고이고 다른 하나는 리좀(rhizome)형 또는 뿌리줄기형 사고다.

나무형 사고방식은 변하지 않는 중심(근본)이 있고, 여기에서 모든 것이 뻗어나간다. 큰 줄기 아래 작은 줄기, 다시 그 아래 더 작은 줄기로 이루어지는 위계적 체계다. 반면에 리좀형은 뿌리줄기처럼 온갖 방향으로 뻗어나간다. 따로 중심이 없으며 언제 어디서든 다른 뿌리줄기와 만난다. 수평적 연결과 우발적 접속을 중시하는 사고방식이다.

나무형 사고방식은 중심과 변방(주변)으로 이루어지는 이분법적 체계로 상하 또는 주종관계를 강조한다. 이에 반해 리좀형 사고는 출발과 끝, 중앙과 주변이 구분되지 않고 타자와 부단히 접속한다. 여기서는 우발적 마주침과 이를 기반으로 새롭게 재탄생되는 과정이 강조된다. 나무형 사고방식은 플라톤의 이데아적 세계관을 반영한다. 본질은 이미 정해져 있고 오로지 발견되기만을 기다린다고 가정한다. 하지만 리좀형 사고방식은 본질이 어딘가에 이미 존재하는 것이 아니다. 한 존재가 다른 존재와 만나면서 관계에 따라 부단히 변화된다고 가정한다. 이들 사고방식 간 차이는 자기계발을 대하는 태도에서도 드러난다.

나무형 자기계발은 가장 이상적인 모습이 중심에 있다. 여기서 또 다른 존재가 저마다의 방식으로 성장해나간다. 중심을 롤 모델 삼아 변화를 추구하는 셈이다. 말하자면 나무형 자기계발에서는 이미 성공한 사람이 중앙에 자리한다. 이들은 지금까지 자신들이 해온 방식이야말로 최고의 성공 방정식이니 그대로 따르면 성공은 보장된다고 주장한다. 들뢰즈의 이론으로 해석하자면 동일성을 반복하는 수직적 위계 구조의 산물이다.

나무형 자기계발은 누가 성공한 사람인지, 부자가 된 사람은 누구인지를 먼저 묻는다. 그런 다음 그와 동일한 방식으로 자기계발을 반복하면 성공을 재생산할 수 있다는 가정을 갖고 있다. 이는 끊임없이 컨베이어 벨트가 움직이면서 똑같은 상품이 대량 생산되는 장면을 연상시킨다. 거푸집 하나로 같은 모양의 제품을 계속해서 찍어내는 공장도 같은 맥락이겠다. 여기에는 정해진 성공 모델이 있다. 그래서 '나도 그와 똑같은 사람이 되고 싶다'는 욕망이 작동한다.

하지만 현실은 다르다. 이렇게 해서는 성공하기 어렵다. 세상에 똑같은 사람은 없기 때문이다. 성공한 사람이나 부자가 된 사람의 실제 모습을 보았는가? 그들은 하나같이 개성이 강하다. 겉모습은 물론 추구하는 가치도 천차만별이다. 이들이 걸어온 길은 더욱 그렇다. 실상을 보면 성공으로 가는 길에 최고의 방법이나 매뉴얼은 존재하지 않는다. 그 결과 나무형 자기계발이 반복될수록 길을 잃는 사람이 더 많아진다.

낯선 사건, 우발적 마주침과 깨우침

'같음'은 다름과 차이를 제거한 추상화된 관념의 세계에서나 존재한다. 현실은 다름과 차이라는 텃밭에서 어제와 다른 오늘의 내가 무럭무럭 자라는 무한 변신의 세계다.

예를 들어, A는 누구보다도 성공을 원한다. 그는 이미 성공했다고 평가받는 B를 닮고 싶어 한다. 그를 동경하면서 그만의 성공 비법을 담았다는 책을 탐독한다. 동일성을 반복하는 '나무형 자기계발'이다. 한편 똑같이 성공을 꿈꾸는 사람 C가 있다. 그 역시 B의 성공을 높이 평가한다. 그를 본받고 싶어 하며 그에 관한 책을 읽는다. 그러나 A와 달리 B의 '성공 비법'에 매몰되지 않는다. 그는 이 밖에도 다양한 사람들을 만나 그들의 노력과 장점을 연구한다. 어제의 자기보다 한층 나아진 사람이 되고자 노력한다. 이렇게 성공이라는 목표를 향해 가되, 다양한 가능성과 관계를 통해 자기를 변화시켜 나아가는 방식, 진정한 차이를 추구하는 방식이 바로 '리좀형 자기계발'이다.

'리좀형 자기계발'은 한 개인의 무한한 노력보다 그가 타자와 맺는 관계에 따라 결과가 달라진다. 마치 뿌리줄기가 땅속에서 확장하는 모습을 닮았다. 언제 어디서 어떤 뿌리와 만날지 알 수 없다. 무한한 가능성이 그 안에는 존재한다. 우리 존재의 본질도 그렇다. 살아가면서 언제 어디서 누구와 상호작용하느냐에 따라 당사자들은 물론 이들을 둘러싼 환경도 변화한다.

여기서 성공은 이데아처럼 저 멀리 어딘가에 따로 존재하지 않는다. 지금 여기 이 자리에서 내가 맺는 관계에 따라 부단히 모습을 바꿔나갈 뿐이다. 마치 종이의 본질이 따로 정해져 있는 게 아니라, 그 안에 정답을 요구하는 질문이 있으면 시험지가 되고, 상대에게 전하고 싶은 말이 있으면 편지지가 되듯이 말이다. 우리가 사는 세상은 다양한 방식으로 다양한 사물들이 서로 만나면서 차이를 드러내고 상호 변화하는 역동성의 세계다. 이 안에서는 그 무엇도 미리 정해지지 않는다. 중요한 것은 개체 간 차이와 관계다.

만약 부단히 자기계발을 모색함에도 남들과 같은 사람으로 변해가고 있다면 내가 정말 올바른 길을 가고 있는지 한 번쯤 돌아보아야 한다. 이런 자기계발은 진정한 의미의 자아 창조나 자기 변신으로 이어지지 못한다. 어제와 오늘의 차이를 만들지 못하는 자기계발을 반복할수록 동일성의 패러다임에 갇히게 된다. 이런 자기계발은 들뢰즈에 따르면 "반복의 이유를 상실한" 노력이다.

들뢰즈의 《프루스트와 기호들》[5]에 따르면, 같음이 반복되면 기호가 발생하지 않는다. 여기서 '기호'는 낯선 마주침으로 생기는 '해석되지 않은 의미'다. 이는 이전과 다른 해석을 요구하며, 그 과정에서 낯선 생각이 잉태된다. 들뢰즈가 말하는 낯선 환경과의 우발적 마주침이 바로 '사건'이다. 사건은 결국 '같음의 반복'이 아니라 '차이의 반복'이 생산하는 비자발적 산물이다. 대체 불가능하며 반복이 불가능한 사건은 언제나 낯선 기호를 발생시킨다. 그 기호는 언제나 차이를 품고 있다.

일생이론이 영원히 미완성인 이유

나는 지금까지 책을 100권 가까이 쓰거나 번역했지만 이를 '책 쓰기'라는 추상적 범주로 한데 묶어 그간의 노력을 한 권의 매뉴얼로 만들 수 없다. 각기 차이를 가지기 때문이다. 문제의식, 메시지, 책을 쓰는 과정에서 생각하며 느끼고 깨달은 교훈, 장애물이나 난관 등은 책별로 다르다. 내게 있어 저술 활동은 다양한 기호를 발생시키는 하나의 '사건'이다.

동일한 사건이 반복될 수 없듯이 동일한 책 쓰기란 없다. 오로지 어제와 다른 책 쓰기, 즉 차이가 반복될 뿐이다. 앤디 워홀이 작품

속에서 같은 이미지를 반복했을 때 우리는 그 안에서 동일성과 함께 미묘한 차이를 만난다. 누구도 영원히 같음을 반복할 수 없다는 메시지다. 이처럼 현실의 본래 모습은 '차이 그 자체'를 내포하고 있다는 게 들뢰즈의 주장이다. 이를 드러내는 노력이 바로 '반복'이다. 반복해서 대상을 그리다 보면 미묘한 차이가 발생하고, 반복해서 책을 쓰다 보면 다름과 차이를 드러낸다. 니체가 말한바, 모든 존재는 무한히 반복한다는 '영원 회귀' 역시 차이를 드러내는 반복이다. 내가 100여 권의 책을 쓰면서 여전히 지치지 않고 다음 책 쓰기를 구상하는 원동력도 여기에 있다. 들뢰즈가 말하는 차이의 반복에서 나오는 마주침과 깨우침의 이중주곡을 들을 수 있기 때문이다. 책 쓰기가 동일한 생각과 느낌, 동일한 프로세스를 따르는 일의 반복이었다면 벌써 그만두었을 것이다.

내가 지치지 않고 책을 쓰게 만드는 동력은 욕구보다는 욕망에 가깝다. 철학자 레비나스는 '욕구'와 '욕망'을 구분한다. 《성숙, 레비나스와의 시간》°을 낸 박동섭 독립연구자에 따르면 욕구는 본래 있어야 할 것이 없어서 원상회복을 요구하는 상태인 반면, 욕망은 이제껏 존재하지 않는 미지의 것을 끊임없이 추구하는 상태다. 욕구는 무엇이 부족한지 알기 때문에 이를 채우면 충족된다. 하지만 욕망은 그럴 수 없다. 알 수 없는 결핍 혹은 허기를 무엇으로 채울 수 있단 말인가. 욕망은 미지의 세계를 끊임없이 탐구하려는 꺾이지 않는 의지와도 같다.

일생이론을 추구하는 사람이라면 철학자 레비나스가 말하는 '욕망'을 추구하기 위한 이론 개발자가 되어야 한다. 욕구 기반 개발자라면 이상적인 미래와 현재의 나를 비교 분석하고 그 간극을 메우는 것을 목표로 할 것이다. 따라서 자신이 지향하는 이상적인 상태가 충족되는 순간 활동은 끝난다. 결핍된 욕구가 충족되었기 때문이다. 욕망을 기반으로 한 자기계발은 다르다. 욕망은 미지의 것을 추구하기에 잠시 멈출 수는 있지만, 곧 더 강렬한 열망과 갈망으로 새로움을 향해 나아간다. 욕망으로서의 자기계발이나 일생이론 계발 활동이 영원히 미완성일 수밖에 없는 이유이다.

낯선 마주침을 통한 낯선 연결

일시적인 욕구와 달리 욕망은 영원히 채워지지 않는 근원적인 호기심에 기반한다. 들뢰즈와 가타리가 《안티 오이디푸스》[7]에서 주장하는 욕망이 그렇다. 여기서 욕망은 충만하고자 하는, 생산적이고 창조적인 역량이다. "욕망이 꿈틀거린다"는 말에서도 알 수 있듯이 지금 여기에 만족하거나 안주하지 않고 낯선 타자와 접속함으로써 이전과 다른 나로 거듭나려는 창조적인 자기 변신의 원동력이 된다. 욕구가 타자와의 비교로 시기와 질투를 불러일으키며 동일성을 추구하게 만든다면, 욕망은 어제의 나와 비교하면서 다름과 차이를 반복하려는 감정이다.

들뢰즈와 가타리가 《안티 오이디푸스》에서 말하는 욕망은 새로운 타자와 마주치거나 이전과 다른 연결 관계를 만들어내고자 하는 동력으로서 생산적인 출발점이자 긍정적인 촉발점이다. 이러한 욕망은 자기계발에서도 중요한 역할을 한다. 욕망에 기반한 자기계발은 충족될 수 없는 차이의 무한 반복 위에 서 있다. 미지의 세계를 향하는 탐구 여정에는 끝이 없다.

들뢰즈와 가타리가 말하는 욕망은 스피노자의 '코나투스'와 일맥상통한다. 코나투스는 자기 존재를 지속하려는 노력으로, 스피노자는 이를 모든 사물의 본질로 보았다. 어떤 외부적 압력이 가해져도 자신의 본성을 지켜내려는 관성이 바로 코나투스다. 들뢰즈와 가타리는 욕망에서 코나투스를 본다. 스피노자의 영향을 받은 니체는 코나투스 개념을 수용하면서도 니체 방식의 코나투스로 이를 넘어서려고 했다. 니체는 모든 개체는 자기를 뛰어넘으려 몸부림친다고 했다. 오늘의 나를 새로운 나로 부단히 성장시키려는 의지, 현재에 만족하지 않고 미래로 나아가려는 상승 의지야말로 니체가 말한 '힘에의 의지'다.

나는 우연히 마주친 책에서 생각지도 못한 놀라운 깨우침을 얻었을 때, 경험적 통찰력을 날 선 언어로 벼리는 과정에서 살아 있다는 느낌을 받는다. 스피노자식으로 말하면 코나투스, 니체식으로 말하면 힘에의 의지를 느끼는 순간이며, 들뢰즈와 가타리식으로 말하면 욕망이 생산적인 창조의 힘으로 작용하는 순간이다.

성공은 모방하거나 대체할 수 없다

들뢰즈와 가타리에게 욕망은 에너지다. 새로운 나로 거듭나려는 근본적인 힘으로서 욕망은 새로운 마주침을 낳는다. 이러한 '사건'은 차이를 반복하면서 새로운 관계를 생성한다. 낯선 환경과 마주치면서 생기는 사건은 어제와 다른 배치를 낳는데, 이것이 바로 들뢰즈가 말하는 아장스망(agencement)이다. 영어로 '배치(arrangement)'를 뜻하는 아장스망은 들뢰즈 존재론의 핵심 개념이다.

아장스망을 통해 나의 마주침도 바뀐다. 이런 계기가 없다면 우리 사유는 고정관념의 틀 안에 갇혀 있을 수밖에 없다. 아장스망은 생각을 바꾼다. 예를 들면 축구를 즐겨하던 아이가 어느 날 신발을 선물로 받는다. 맨발로 운동장을 뛰어다니던 이 아이에게 신발이라는 아장스망은 감각은 물론 경험과 사고 자체를 바꾼다. 아장스망은 '외부 조건에 관한 내 안의 잠재성', 즉 경험적 주름을 바꾼다. 이제 오랫동안 맨발로 생활하던 아이의 몸에 새로운 주름이 아로새겨진다. 새로운 감각과 더 오래 더 멀리 달릴 수 있는 경험은 전에 볼 수 없었던 세상을 열어준다. 아장스망은 우리에게 새로운 주름을 형성한다. 들뢰즈는 수많은(multiple) 주름(pli)이 계속 몸에 축적되면 다중체(multiplicity)가 만들어진다고 본다. 한 사람의 정체성이 이런 식으로 만들어진다. 누가 어떤 상황에서 어떤 환경과 마주치면서 어떤 주름을 만들어나가느냐에 따라 결정된다는 논리다.

어떤 분야에서 높은 경지에 이르거나 성공했다고 평가받는 사람은 그동안 많은 주름을 만들어왔을 것이다. 이들은 특정한 상황과 다양한 대상이 빚어내는 우발적 사건 속에서 무수한 낯선 기호를 해석하면서 고유의 정체성을 만든 사람들이다. 그 과정을 통해 우리 모두 존경하면서 배우고 싶은 롤 모델이 되었다. 이는 아장스망에서 생기는 고유한 주름이 다양한 방식으로 겹겹이 쌓이면서 형성된 다중체의 산물이다. 다중체는 고유하기에 모방하거나 대체할 수 없다. 다중체 안에 담긴 인간적 고뇌와 문제의식, 그걸 풀어내기 위해 차이를 반복하며 만났던 우발적 사건들은 당사자 이외에는 의미가 없다. 다른 사람이 이를 그대로 반복할 수도 없다.

자기계발을 통해 성공에 이르는 길은 사람마다 천차만별이다. 그 과정에서 마주하는 우연한 사건들이 발생시키는 기호를 어떻게 해석하느냐에 따라 결과는 달라진다. 그럼에도 여전히 많은 자기계발서가 '동일성의 함정'에서 벗어나지 못하고 있다. 동일성의 철학은 저마다 다른 개인을 보편적인 '인간' 개념 안으로 구겨 넣는다. 돈을 많이 번 사람, 역경을 뚫고 성취를 이룬 사람 등을 '성공한 사람'으로 규정한다. 그러고는 그들이 했던 방식을 동일하게 따를 것을 요구한다. 그러나 이러한 방식으로 그들의 성취가 반복될 수는 없다. 그들과 우리의 차이만이 반복될 뿐이다.

일생이론을 찾아가는 이들에게
보내는 응원

냉정한 자기 성찰과 몸을 던져 체득한 배움이 동반되지 않는 자기계발은 '남발'에 불과하다. 원하는 방향이나 기대하는 목표대로 자기다움을 창조하지 못하고 '불발'로 끝난다. 남을 따라 해서는 남을 따라잡을 수 없고, 남이 걸어간 길에서는 나의 심장이 뛰지 않는다.

살아가는 데 필요한 기본기는 인생 선배를 따라서 철저하게 배워야 한다. 공동체가 존속하려면 마땅히 지켜야 할 기본 매너나 행동 규범을 다 함께 따라야 한다. 자기계발은 다르다. 나만의 컬러와 스타일이 돋보이는 필살기는 누군가를 따라 한다고 해서 생기지 않는다. 화가는 저마다의 고유한 화풍으로 명화를 그리고, 작가는 자기만의 문체로 대체 불가능한 작품을 창작한다.

제아무리 모방을 잘한다고 해도 결국은 반 고흐의 아류작을 벗어날 수 없고, 피카소를 능가할 수 없다. 괴테의 《파우스트》[8]처럼 쓰려고 노력하는 사람은 괴테의 문체를 흉내 낼 수는 있지만 자기만의 문학 작품을 낳기 어렵다.

성공하는 공부와 자기다움을 찾는 공부

사람은 누구나 다르다. 예술 작품도 마찬가지다. 지식생태학자 유영만이 자전거 국토 완주 그랜드슬램을 달성하면서 쓴 《늦기 전에 더 늦기 전에》가 김훈 작가의 《자전거 여행》과 다르듯이 말이다.

경지에 오르려면 한 분야에 미쳐야 한다는 말을 많이들 한다. 불광불급(不狂不及), 즉 미치지 않으면 미칠 수 없다. 수많은 자기계발서가 성공하려면 미치라고 조언한다. 지금은 잠잠해졌지만 한때 '미치라'는 내용의 책이 봇물 터지듯 쏟아진 적이 있다. 꿈에, 자기계발에, 20대에, 30대에, 40대에 미치라고 말했다. 책이 지목하는 연령은 다르지만 공통되게 미치라는 대목이 있었다. 바로 '공부'다. 이 책들의 메시지는 똑같다. 성공하려면 미치라는 얘기다. 옳은 얘기다. 하지만 여기에는 '왜?'라는 질문이 필요하다.

공부란 무엇일까? 좋은 대학에 가려고 하는 게 공부일까, 성공하려고 하는 게 공부일까? 공부(工夫)란 원래 부단히 마음을 갈고닦는다는 뜻이다. 한 사람이 태어나서 죽을 때까지 하는 게 공부다. 수단화된 공부, 특정 목적을 달성하려는 공부는 언제나 경쟁 상대가 밖에 있다. 남보다 잘하기 위한 공부다. 《논어》[9]에 나오는 위인지학(爲人之學)의 공부다. 누군가에게 보여주기 위해 어떤 결과를 만들어내기 위해 억지로 하는 노동이다. 참된 공부는 진정한 자기다움을 찾는 과정이어야 한다. 남보다 잘하기 위한 공부가 아니라 전보다 잘하기 위한 공부, 수단으로서의 공부가 아니라 그 자체가 즐거워서 놀이처럼 하는 공부야말로 참공부다. 바로 논어가 말하는 '위기지학(爲己之學)'이다.

미쳐야 성공하는 세상에서 받는 위로

미쳐야 할 것은 공부만이 아니다. 20대를 대상으로 한 자기계발 책의 제목을 보면 미쳐야 할 것들이 넘친다. 자기계발, 재테크, 인(人)테크, 일, 열정, 공모전까지 두루 미치라고 권한다. 이러다가 정말로 미치지 않을까 걱정이 될 정도다. 20대가 사회 초년생이라는 점을 감안하더라도 심하다. 여기가 끝이 아니다.

30대와 40대를 넘어 50대와 60대에도 미쳐야 할 이유는 넘쳐난다. 서른에는 인생과 심리학에 미치고, 마흔에는 건강에 미치고, 쉰에는 재테크와 인생에 다시 미치라고 한다. 우리에게 미칠 것을 권유하는 책은 너무도 많다.

물론 과장된 표현으로, 그 목적이 열심히 노력해서 한 분야의 정상에 오르라는 뜻임은 알고 있다. 다만 여기에는 모든 책임을 개인에게 지울 위험성이 있다는 점을 지적하지 않을 수 없다. 이들 논리에 따르면 성공하지 못하거나 중도에 포기 또는 실패했을 때 '당신이 그 일에 미치지 않았기 때문'이라는 결론이 나온다.

성공을 향해 미친 듯이 노력하라는 책들이 휩쓸고 지나자 이번에는 새로운 메시지가 등장한다. 이른바 '괜찮다' 시리즈다. 미치지 않으면 미칠 수 없다는 불광불급이 성공의 지침처럼 여겨지던 삶을 살다가 그만 사람들이 지쳐버린 모양이다. 이들에게 달콤한 위로의 메시지를 전하는 책들이 쏟아지기 시작한다. '미치지 않아도 괜찮다'고 말하는 책들이 새롭게 자기계발서 시장을 점령한다. 이 책들은 세상에는 노력해도 안 되는 일이 있으니 너무 상심하지 말고 마음 편하게 가지라며 토닥인다.

혼자여도, 틀려도, 지금 그대로도, 이혼해도, 부족해도, 퇴사해도, 못해도 괜찮다고 위로한다. 무엇을 어떻게 하든, 결과가 어떻든, 누가 뭐라고 하든 괜찮다는 이야기다. 얼핏 보면 세상에 안 괜찮은 일이 없을 것 같다. 오죽하면 '안 괜찮다'는 책이 특별해 보일 정도다. 사람들은 이런 책에서 위안을 구한다. 그럼에도 우리는 반문하지 않을 수 없다. 괜찮다는 말이 정말 우리의 삶을 나아지게 할까? 그런 위로가 정말로 우리 삶의 문제를 해결해주리라고는 독자들도 기대하지 않는다고 하면 지나친 단언일까? 독자들은 '미쳐라'와 '괜찮아' 사이에서 고민에 빠지지 않을 수 없다. 언제는 성공하려면 미치라고 해놓고선 이제는 그러지 않아도 괜찮다고? 왠지 농락당하는 기분이다. 도대체 누구 말을 믿어야 하는가.

자기계발에 진리는 없다

새뮤얼 스마일스는 《자조론》[10]에서 정치나 사회 개혁으로는 더 이상 좋은 세상을 만들 수 없으니 스스로 노력하는 자조(自助)만이 유일한 성공의 길이라고 주장했다. 그의 말이 100퍼센트 옳지는 않더라도 적어도 자기계발만큼은 이런 태도가 중요하다는 점을 인정해야 한다. 미치든 괜찮다고 자위하든 우리에겐 노력이 필요하다. 책을 읽으면서 다짐해도 노력이 뒷받침되지 않으면 말짱 도루묵이다. 미치도록 배우고 다른 사람의 성공 스토리를 읽으면서 각성을 하지만 몸이 따라가지 않으면 소용없다는 뜻이다.

학이불사즉망(學而不思則罔) 사이불학즉태(思而不學則殆). "배우기만 하고 생각하지 않으면 얻음이 없고, 생각하기만 하고 배우지 않으면 위태롭다."《논어》〈위정편〉에 나오는 말이다. 남의 성공 체험담을 열심히 따라 하지만 자기 것으로 만들지 못하는 사람들이 귀담아들어야 할 부분이다. 아무리 좋은 글이라도 그 의미를 파고들어 자기 것으로 만드는 공부를 하지 않으면 '위태로운' 지경에 이를 수밖에 없다.

책을 읽는 행위가 단순히 그 뜻을 해독하는 데에 머물러서는 안 된다. 관이불독심망(觀而不讀深罔) 독이불작즉태(讀而不作則殆). "보기만 하고 깊이 읽어내지 않으면 자기 생각으로 깊어지지 않고, 읽기만 하고 자기 생각을 쓰지 않으면 생각이 위태로워진다." 깊이 읽는다는 의미는 콘텍스트(context), 즉 상황적 맥락을 읽어내는 것이다. 그 글이 탄생될 수밖에 없었던 배경과 사연, 문제의식 등을 함께 고려해야 온전히 이해할 수 있다.

이를 자기계발서 독서에 적용한다면 이렇다. 위대한 성과를 낸 사람의 성공담을 읽을 때 이야기 자체는 물론 이를 둘러싼 상황과 문맥까지도 잘 파악해야 한다. 그러지 않으면 단순히 '그렇다더라' 하는 피상적 관념으로 남을 가능성이 높다. 한 분야에 미쳐야 한다는 말을 그저 다른 일 제쳐두고 이것에만 몰입하자는 뜻으로 단순히 해석해서는 안 된다. 마찬가지로 괜찮다는 위로의 글을 노력 안 해도 된다는 뜻으로 왜곡해서 받아들여서도 안 된다. 재촉이든 위로든 한 권의 책에는 글쓴이의 다양한 경험이 담겨 있다. 그가 왜 이런 글을 쓰는지, 어떤 상황을 가정하고 쓴 것인지, 나의 상황과 얼마나 맞닿아 있는지를 생각해야 한다. 특정한 상황적 맥락에서 일리(一理) 있는 교훈을 시공을 초월해서 언제 어디서나 누구에게나 통용되는 보편적 진리(眞理)로 받아들인다면 무리(無理)가 아닐 수 없다.

목적 없는 배움에서 벗어나자

칸트의 유명한 명제를 되새겨보자. "개념이 없는 직관은 맹목적이고, 직관이 없는 개념은 공허하다." 여기서 개념은 지성적 사유의 산물인 이론에 해당하고, 직관은 감성적 경험의 결과다. 그래서 이렇게 바꿔 쓸 수 있다. 이론이 없는 경험은 맹목적이라서 위험하고, 경험이 없는 이론은 현실에 뿌리박고 있지 않아서 공허하다. 책을 아무리 많이 읽어도 자기 경험이 부족하면 새로운 생각을 잉태하는 데 별로 도움이 되지 못한다. 다른 사람의 주장이나 깨달음을 해석할 개념적 틀이 있어야 한다. 이게 없으면 맹목적으로 신봉하게 되고, 이는 성공으로 가는 길이 될 수 없다. 내 경험의 깊이와 넓이가 미천하면 그 어떤 뛰어난 이론이라 할지라도 공허한 메아리가 되기 쉽다. 일생이론이 없는 경험은 삶의 경전이 될 수 없다. 경험에 기반하지 않은 이론은 관념적 추상에 지나지 않는다.

이론이나 주장을 받아들일 때 자기 경험을 통해 반추하고 비판적으로 사고하는 과정이 빠지면 배움이 반복될수록 이율배반이 일어난다. 배움이 각성과 통찰로 이어져 자기 삶을 풍요롭게 하는 대신 남의 이론체계에 종속되어 사유의 식민지로 전락하지 않도록 조심해야 한다.

《논어》의 첫 문장은 "학이시습지 불역열호(學而時習之 不亦說乎)"로 시작한다. '배우고 그것을 때때로 익히니 기쁘지 않겠는가'로 해석되는 이 문장을 달리 읽으면 '배우되 그것을 때때로 익히지 않으니 슬프지 않겠는가'가 된다. '배우(學)되 익히지(習) 않는다'는 말은 읽은 내용을 주체적으로 재해석하고 실제 상황에 적용하면서 일생이론으로 재창조하지 않는다는 의미다. 이러면 오히려 "아는 게 병"

이 된다. 노자의 《도덕경》[11]에 나오는 절학무우(絶學無憂)다. 배움을 중단하면 근심이 없어진다는 말이다. 여기서 말하는 '學', 즉 배움은 목적의식 없는 막무가내식 배움이며, 성찰과 비판이 따르지 않는 무조건적 배움이자, 실천적 적용이 따르지 않는 관념적 배움이다. 이런 배움을 끊어야 한다는 게 노자의 절학무우가 전하는 의미다.

험준한 산을 오르는 100개의 방법

우리는 살면서 수많은 문제와 맞닥뜨린다. 그 안에서 사람들은 어떻게 하면 난관을 헤쳐나갈지, 어떻게 더 나은 삶을 살 수 있을지 고민한다. 세상에는 수많은 문제만큼이나 절치부심 끝에 탄생한 이론이나 주장이 넘친다. 상황에 따른 구체적인 처방전을 비롯해 문제를 단순화하는 단도직입적 주장은 목마른 사람들에게 건네는 생수처럼 청량함을 선사한다. 마치 사막에서 만나는 오아시스처럼 큰 기쁨으로 다가온다. 그러나 여기에는 함정이 있다.

배움은 누가 떠먹여 주는 것이 아니다. 스스로 자기 몸에 맞는 음식을 찾아 꼭꼭 씹고 소화하여 성장의 에너지원으로 만들어야 한다. '성공 방정식'을 배웠다고 해서 곧바로 성공을 일궈낼 수 있는가? 세상의 모든 문제를 하나의 방정식에 대입해서 해결할 수 있는가?

문제 풀이법을 배웠다고 해도 이를 경험적으로 해석해내는 과정이 필요하다. 이를 가능하게 하는 사유체계가 빈곤하면 그 어떤 것도 온전히 내 것이 될 수 없다. 배움은 세상의 변화를 설명하고 이해하며 나를 거듭나게 만드는 원동력이 되어야 한다. 그럼에도 많은 사람이 맥락이나 배경, 과정과 이유를 묻지 않고 만고불변의 철칙처럼 외우는 공부를 계속한다.

여기 험준한 산을 오르는 사람이 1명 있다. 길을 가다 만난 사람들이 너나없이 자기만의 비법을 조언한다. 이때 과연 누구의 말을 따를 것인가. 안전한 등반을 위한 일반적 지침이나 지름길 같은 구체적인 조언은 물론 도움이 되지만 그게 다는 아니다. 그들과 나는 몸 상태가 다르다. 등산 장비와 도구도 다르고, 그들이 올랐을 때와 시간대, 날씨 등 환경적인 요소도 차이가 있다. 그럼에도 맹목적으로 특정인의 말대로 산에 오르면 어떻게 되겠는가? 운이 좋다면 편하게 정상까지 갈 수 있겠지만, 길을 잃거나 경우에 따라서는 위험해질 수도 있다. 일리 있는 조언이라도 상황과 맥락에 따라 무리가 따르는 제언이 된다. 물론 그 반대의 경우도 가능하다.

어제보다 나은 삶을 위하여

산꼭대기에서 발원한 물이 지상에 이르는 방식은 다양하다. 바위나 큰 나무 같은 장애물을 만나면 돌아가야 하고, 웅덩이를 만나면 한참을 머물다 물이 넘쳤을 때야 비로소 빠져나올 수 있다. 깊은 동굴을 만나 지하로 흘러들 수도 있고, 낭떠러지를 만나 폭포가 되기도 한다. 도중에 거센 강물에 휘말려 먼바다로 흘러가는 물도 있다. 그 과정에서 일부는 증발하여 대기 중으로 스며들거나 구름이 되기도 한다.

우리의 삶도 마찬가지다. 결국은 목적지에 다다르겠지만, 애초에 계획한 대로 흘러가지는 않는다. 완벽하게 준비한다고 해서 생각처럼 흘러가는 경우는 극히 드물다. 중요한 것은 '과정'이다. 여정에서 만나는 우발적 사건과 상황을 모두 통제할 수는 없다. 다만 적응할 수 있을 뿐이다. 생각지도 못한 조건과 상호작용하면서 내가 온몸으로 겪어낸 만큼 우리는 성취할 수 있다. 깨달음 역시 그러한 과정을 통해 찾아온다. 그리고 이런 경험은 삶의 소중한 지침이 되는 경전의 한 페이지를 이룬다. 곰비임비 쌓여가는 경험적 깨달음과 이를 언어화하려는 노력에 따라 우리 사유의 깊이와 넓이도 달라진다.

삶의 현장에서 온몸으로 겪은 일들을 자기만의 언어로 구축할 수 있을 때, 나만의 성장 이론인 '일생이론'이 완성된다. 일생이론을 구축한 사람은 온갖 유행의 바람에도 쉽게 흔들리지 않는다. 이들은 '경험'으로 '경전'을 구축한다. 자기만의 언어를 창조하며, 나를 중심에 두고 세상을 건축한다. 고립된 개인보다 어울림 속에서 작은 감동을 만들어간다. 추상과 관념으로 얼룩진 공허한 담론보다 구체적 일상에서 상상력의 날개를 펼치며 진리를 찾는다.

일생이론을 구축한 사람은 평범한 삶에서 비범한 사랑의 소중함을 깨우친다. 시류에 흔들리며 유행 따라 표류하는 법 없이 자기 현실을 기반으로 인간다운 삶을 추구한다. 남루한 삶이지만 그 안에서 건져 올린 교훈으로 지혜로운 삶을 건축하려고 애쓰는 사람이다. 반복되는 일상이지만 그 평범함 속에서 비범함을 찾아내 살 만한 세상을 스스로 만들어가는 사람이다. 남과 비교하며 열등감 속에서 살기보다 어제의 나와 비교하며 더 나은 삶을 향해 비상하는 사람이다.

성공하는 사람에게 필요한 것들

성공하는 사람에게는 자괴감이 아닌 자신감이 필요하다. 그러려면 남과 다른 자기만의 고유성을 찾고 이를 존중해야 한다. 대체 불가능한 자기다운 '킬러 콘텐츠'와 '퍼스널 브랜드'로 세상 앞에 당당히 서야 한다. 성공을 돈과 권력에 한정해서 보는 일차원적인 사고도 버려야 한다. 세상을 지금보다 조금이라도 나아지게 만드는 데 일조하는 삶을 추구할 때 우리는 스스로 가치를 높일 수 있다.

한편, 일생이론을 구축한 사람은 자기를 채찍질하는 데에 머물지 않는다. 이들은 스스로 즐길 줄 안다. 취미가 직업이고, 놀이처럼 일하며, 재미와 의미를 동시에 아우른다. 우리 모두 꿈꾸는 삶을 몸으로 보여주는 사람으로서, 세상이 강제한 규율이나 가치에 매몰되지 않는다. 자신이 좋아하는 일을 당당히 추구하고 삶을 예술로 승화시키고자 끊임없이 노력한다. 타인의 삶을 재단하고 평가하기보다 스스로 앎을 실천하여 공동체의 삶을 더 나아지게 하는 지행합일(知行一)을 추구한다. 속도와 효율에 얽매인 '능률 복음'보다 매 순간 충만한 삶을 사는 '행복 담론'을 신봉한다. 내일을 걱정하기보다 선물 같은 오늘에 충실하려 애쓰는 현실주의자다.

삶은 소중하게 여기는 사람에게만 그 비밀을 보여준다. 아무리 거창한 꿈과 원대한 비전이라도 일상에서 시작하지 않는다면 한낱 신기루로 남을 뿐이다. 진정한 성공을 이루려면 반복되는 일상 속에 숨은 경이로운 삶의 순간들을 놓쳐서는 안 된다. 미래의 성공을 담보로 현실을 희생하기보다 지금 이 순간이 요구하는 삶에 충실할 수 있어야 한다.

일생이론을 구축하려면 겸손해야 한다. 마음을 열고 타인의 생각에 귀를 기울여야 한다. 입장을 바꾸어 생각하는 역지사지를 삶의 철학으로 삼고 타자의 아픔을 가슴으로 느낄 수 있어야 한다. 정상에 올라갔다고 자만하지 않으려면 바닥에 있다고 좌절해서도 안 된다. 삶은 언제 어떤 모습으로 우리에게 변화를 가져올지 모른다. 오르락내리락하는 삶의 부침 속에서 길을 잃지 않으려면 겸손하게 때를 기다릴 줄 알아야 한다. 그리고 마침내 성공했을 때 이를 자기 잘난 탓으로 여기지 않고 나를 직간접적으로 도와준 수많은 '배경'에 감사할 수 있어야 한다.

한계를 깨뜨릴 당신의 용기

누군가 어두운 곳에서 힘들고 복잡한 일을 대신해준 덕분에 지금 나는 이런 행복한 순간을 맞이하고 있다. 성공하는 사람은 늘 겸손을 몸에 지니고 자세를 낮추며 상대방을 존중하는 사람, 타인의 성공을 마치 내 것처럼 기뻐할 수 있는 사람, 성공하기까지의 노고와 정성과 헌신을 알아주고 칭찬할 수 있는 사람이다.

우리는 삶이라는 무대에서 살아가는 한 사람의 연기자이자 예술가이다. 그 안에서 깨달은 것들이 곧 우리의 사유를 결정한다. 어제와 다르게 살아본 만큼 어제와 다르게 생각할 수 있다. 내 삶의 깊이와 넓이를 능가하거나 범위를 벗어나는 사람의 주장을 따르는 일은 섣불리 무대 밖으로 나가는 것이나 마찬가지다. 이해하기 어려울 뿐만 아니라 따라갈수록 어쩐지 삶이 더 복잡하고 어려워지는 느낌이 드는 이유다.

솔깃한 이야기일수록 비현실적이기 마련이다. 세상의 좋은 이야기에 유혹당하면 '나의 이야기'는 실종된다. 남의 이야기에 귀를 열어놓다 보면 말문이 막힌다. 이럴 때야말로 근본적인 질문을 던져야 하는 순간이다. 나는 왜 남의 성공 스토리에 열광하는 걸까? 왜 지금 당장 실천하는 대신 정보의 바다에서 헤매고 있는 걸까? 나는 지금 온전히 나만의 눈으로 세상을 보고 있는가?

회의(懷疑)는 진실로 가는 첫 번째 관문이다. 이제 남들이 풀어놓는 성공 비결, 성공 사례를 과감하게 끊고 내면의 목소리에 귀 기울일 때다. 손쉬운 비법 대신 험난한 공부의 여정에 몸을 던져야 할 시기다. 귀로 듣는 이야기는 신념이 되지 않는다. 성공에는 몸을 움직여 실천하는 결단이 필요하다. 이제 여행을 떠날 때가 되었다. 준비물은 세상의 거친 파도를 두려워하지 않는 용기, 자기 자신을 믿고 견딜 줄 아는 용기뿐이다. 당신의 동참을 촉구하면서 용기(容器, container)도 깨뜨릴 당신의 용기(勇氣, courage)에 미리 박수를 보낸다.

CONATUS

1

: 최고의 나로 살아가는 힘, 코나투스 일생이론

A stream of instinctive desire to continue one's existence

일생이론은 타자의 욕망에 끌려가는 삶을 끝내고 내 몸의 방향대로 살아가면서 구축한 사유체계의 산물이다. 일생이론에는 산전수전 끝에 얻은 삶의 경험이 고스란히 담겨 있다. 시련과 역경에서 깨달은 바를 몸의 언어로 번역한 각성과 통찰의 결정체다. 일생이론은 추상적이지 않다. 듣는 순간 느낌이 온다. 감정에 휩쓸려서가 아니라 예술 작품을 볼 때처럼 직관적으로 그 의미를 파악했기 때문이다. 우리는 태어날 때 그 누구와도 비교 불가능하고 그 무엇으로도 대체 불가능한 원본의 오라(aura)를 갖고 태어난다. 모든 존재는 자신의 본질을 지속하려는 본능적 욕망, 즉 코나투스가 있다. 그런데 바깥 세계의 자극, 예를 들면 다른 사람의 성공 논리를 따르고 성공한 사람이 제시하는 각종 비법이나 인사이트를 무작정 추종하면 어떻게 될까? 코나투스를 통해 존재 자체를 지속하거나 확장시키려는 본질적 욕망이 희석되거나 퇴색함으로써 원본의 본질적 오라를 상실하고 복사본으로 살아가게 된다.

일생이론은 복사본의 인생을 멈추고 원본의 오라대로 살아가는 데 필요한 일생일대의 이론이다. 완성된 상태로 제자리에 머무는 정적 명사가 아니다. 지금 이 순간에도 끊임없이 변신과 수정을 거듭하는 미(美)완성 작품이다. 책상머리에서 관념적으로 조립한 추상적 사유체계가 아니며 삶의 현장에서 앎이 삶과 어우러져 직조해낸 구체성의 산물이다. 일생이론은 일상에서 건져 올린 깨달음의 변주이자 밤하늘의 북두칠성처럼 빛나는 삶의 이정표다. 일생이론은 삶의 이유, 자유의 기반 위에 서 있다. 그래서 쉽게 흔들리지 않는다. 불안조차 이전과 다르게 살아가라는 경고등으로 삼아 미래 지향적인 삶을 개척한다. 일생이론은 결코 더불어 살아가려는 희망의 끈을 놓치지 않는다.

9명의 선각자가 말하는
자기 방식의 중요성

키르케고르가 철학자와 소설가 9명을 초대한 까닭

어느 날 철학자와 소설가들이 불안과 절망의 철학자, 키르케고르의 부름을 받고 한자리에 모였다. 이들이 모인 까닭은 일생이론을 구축하여 세상의 유혹에 흔들리지 않고, 자기 방식으로 살아가려는 사람들에게 조언하고자 함이다. 이 철학자와 소설가들에게는 공통점이 있다. 기성의 논리와 이론으로 현실을 바라보지 않고, 직접 실천하면서 체득한 몸의 언어로 상대를 설득하며 자기 고유의 코나투스가 욕망하는 대로 살아간다는 것이다. 겪어보지 않은 남의 이야기를 가져와 설명하면 자꾸 복잡하고 어려워지기만 한다. 반면에 '자기 이야기'는 공감을 불러일으킨다. 살갗을 파고드는 이야기, 폐부를 찌르는 메시지, 전두엽을 뒤흔드는 의미는 몸이라는 신체성이 삶의 구체성을 만났을 때 가능하다.

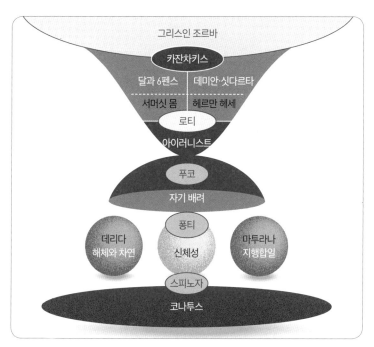

일생이론을 개발한 9명의 선각자

앎과 삶과 함이 연주하는 삼중주

첫 번째 등장한 철학자는 스피노자다. 스피노자는 세상 사람들이 색다르게 살지 않고 남처럼 살다가 자기만의 고유한 색깔을 잃어버리고 있음을 안타까워했다. 색다르게 살면 저절로 남달라지는데, 오히려 남달라지려고 노력하다 남처럼 살게 된다. 여기서 말하는 고유한 색깔이 바로 '코나투스'다. 사회가 정한 도덕적 판단 기준이나 가치를 따라가며 슬프고 우울한 삶을 살기보다 나만의 코나투스를 증진시키는 마주침을 통해 기쁨을 배가시키는 삶을 살아가라는 게 스피노자의 《에티카》가 우리에게 던져주는 메시지다.

오늘을 살아가는 대부분의 사람이 자신의 코나투스를 증진시키는 기쁨을 맛보기보다 다른 사람의 코나투스를 흉내 내고 따라가면서 불행한 삶을 반복한다는 게 스피노자의 생각이다. 인스타나 유튜브 등에 등장하는 그 많은 성공 비법을 공부해도 현실은 달라지지 않고, 기쁜 감정이 흘러넘치기보다 슬프고 우울한 감정에 휩싸인 채 살아간다. 기쁨의 정서로 심장 뛰게 만드는 일을 추구하는 대신 타인의 욕망을 욕망하는 삶에 이끌리고 있지는 않은지, 공사다망하게 살아가면서 다 망하는 지름길로 접어들고 있지는 않은지 반성하고 성찰할 시점이다.

두 번째 등장한 철학자는 메를로 퐁티다. 《지각의 현상학》[12]을 쓴 그는 세계 인식의 매개체는 이성이나 언어가 아니라 신체, 구체적으로는 '살'로 보았다. 몸을 관통하지 않는 앎은 관념의 파편에 불과하며 몸으로 느끼기에 비로소 존재한다고 주장했다.

일생이론을 구축하려면 부단히 접촉하며 몸으로 깨닫는 감각적 각성이 필요하다. 인간의 신체성은 야생성의 산물로 정체성을 결정하는 핵심 요소다. 신체적 개입이나 접촉 없는 사유는 관성과 타성에 젖기 쉽다. 일생이론은 퐁티가 말하는 '살'이 세상과 만나면서, 즉 몸으로 삶을 관통하면서 남은 흔적으로 직조된다. 육체성을 배제하고 오로지 정신만으로 사물이나 현상을 인식할 수 있다는 주장은 비현실적이다. 나를 둘러싼 공간과 내 몸이라는 신체성, 여기에 시간이 더해지면서 의미가 쌓이고 사유가 형성된다.

세 번째 등장한 철학자, 움베르토 마투라나의 《앎의 나무》[13]에 따르면 "삶이 곧 앎이고 앎이 곧 삶이다." 다시 말해 앎은 삶과 무관하게 관념적으로 만들어지는 독립적인 산물이 아니라 환경과 부단히 접속하면서 이루어지는 무수한 상호작용의 결과다. 그에게 있어 이러한 '앎'은 '함'으로 연결된다. 지식은 행위가 되고 행위는 다시 새로운 지식이 된다.

앎과 함은 이분법적으로 구분되지 않는다. 그렇기에 마투라나는 먼저 알고 나중에 행동하는 지행일치설(知行一致設)에 반대한다. 오히려 앎과 함이 하나의 톱니바퀴처럼 맞물려 돌아가는 지행합일설(知行合一說)을 주장한다. 알량한 앎으로 변화무쌍하고 역동적인 삶을 재단하거나 평가할 수 없다. 마투라나는 '함'으로써 삶에서 건져 올린 앎, 인지체계가 환경과 상호작용하면서 질적 비약을 만들어내는, 사회문화적이고 역사적인 산물로서의 앎을 중시한다. 일생이론은 몸의 경험 없이 머릿속에서 만들어낸 관점적이고 폐쇄적인 지식을 거부한다. 일생이론은 현실이라는 상황적 맥락 안에서 앎과 행동(함)이 상호작용하는 과정에서 비로소 만들어진다.

변신을 거듭하지만 영원히 완성될 수 없는 미(美)완성

네 번째로 등장한 인물은 해체(deconstruction) 철학자로 잘 알려진 자크 데리다다. 텍스트나 언어의 개념을 고정불변의 것으로 보지 않고 부단히 재해석하는 '해체'는 영원히 마무리할 수 없는 미완성의 사건이다. 세상에 똑같은 키스[14]는 없다. 과거의 키스와 오늘의 키스는 다르다. 동일하게 반복할 수 없고, 재현할 수도 없다. 해체는 기존 개념을 재탄생시키는 과정이다. 의미의 고정성이나 결정성을 인정하지 않고 끊임없이 해석의 가능성을 열어놓는다.

해체와 더불어 데리다가 강조하는 또 하나의 개념이 '차연 (différance)'이다. 차연은 구별과 대비를 뜻하는 'differ'와 시간적 연기를 뜻하는 'defer'를 합쳐서 만든 신조어다. 그가 보기에 '차이'는 절대적이지도 독립적이지도 않다. 오히려 상호 의존적이다. 하나의 개념이 다른 개념을 규정하는 식으로 서로 연결되어 있다는 것이다. 또한 하나의 의미가 전달되는 데는 시간적 지연이 작용한다. 따라서 의미란 상대적이며 구별과 지연을 통해 형성된다는 것이 데리다의 주장이다.

일생이론은 고정된 생각과 관성적 사유, 사회적 통념을 거부한다. 기존 개념에 사로잡힌 사유를 비판하고 여기에 도전하면서 자아를 재창조하고자 한다. 절대적인 이론에 경도되지 않으며 지금 여기라는 맥락 안에서 자기만의 개념과 사유를 추구하고자 한다. 그런 점에서 일생이론은 완벽함보다는 새로운 관점과 접근, 어제와 다른 나를 지향하는 이론이라고 할 수 있다.

다섯 번째 등장한 철학자는 《주체의 해석학》[15]을 쓴 미셸 푸코다. 일생이론에서 주목하는 그의 철학적 개념은 '자기 배려'다. 이는 '단 한 번도 되어본 적이 없는 자기 되기'나 '다른 것으로 대체될 수 없는 존재로서의 단독적인 자기 되기'다. 이러한 자기 배려는 시선을 내부로 돌릴 때 가능하다. 남과 비교하기를 멈추고 내면의 고유성에 천착할 때 비로소 자기 배려가 빛을 보기 시작한다. 자기 배려는 기존의 자기를 포기하고 새로운 자기로 변신하기이자 대체 불가능한 자기 되기다.

그런 의미에서 푸코의 자기 배려는 일생이론의 중요한 기반이 되는 개념이다. 일생이론은 말한다. 사회가 정한 기준이나 도덕을 근간으로 의사 결정하거나 판단하지 않고 자신의 주관적 신념과 가치 판단 기준에 따라 결정하라고. 그래야 자기실현을 위한 고유 이론을 구축해갈 수 있다. 뿌리가 깊을수록 세상의 유혹에 흔들리지 않는다. 일생이론은 자기 배려라는 탄탄한 기반 위에 세워져야 한다.

여섯 번째 등장한 철학자는 미국의 실용주의 철학자 리처드 로티다. 그는 목숨과도 바꿀 수 있는 신념과 철학을 담은 말을 '마지막 단어(final vocabulary)'라고 했다. 또한 창조적 개인을 높이 평가하면서 자율성과 창의성을 존중하는 사람들을 아이러니스트(ironist)라고 했다. 이들에게 틀에 박힌 삶은 무가치하며 부단한 자기 변신이야말로 중요한 삶의 덕목이다.

아이러니스트들은 관성적 언어 역시 거부한다. 창의적이며 비판적인 언어로 삶을 재구성하는 아이러니스트들은 곧 시인과 소설가다. 이들은 기존의 문법을 파기하고 자신만의 언어로 자기 삶을 바꾸어나간다. 로티에 따르면 아이러니스트들은 자기 한계를 받아들이면서도 이를 극복하려 애쓰는 사람이다. 일생이론에서 우리는 모두 아이러니스트가 된다. 세상의 좋은 이야기보다 자신이 창조하는 서사를 통해 대체 불가능한 자기다움을 창조하는 주인공이 된다.

지금까지 욕망의 철학자 스피노자, 몸철학자 퐁티, 지행합일을 주장하는 인지생물학자이자 철학자 마투라나, 해체와 차연으로 개념적 차이를 부단히 창조하는 데리다, 그리고 자기 배려와 대체 불가능한 존재로서의 삶을 주장하는 푸코와 '마지막 단어'의 신념, 창조적 존재로서의 아이러니스트 개념을 제시한 로티를 살펴보았다. 이들은 모두 일생이론의 철학적 기반이 된다. 이제 이런 개념들이 어떻게 우리 삶에 적용되는지 알아볼 차례다. 여기 3명의 소설가와 함께 새로운 나로 거듭날 여정을 계속해보자.

좌절과 몰락을 딛고 일어선 역경의 산물

키르케고르가 초대한 일곱 번째 인물은 헤르만 헤세다. 그의 작품에는 실존적 고통을 극복하면서 진정한 자아를 찾아가는 인물들이 등장한다.《데미안》[16]의 주인공 싱클레어,《황야의 이리》[17]의 하리 할러,《싯다르타》[18]의 주인공 싯다르타 모두 현재의 타성과 통념을 깨부수고 가능성의 꿈이 자라는 내일의 세계로 몸을 던진다.

일생이론은 갈등 상황에서 현실에 안주하거나 익명 속에 숨는 삶을 비판하며, 스스로 자기 변신을 위한 고통에 나설 것을 요구한다. 피할 수 없는 좌절과 실패는 절망의 나락이자 패망의 숲이 아니다. 오히려 삶의 전환점이자 제2의 삶으로 가는 출발점이다.

여덟 번째 등장한 소설가는 서머싯 몸이다.《달과 6펜스》[19]에는 현실적 굴레와 짐을 벗어던지고 꿈틀거리는 예술적 본능이 시키는 대로 과감하게 도전하는 인물이 등장한다. 주인공 스트릭랜드는 그동안 자신을 불행하게 했던 기존 질서를 벗어나 자기만의 행복을 찾아 떠난다. 무의미하게 반복되는 동일성의 틀을 벗어던지고 화가의 길을 택한 것이다. 여기서 '달'은 쉽게 도달할 수 없지만 언제나 내 마음에 품은 꿈을 상징한다. '6펜스'는 하루하루 먹고사느라 급급한 현실을 말한다. 사람들 대부분은 어쩔 수 없이 6펜스를 벌어야 하는 현재 삶에 머물면서 달을 동경한다. 그러나 꿈은 도전하지 않으면 쟁취할 수 없다. 결국 스트릭랜드는 '6펜스'라는 현실적 굴레를 벗어던지기로 결심한다. 그리고 달을 향해 몸을 던진다.

자기만의 일생이론을 구축하려면 '달'을 품어야 한다. 세상이 오늘보다 나아질 것이라는 희망과 신념, 현실적 걸림돌을 디딤돌로 전환시키는 결단과 용기, 그리고 과감한 실천이 필요하다. 세상의 목소리에 귀를 기울이되 매몰되지 않는 단호함과 자기 중심을 잡고 세상을 이끌고 나가는 노력 속에서 일생이론이 탄생한다.

역동적인 삶을 몸의 언어로 번역한 체험적 합작품

마지막으로 키르케고르가 초대한 작가는 니코스 카잔차키스다. 그의 작품 《그리스인 조르바》[20]의 주인공 조르바는 관념적 지식인을 비판하면서 모험이 부족한 사람은 좋은 어른이 될 수 없다고 말한다. 조르바에게 행복은 쾌락이자 충만함이다. 그에게 감각을 수반한 신체성이 없는 앎은 공허한 관념의 파편일 뿐이다. 조르바는 내일을 위해 오늘을 희생하거나 복잡하게 생각하면서 시간을 낭비하지 않는다. 오로지 지금 여기서 결정하고 몸으로 부딪친다. 실천 속에서 자기를 단련하고 판단력을 다져나간다.

현재에 충실한 인물이자 결과가 아닌 과정을 즐기는 조르바는 정열과 광기의 디오니소스적 인간에 가깝다. 그는 육체의 언어로 관념의 벽을 깬다. 퐁티의 몸철학을 실천하는 사람이며 마투라나의 지행합일설을 증명하는 사람이다. 조르바는 누구와도 비교하지 않고 오로지 자기 내면의 관능과 욕망을 따라 사는 인물이다. 푸코의 자기 배려를 철학으로 삼고 데리다가 말하는 해체와 차연을 삶의 무기로 장착하고 다닌다. 조르바는 《달과 6펜스》의 스트릭랜드이며 헤세의 작품에 등장하는 싱클레어이자 하리 할러 또는 싯다르타다. 일생이론은 몸의 경험이라는 씨줄과 날줄을 교차시켜 직조한 사유체계다.

이들 소설을 읽다 보면 다음과 같은 의문과 만나게 된다. 세상 성공담은 다 듣고 소문난 자기계발 처방전도 받아보았다. 하지만 소용이 없다. 서점가 베스트셀러 코너를 장식하는 수많은 비법은 통증을 일시적으로 해소해주는 진통제일 뿐이다. 시련과 역경을 넘어 최고의 성공을 이뤘다는 이야기, 절망을 뒤집어 희망으로 만들었다는 체험담을 읽지만 마음 한편은 여전히 불안하다. 많이 읽고 많이 볼수록 공허해지는 이유는 무엇일까? 그럴 때 조르바나 스트릭랜드라면 어떻게 했을까? "각성은 지능이 아니라 용기"에서 비롯된다고 한다. 그렇다면 다른 사람 말대로 살아갈 것이 아니라 내 몸의 감각을 믿어볼 필요가 있다. 삶의 의미를 찾아 미지의 세계로 몸을 던지는 탐험을 시작할 필요가 있다.

절망은 지금과는 다른 삶이 펼쳐질 것이라는 경고등

키르케고르가 철학자와 소설가 9명을 불러 모은 까닭은 무엇일까? 키르케고르는 어린 시절 큰 상실을 경험한다. 어머니와 다섯 누이를 모두 잃고 깊은 절망과 우울에 빠진 아버지를 가까이서 지켜보며 자란다. 그때부터 키르케고르의 질문은 '내가 무엇을 알아야 할 것인가'가 아니라, '내가 무엇을 해야 할 것인가'에 집중되었다. 그의 대표작인《불안의 개념》[21]과《죽음에 이르는 병》[22]은 우리 삶에서 피할 수 없는 두 가지, 즉 불안과 절망을 화두로 삼은 철학책이다.

절망은 지금 내 경험이나 지혜로는 다가오는 삶의 위기를 극복할 수 없다는 판단에서 비롯한다. 달리 생각하면 절망은 세상과 맞서 싸우라는 신호다. 우리는 복잡하고 혼란한 세상을 살고 있다. 옳고 그름을 나누는 확실한 가치관이나 세계관이 없다. 행복한 삶을 가르쳐줄 어른도 없고 공동체의 앞날을 제시하는 미래 지향적 지침이나 컨트롤 타워도 없다. 흔들리는 세상에서 우리는 삶의 지침이 될 가르침을 간절하게 원한다. 그러나 혼란하고 철학이 부족한 시대일수록 감언이설이 난무하기 마련이다.

인생 역전, 부자가 되는 비법들이 우후죽순처럼 나타났다가 사라진다. 해마다 새로운 트렌드가 마치 신의 계시라도 되는 양 사람들을 현혹한다. 한편으로는 소비를 부추기는 말과 이미지들이 욕망을 자극한다. 이것만 사면 곧바로 행복해질 것 같다. 이걸 가지면 성공한 사람처럼 느껴질 것 같다. SNS를 타고 흐르는 욕망의 처방전은 온몸을 마비시킬 정도로 강력한 약효를 자랑한다. 우리는 실패를 예감하면서도 더 좋은 약을 찾아 디지털 세계를 방황한다.

절망과 유혹의 시대일수록 키르케고르의 말에 귀 기울일 필요가 있다. 그는 절망을 없애기란 애초에 불가능하니 한계를 받아들이고 그 안에서 삶의 실존적 존재 의미를 찾아나가자고 주장한다. 그는 절망을 외면하고 절망적인 상태 자체를 간파하지 못하는 것이야말로 무지이며 '죽음에 이르는 병'이라고 말한다. 일생이론은 우리가 처한 어려움에서 당장 벗어날 수 있다는 감언이설의 유혹에 굴복하지 않고 바로 그러한 현실에 몸을 던지는 데서 시작한다. 9명의 철학자와 소설가들은 우리에게 온몸으로 구축한 일생이론의 시범을 보여준다.

불안은 깨우침이 탄생시키는 긴장감

지금 여기서 내가 겪는 불안은 일반화될 수 없는 실존적이고 단독적인 경험이다. 내가 겪는 실존적인 문제는 다른 누가 해결해줄 수 없다. 나의 주체적 결단과 책임 있는 행동만이 해결의 실마리가 될 수 있다. 누구도 타인의 삶을 대신해줄 수 없다. 자기계발도 마찬가지다. 하지만 언제부터인가 남이 처방을 마치 그것이 삶을 구원해줄 만병통치약인 양 믿으며 살아왔다. 다른 사람의 고뇌에 찬 결단과 결행이 만든 해결책에 아무런 문제의식 없이 몸을 내맡기며 불안을 해소하는 데 익숙해진 것이다. 그러면서 정작 자기 상황은 보지 못하는 '죽음에 이르는 병'은 깊어진다.

키르케고르에게 불안은 부정적인 개념이 아니다. 오히려 '자유의 가능성'이다. 불안은 무지에서 온다. 미지의 세계나 미래 앞에서 우리는 불안하다. 앞으로 어떤 일이 벌어질지 모르기 때문이다. 그러나 이러한 각성은 우리 삶에 기회를 제공한다. 지금까지 살아왔던 방식이 더 이상 통용되지 않는다는 깨달음, 위기감 앞에서 우리는 강해진다. 결단과 선택의 기로에서 각성의 순간을 맞이하고 결국은 새로운 삶을 개척하게 된다. 익숙한 삶은 타성과 통념에 젖게 만든다. 비슷한 과거를 무의식적으로 반복하는 삶은 죽은 삶이나 마찬가지다. 불안은 가능성의 다른 이름이다. 불안을 통해 우리는 과거의 삶과 결별하고 새로운 가능성의 문으로 들어설 수 있다. 키르케고르가 보기에 최악의 절망은 스스로 답을 찾지 않는 데서 온다. 키르케고르에 따르면 진리는 절망 속에서도 자기 삶을 살아가려는 안간힘과 몸부림에서 나온다.

불안의 깊이와 몸부림의 강도

키르케고르의 관점에서는 밖에서 말하는 좋은 해결책이나 위로도 나의 실존과 상관이 없다. 진리란 누구에게나 통용되는 일반적이고 보편적인 것이 아니라 오로지 '나' 자신에게만 적용되는 개별적이고 단독적인(singular) 것이기 때문이다. 중요한 것은 내 몸을 관통하고 남은 체험적 각성이자 통찰이다. 불안이 깊어질수록 실존적 각성이 중요하다. 자유를 누리려면 스스로 불안의 바다를 헤쳐 나가야 한다.

삶이 불안한 또 하나의 이유는 바로 계획한 대로 되지 않기 때문이다. 어떤 삶도 자기 의도대로 풀리지는 않는다. 불확실성이 넘쳐나고 언제 불가능의 장벽이 솟아오를지 모른다. 우연이라는 변수가 지배하는 곳이 바로 우리 삶이다. 삶은 불안과 절망이 휘몰아치는 망망대해다. 이런 난국에서 우리가 할 수 있는 유일한 선택은 살아내는 것이다. 키르케고르는 죄는 인간의 인식이 아닌 의지에 있다고 했다. 모르는 것 자체는 죄가 아니다. 알려고 하지 않거나 알면서도 행동으로 옮기지 않는 게 죄다. 이런 죄를 짓지 않으려면 의지적인 삶을 살아야 한다. 매 순간을 나의 몸으로 살아가야 한다.

《죽음에 이르는 병》에서 키르케고르는 모서리를 없애지 말고 오히려 예리하게 갈고닦으라고 조언한다. 모서리는 개성과 다양성을 말한다. 이걸 갈아내서 밋밋하게 만들지 말라는 뜻이다. 그러면 그저 세상이 원하는 사람, 개성도 없고 욕망도 없는 사람이 되고 만다. 모서리에는 세상을 향한 욕망의 분출구가 있을 수도 있다. 그걸 없앤다면 실존적 삶은 불가능해진다. 삶의 의지와 야망은 무뎌지고 세상 흐름에 떠밀려 흘러갈 뿐이다. 삶이 불안하다고 해서 좌절하거나 포기해서는 안 된다. 치열하게 모서리를 벼려 세상에 뛰어들 때, 그 안에서 나만의 삶을 살아낼 때 비로소 우리는 실존적 존재가 된다.

일생이론은 살아가는 이유이자 자유의 기반

인간은 유한한 존재지만 무한을 꿈꾼다. 시공간적 한계를 넘어 자기 가능성을 확장하려 한다. 그런 존재에게 절망은 필연적이다. 실패는 삶을 고달프게 하지만 그 안에서 건져 올린 의미와 가치는 내 삶을 지탱하는 동력이 된다. 신화 속 시시포스처럼 바위가 굴러떨어질 것을 알면서도 계속 밀어 올릴 수밖에 없는 존재인 것이다. 여기서 절망은 어제와 다른 나로 만드는 성장과 성숙을 위한 조건이다.

우리를 이끄는 진리는 불안한 실존 속에서 싹튼다. 그러나 세상 누구에게나 일반화시켜 적용될 수 있는 보편적 '진리(眞理)'가 아니라 지금 내가 힘들게 살아가고 있는 구체적인 현실을 살아 숨 쉬게 만드는 구체적이고 개별적인 '일리(一理)'다. 일리 있는 주장은 내 삶을 설명하고 이해하며 해석함으로써 일생이론으로 발전한다.

키르케고르가 철학자와 소설가들을 모아 함께 이야기한 바는 궁극적으로 "너 자신의 삶을 살라"로 요약된다. 그가 끌어모은 9명의 작가와 철학자들은 저마다 다른 철학적 개념을 말하고 다른 작품을 썼지만 이들은 공통적으로 자기 삶의 고유성과 이를 지키려는 노력을 이야기했다. 이는 내가 말하고자 하는 일생이론의 핵심이다.

일생이론을 구축하려면 타인의 욕망을 욕망하는 우를 범해서는 안 된다. 대체 불가능한 나만의 작품을 만들듯이, 늘 새로운 의미가 생성되는 주체적이고 충만한 삶의 레시피를 만들어내야 한다. 우리가 지향하는 삶과 사람은 '경험'으로 '경전'을 구축하고, 자기다움을 드러내는 자기만의 언어를 창조하며, 자기만의 언어로 나를 중심에 두고 세상을 세우는 일생이론을 건축하는 삶과 사람이다.

일생이론을 가진 사람만이 자기 존재의 이유와 자유를 만끽하는 사람이다. 고립보다는 어울림 속에서 진솔한 울림으로 작은 감동을 만들어가는, 튼실한 관계 속에서 성장하는 사람이다. 추상과 관념으로 얼룩진 공허한 담론보다 일상에서 상상력의 날개를 펼치며 평범 안에서 비범함을 깨우치는 사람이다. 시류에 흔들리며 유행 따라 표류하는 것에서 벗어나, 어제와 다른 삶을 앎의 터전으로 삼는 사람이다. 자기 생각과 언어로 건축한 일생이론으로 삶의 이유를 증명하는 사람이다.

그들은 자괴감 대신에 자신감, 자존심 대신에 자존감, 대체 불가능한 자기만의 킬러 콘텐츠와 퍼스널 브랜드로 이상을 펼쳐나간다. 직업이 곧 취미이며 놀듯이 일한다. 재미와 의미를 한 번에 아우르는 동시에 우리 모두 꿈꾸는 삶을 몸으로 보여준다. 앎으로 삶을 재단하고 평가하기보다 삶으로 앎을 만들어 가며 지식과 행위를 동시에 실천한다. 어제와 다른 삶을 살면서 작은 소망으로 대망의 꿈을 이루어가는 사람, 그런 사람이 이 세상에 많아지기를 꿈꾸는 사람이야말로 자기만의 철학으로 일생이론을 구축한 사람이자 가장 자기답게 살아가는 아름다운 사람이다.

이기철 시인은 〈어떻게 피면 들국처럼 고요할 수 있을까〉[23]라는 시에서 고통은 삶에서 피할 수 없는 숙명임을 말한다. 우리 삶은 고통에서 시작한다. 그 순간부터 미래로 몸을 던지는 탐험을 시작한다. 절망 없는 희망은 관망이나 로망이며 희망 없는 절망은 원망이나 책망이다. 삶은 절망 속에서 희망을 연주하는 이중주다. '확신'과 '확실' 사이에서 오늘도 '맹신'할 것인지 아니면 '소신'을 갖고 탐험 여정에 몸을 던질 것인지 절치부심한다. 믿었던 사람이나 삶이 우리를 '배신'한다 해도 삶은 계속되어야 한다. 이 모든 것을 겪고 나서야 비로소 역설(逆說)을 역설(力說)하는 자기만의 문장이 탄생한다.

비록 '지금까지'의 삶을 남의 성공 비법이나 인사이트에 중독되어 살아왔다 하더라도 늦지 않았다. '지금부터'라도 나만의 본능적 욕망이 꿈틀거리는 코나투스를 중심에 두면 미래는 달라진다. 여기에는 결단과 함께 결연한 행동이 필요하다. 실제로 자기 삶을 근본적으로 위협하는 두려움에도 불구하고 기쁨을 증진시키는 코나투스대로 살았던 철학자들이 있다. 스피노자를 필두로 몸과 살의 철학자로 살아간 메를로 퐁티, 어제와 다른 차이로 기존의 고정된 의미를 해체하려는 데리다, 자기 파괴에 가까운 자기 배려로 한 번도 되어본 적이 없는 고유한 자기로 변신하려는 푸코, 앎과 삶과 함을 삼위일체로 삼고 몸에 밴 행동 지식으로 세상을 바꾸려는 마투라나, 어제와 다른 언어로 자아를 재서술하며 자기를 재창조하려는 로티가 그렇다.

작가들도 있다. 물질적 욕망보다 자기 본질을 구현하는 근원적 욕망을 추구하는 서머싯 몸, 주어진 삶을 관성대로 살아가지 않고 언제나 실존적 고통을 온몸으로 겪으며 자기답게 살아가려는 헤르만 헤세, 그리고 마지막으로 관념에 갇힌 책상 지식인보다 온몸으로 세상의 경이로운 기적을 즐기며 살아가는 카잔차키스에게 우리는 자신만의 방식으로 자기답게 살아가는 아름다운 삶이 무엇인지 배웠다. 이제 우리 차례다. 코나투스를 중심으로 자기만의 일생이론을 구축하는 심장 뛰는 삶으로 여러분을 초대한다.

삶의 주도권을 지켜내는
일생이론

김연수는《너무나 많은 여름이》[24]에서 '이유 없는 다정함'을 말한다. 이유 없는 다정함의 눈으로 현실 너머 또는 세상 밑바닥을 관찰할 때 마치 선물처럼 뜻밖의 통찰은 다가온다. 타성에 젖은 눈과 관성의 늪에 갇혀서는 볼 수 없는 것들이다. 세상을 움직이는 보이지 않는 힘은 자기 안에 숨은 선입견과 통념을 벗어던졌을 때 비로소 나타난다. 중요한 건 시각이다. 식상한 시각으로 보는 일상은 지루한 반복일 뿐이다. 자기만의 일생이론을 창조하려면 다른 관점을 길러야 한다. 과거의 경험도 이유 없이 다정하게 바라볼 때 새로운 깨달음으로 다가온다.

사람과의 관계도 그렇다. 기대와 의심을 접고 이유 없는 관심을 가져보자. 다정함으로 그 사람을 바라보면 그동안 보이지 않던 인간적인 이면이 드러나기 시작한다. 이유 없는 다정함으로 주변을 살피면 일상에 숨어 있던 사물과 대상이 저마다의 사연과 이야기를 들려준다. 이유 없는 다정함은 숨겨진 구조를 깨닫게 하면서 왜 그런 일이 발생했는지를 설명할 이론적 토대를 만들어준다.

궁지에서 경지로 이르는 궁지의 증표

소설가 김연수의 '이유 없는 다정함'은 시인 이원이 《시를 위한 사전》[25]에서 말하는 시인의 마음과도 상통한다. 그는 시인을 '별걸 다 걱정하는' 사람이라고 말한다. 보통 사람이라면 지나칠 만한 일도 세심히 살핀다. 일생이론을 만들려는 사람도 그래야 한다. 이들은 다정함으로 우리 일상을 돌아보며 사소한 일도 그냥 지나치지 않는다. 호기심을 갖고 평범의 이면을 파고든다. 난처한 상황에서도 문제 상황을 직시하면서 질문을 던지며 궁지에서 경지에 이를 지난한 길을 모색한다. 폭염의 열기에 아랑곳하지 않고 들끓는 아스팔트 바닥을 뚫고 싹을 틔우는 식물에서 희망을 본다. 지금 여기는 복잡하게 얽힌 세상이지만 어느 순간 실타래를 풀어낼지도 모르리라는 미신에 가까운 확신을 밀고 나간다. 삶은 반전의 연속이다. 궁지에 몰린 곤란함이 경지에 이르는 길로 안내해주며 마침내 성취와 긍지를 심어줄 계기가 된다.

일생이론을 개발하는 사람은 먼 곳에서 자신의 쓸모를 찾지 않는다. 바로 여기, 세상의 이면에서 자기만의 고유한 쓸모를 찾아 고군분투한다. 그들은 지금 이 순간을 걱정하면서도 결과와 상관없이 과정을 행복하게 즐길 수 있다고 예감한다. 일생이론을 개발하는 사람에게는 지금의 나를 둘러싼 세계와 생생한 감각이 중요하다. 전후좌우를 논리적으로 따져보는 '관점(觀點)'보다 몸이 느끼는 직감인 '감점(感點)'을 소중하게 생각한다. 일생이론을 개발하는 사람은 늘 낯선 곳에 자기를 던지고 우연과 마주하는 순간을 만끽한다.

미야노 마키코와 이소노 마호는 《우연의 질병, 필연의 죽음》[26]에서 알 수 없는 미래 속에서 현재를 만드는 것이 바로 '우연'이라고 말한다. 낯선 세계에서 마주하는 현상은 상상력을 자극한다. 저것은 무엇일까? 언제부터 저기 저렇게 서 있는 것일까? 무슨 사연과 배경 속에서 우리에게 말을 걸고 있을까? 모르는 세계는 아는 언어로 표현할 수 없다. 모르는 세계는 모르는 단어가 가리고 있다. 그 단어를 알아채는 순간 세계는 베일을 벗고 제 모습을 드러낸다. 자기만의 일생이론은 기존의 언어로 누리는 자유를 포기했을 때 만날 수 있다. 낯선 세계에서 만난 순간적 경험을 새로운 언어로 의미화했을 때 비로소 볼 수 있다.

일생이론은 관성에 젖은 지성이 야성의 덫에 걸려 절룩거릴 때 탄생한다. 모루 위의 달궈진 강철은 망치로 두들겨 맞으면서 모습을 갖춰나간다. 고통을 회피하지 않고 외부적 충격으로 자기 내부를 다져나갈 때 그야말로 강철이 된다. 마찬가지로 일생이론은 타성에 젖은 언어를 담금질할 때 만들어진다. 혹한의 눈보라와 폭염의 소나기에 몸을 적시면서 관성과 관습의 때를 벗겨내는 과정에서 탄생된다.

일생이론은 또한 경청의 산물이다. 자기만의 속도로 걸어가면서 빗방울 소리 하나라도 놓치지 않고 귀담아듣는 자세가 필요하다. 일생이론은 심장으로 받아쓴 서늘한 감동의 산물이다. 그 안에는 곤경이 풍경으로 바뀌면서 우리 몸에 새긴 무늬가 숨어 있다.

밤하늘의 북두칠성이자 이정표

한번 불붙은 도화선은 끄기 어렵다. 눈 깜짝할 사이에 폭발을 향해 내달리기 때문이다. 절망의 도화선도 그렇다. 절망에 사로잡힌 나머지 파멸을 향해 질주하는 사람들이 많은 이유다. 부정적인 생각이 우리를 집어삼키기 전에 막아야 한다.

일생이론은 절망의 도화선을 끊어내는 강력한 수단이다. 일생이론은 잭 길버트의 시 〈변론 취지서〉에서 말하는 '고집스런 기쁨'이기 때문이다. 시에서 고집스러운 기쁨은 절망적인 상황에서 탈출구를 찾는 용기로 묘사된다. 일생이론은 우리 삶에 절망의 그림자가 엄습할 때 위기에서 빠져나갈 문을 열어준다.

일생이론은 세상이 변하고 시류가 바뀌어도 자기 중심을 잡고 묵묵히 걸어가게끔 돕는 든든한 버팀목이자 안내자이다. 흔들림 속에서 마침내 진북(眞北)을 가리키는 나침반이며 여행자에게 가야 할 방향을 알려주는 북두칠성이다. 위로만으로는 위기를 극복할 수 없다. 의지(依支)할 사람이 있으면 스스로 의지(意志)를 불태우기 힘들다. 일생이론은 스스로 서서 서로를 살리게 하는 자기주도의 이론이다.

일상의 신비에서 건져 올린 깨달음의 변주

일생이론은 일상에 숨은 작은 신비를 먹고 산다. 새벽 3시에 일어나 무겁고 힘든 몸을 이끌고 출근하는 사람들의 고단함, 얼어붙은 새벽어둠과 추위를 뚫고 전진하는 버스의 대견함이 바로 작은 신비다. 쏟아지는 소나기를 피할 우비 하나 없이 질퍽한 인생길을 묵묵히 걸어가는 발길이 일상의 신비다. 위대한 이상을 맹목적으로 신봉하는 대신 평범함 속에서 경이로움을 찾아내려 애쓰며, 삼라만상을 무불경(無不敬)의 자세로 배우려는 겸손한 마음이 일상의 작은 신비다. 느닷없이 불어닥치는 비바람과 눈보라를 피해 자세를 낮추고 엎드린 채 희망을 키우는 풀 한 포기의 지혜가 일상의 신비다. 예고 없이 들이닥치는 꽃샘추위를 버티고 살아남아 마침내 꽃을 틔우고 씨를 날리는 꽃들이 일상의 신비다. 혹한의 추위를 군말 없이 나목으로 버티다 초록의 잎을 틔우는 나무의 기적이 일상의 신비다. 겨울 준비를 위해 다람쥐가 물어다 숨긴 도토리들이 싹을 틔우고 뿌리를 내려 신갈나무 숲을 이루는 자연의 섭리가 일상의 신비다.

일생이론은 깨달음의 변주로 쌓아 올린 사유이자 몸의 감각으로 이어나가는 역동적인 흐름이다. 한 번 구축된 이론이라고 해서 그 자리에서 멈추는 법이 없다. 현실이라는 무한한 자원을 가공하여 나날이 업그레이드된다. 그래서 일생이론을 만들려는 사람은 언제나 겸손한 자세로 더 낮은 곳을 향한다. 완벽보다 완성을 추구하며 배움의 끈을 놓지 않고 호기심 어린 눈으로 모두가 당연하다고 여기는 것에 물음표를 던진다.

일생이론은 영원한 현재 진행형이다. 지금 여기에서는 일리 있는 이론도 다른 상황에서는 맞지 않을 수 있다. 신뢰성과 타당성을 갖추려면 수많은 상황에 몸을 던져야 한다. 수시로 다가오는 시험 무대에서 자기를 단련해야 하며 그러기 위해서는 내가 주장하는 이론적 관점이나 주장이 언제든 틀릴 수 있음을 가정해야 한다. 일생이론은 비판적 주장에 귀를 기울이고 자기 한계를 받아들인다. 다양한 제안을 수용하여 이론을 수정하기를 멈추지 않는다. 자세를 낮추고 경청하며 부족한 점이 무엇인지를 깨닫고자 노력할 때 일생이론은 공감을 얻을 수 있다. 일생이론은 자기만의 전유물이 아니다. 하나의 일생이론은 다른 사람이 구축하는 또 다른 일생이론의 재료가 된다.

울분과 격정을 냉정으로 다스려 숙성시키다

일생이론은 허기와 정열이 피와 눈물과 땀을 만나 빚어낸 작품이다. 남의 이론에 무임승차해서 편집한 짜깁기의 산물이 아니다. 가난과 고통의 여정을 참아내면서 마침내 꿈의 목적지에 다다랐을 때 외친 조용한 아우성에 가깝다. 일생이론은 사진작가 앙리 카르티에 브레송이 말한 '결정적 순간'이 축적되어 만들어진다. 그런 순간들이 모여 세월의 무게를 견디며 암석처럼 단단하게 굳어지며 생성해 낸 고통의 결정체이다.

일생이론에는 수많은 사건과 사고를 겪으면서 지나갔던 결정적인 순간이 담겨 있다. 우발적 만남이 준 경이로운 순간을 붙잡아 기록하고 정리하면서 생긴 삶의 흔적이다. 흔적은 목적을 만나 축적되면서 기적의 씨앗이 된다. 사건의 지층을 해석하는 과정은 배움이 멈추지 않는 한 계속되는 일생이론을 구축하는 데 필수적이다. 일생이론을 개발하는 사람은 한 끼 밥을 먹더라도 관행을 거부한다. 습관적인 수저질에도 강한 회의를 품고 어제와 다른 감각으로 손을 움직인다. 쌀 한 톨에 담긴 농부의 땀방울과 이른 봄의 꽃샘추위, 여름날의 천둥과 번개, 가을날의 소나기를 생각한다.

일생이론은 수동적으로 사고(事故)당한 경험을 능동적으로 사고(思考)한 결과다. 세상과 부대끼면서 마주친 사건과 황당한 느낌, 놀라운 깨달음을 놓치지 않고 온몸으로 끌어안는다. 그 의미를 파고들어 해석한 사유 노동의 부산물이 바로 일생이론이다. 일생이론을 개발하려는 사람은 음지와 양지, 절망과 희망, 밑바닥과 정상, 성공과 실패, 걸림돌과 디딤돌, 오르막과 내리막, 전경과 배경이라는 경계를 넘나든다.

일생이론은 자기 분야에 갇혀 우물 안에서 세상을 보는 '좌정관천(坐井觀天)'의 세계에 안주하는 사람한테는 기회를 주지 않는다. 아집과 독선, 자만과 교만, 이유 없는 관심이 아닌 이유 있는 사심(蛇心)으로 뭉친 마음은 세상을 왜곡된 시선으로 바라보게 만든다. 일생이론은 물이 불에 저항한 만큼 따듯해지듯 세상의 부조리에 눈감지 않는다.

앞길을 열어주는 조용하지만 우렁찬 목소리

일생이론은 살갗을 파고드는 언어로 구축된다. 감동의 언어는 책상머리에서 관념적으로 편집한 '머리의 언어'가 아니라 몸을 던져 시궁창에서 건져 올린 '몸의 언어'다. 몸의 언어에는 그 사람의 땀과 피눈물이 담겨 있다. 롤랑 바르트는 《사랑의 단상》[27]에서 감각을 자극하는 언어를 말한다. 아무리 올바른 진리라도 몸을 관통한 경험이 없으면 감동을 줄 수 없다. 소설가 양귀자가 《모순》[28]에서 삶의 부피를 늘려주는 것은 행복이 아니라 불행이라며 관념성에서 벗어나 생생한 감각으로 체험하는 삶에 관해 말한다. 일생이론은 삶의 텃밭에서 직접 경작한 수확물이다.

인생은 자기가 해석한 만큼 해답을 얻는다. 해석의 깊이와 넓이를 심화하고 확장하려면 연습이 필요하다. 기대에 미치지 못한 결과라도 그냥 지나치지 않고 그 당시의 정황을 꼼꼼히 따져보면서 대안을 생각해보자. 가능성을 열어두고 뜻밖의 경우를 상상하며 '만약(萬若)'이라는 약을 먹어보자. 그때로 돌아갈 수 없다는 암담함과 보이지 않는 미래의 막막함 사이에서 다시 용기를 내보려고 몸부림칠 때, 일생이론은 한 줄기 서광처럼 다가온다.

일생이론은 과거의 끈을 과감히 끊고 미래로 향하려는 사람의 것이다. 무턱대고 앞만 보고 '정진'하는 것이 아니다. 때로 '정지'할 때 일생이론은 조용하지만 우렁찬 목소리로 앞길을 열어준다. 그렇게 모퉁이를 돌아 만나는 낯선 세상에는 우리를 반기는 또 다른 출발이 기다리고 있다.

살아가는 이치를 이해하는 이상

이응준은 《고독한 밤에 호루라기를 불어라》[29]에서 '이치/이론'을 말한다. 분자인 이치의 값이 크고 분모인 이론의 값이 작을수록 전체 값은 커진다. 더 많은 이치를 더 적은 이론으로 설명할수록 그 값어치가 크다는 뜻이다. 사물의 정당한 조리(條理) 또는 도리에 맞는 취지가 이치다. 이런 이치를 설명하지 못하는 이론은 무용지물이거나, 이치를 왜곡하거나 탈색 또는 오해하게 만드는 장본인일 수 있다. 모든 이론은 삶의 이치를 적확하게 설명하거나 이해시킬 때 힘을 얻는다. 관념에 사로잡힌 이론은 한계가 있다. 한두 개의 이치를 설명할 수 있다 해도 다양한 이치를 해석하는 데는 적합하지 못할 수 있다. 최적의 이론은 현실에서 나온다. 평범한 일상을 관심과 애정을 갖고 관찰하지 않으면 이러한 이론을 정립할 수 없다. 책상머리에서 기존 이론을 참고해 급조한 이론들이 그렇다. 이런 식으로는 현실과 괴리되고 이치에 어긋나거나 부합하지 못하는 사이비 이론이 양산될 뿐이다.

이웅준 작가가 제안한 '이치/이론'을 다른 관점에서 정교화시키면 '이해/이치=이론'으로 공식화할 수 있다. 일상의 '이치'나 원리를 얼마나 '이해'하는지에 따라서 이론적 파워가 달라진다. 분자인 이해 정도나 수준이 높을수록 이론의 가치도 커진다. 이론이 추구하는 이상은 물론 그 이론적 깊이와 넓이도 심화되고 확산된다. 예를 들어 누군가 다른 사람의 주장을 근간으로 독서 이론을 개발했다고 가정하자. 일본의 우치다 타츠루 작가는 《푸코, 바르트, 레비스트로스, 라캉 쉽게 읽기》[30]에서 의지로 길러진 무지에 관해 말한다. 무지란 그냥 모르는 상태가 아니라 '알고 싶지 않다'는 마음가짐으로 한결같이 노력해온 결과다. 이를 독서에 적용하면 책을 읽지 않는 습관은 '나태의 결과'가 아니라 읽지 않으려는 노력의 결과다. 일반적인 독서 이론과 다르다. 보통은 게으름이 책을 읽지 않는 습관으로 이어진다고 생각한다. 이런 통념을 뒤집으면 새로운 독서 이론이 탄생한다. 왜 책을 읽지 않으려 하는지, 왜 독서에 관한 반감이 생겼는지 하는 문제에서 시작할 수 있다. 책을 읽지 않는 습관을 전혀 다른 방향과 각도에서 바라보면 보다 설득력 있는 이론이 탄생한다.

살아가는 목적을 밝히려는 몸부림의 산물

일생이론은 오늘날 유행하는 충동적인 정보에 종속된 삶과 결별하고, 존재 이유나 목적을 알고자 하는 몸부림의 산물이다. 타인이 제공한 정보에 농락당하지 않으려면 나만의 서사(narrative)가 필요하다. 일생이론은 결국 그동안의 스토리를 일정한 플롯으로 구조화한 장편 서사다. 여기에는 집요한 자기 탐구와 끈질긴 의미 부여 작업이 요구된다. 고통스러운 경험으로 정제된 서사일수록 자유로운 삶을 지향한다. 일생이론은 자유로운 삶을 살아갈 때 비로소 기쁨과 슬픔이 씨실과 날실로 직조되어 탄생된다.

한병철은《서사의 위기》[31]에서 인공지능 서사의 한계를 지적한다. 그가 보기에 인공지능은 열정을 모른다. 인공지능은 땀을 흘리지 않는다. 100% 남의 이야기를 편집하거나 그걸 기반으로 결괏값을 만들어낼 뿐이다. 이런 정보로는 자기 서사를 만들 수 없다. 늘 남의 이야기에 현혹될 뿐 자신의 피땀과 눈물이 밴 자기만의 스토리와 서사를 만들어내지 못한다. 일생이론은 전쟁과 같은 삶을 견디는, 눈물과 땀의 합작품이다. 자기 신체성이 개입되어 만들어지는 열정적인 서사가 일생이론을 만든다.

일생이론은 들끓는 문제의식을 기존 언어로 드러낼 수 없을 때, 새로운 언어를 찾으려는 안간힘 속에서 나오는 단독적인 이론(singular theory)이다. 단독적인 이론의 탄생 근거는 단독적인 삶을 살아가는 사람의 단독적인 문제의식이다. 단독적인 이론은 신체성이 삶의 구체성과 만나 사투를 벌이는 가운데 비로소 탄생한 이론이다. 그러나 일생이론은 자기에게만 통용되고 다른 사람에게는 전혀 적용되지 않는 고집불통의 자가당착적 이론이 아니다. 고유한 경험을 언어로 번역하는 과정에서 생성된 자기만의 언어는 통념을 재구성한다. 새롭게 탄생한 개념은 타자에게 날아가 그들의 심장에 꽂힌다.

가슴에서 나오는 감동의 결정체

한병철은 《서사의 위기》에서 이야기의 힘에 대해 말한다. 이야기는 삶을 치유하고 지지하며 서로를 이어준다. 이야기를 주고받으려면 관심과 배려가 필요하다. 먼저 다른 사람의 애환이 담긴 이야기를 들어주려는 경청의 자세를 갖춰야 한다. 상대방 이야기에 반응하고 공감하려는 노력이 필요하다. 말하는 사람도 노력해야 한다. 상대의 공감을 얻으려면 단편적인 정보나 이야기의 나열만으로는 부족하다. 본인이 직접 몸으로 얻은 경험적 교훈을 자기만의 언어로 번역해야 한다. 단편적인 경험들이 깨달음의 향연이 펼쳐지는 장편의 서사로 전해질 때 듣는 사람은 깊은 감동을 느낀다. 인공지능은 그럴 수 없다. 상대를 감동시킨 '경험'이 없기 때문이다. 감탄은 머리에서 나오지만 감동은 가슴에서 나온다. 논리적으로 편집된 작품은 감탄을 자아내지만 경험을 담은 이야기는 가슴을 울린다. 일생이론은 영원한 미완성이기에 외부적 비판을 감내해야 하는 운명이다. 그렇게 한 걸음씩 앞으로 나아간다.

발터 벤야민은 《역사의 개념에 대하여》[32]에서 파국과 폐허 속 진보를 말한다. 어두운 과거를 살아온 사람은 파국을 예감하지만 그곳에는 잠자는 영혼을 흔들어 깨우는 한 줄기 난폭한 바람이 존재한다. 폭풍은 생각지도 못한 방향으로 우리의 몸을 이끈다. 우리 삶을 나아가게 하는 폭풍은 우연히 날아든 뜻밖의 선물이다. 언제 어디서 불어올지는 예측할 수 없으나 그것이 진보의 계기가 된다는 사실만큼은 확실하다.

과학적 사고로 만드는
일생이론 구축의 네 단계

일생이론을 구축하는 과정은 크게 네 가지 단계로 구분된다. 첫 번째는 현실을 관찰해서 다양한 자료(data)를 수집하고 기록하는 단계다. 두 번째는 기록된 자료를 일정한 체계나 구조로 조직화하여 정보(information)로 만드는 단계다. 수집된 자료는 고찰을 거쳐 진실을 드러내는 의미 있는 정보가 된다. 세 번째는 정립된 정보를 토대로 지식을 쌓는 단계다. 정보의 패턴이나 정보 간 관계를 통찰함으로써 일리 있는 지식을 건져 올릴 수 있다. 여기에는 과학적이고 비판적인 사고가 요구된다. 마지막 네 번째는 지식을 자기만의 지혜로 완성하는 단계다. 지혜는 앞서 찾아낸 지식을 삶에 적용하면서 깊이 성찰하는 가운데 만들어진다. 이때의 지혜는 일정 기간 특정 상황에서 효력을 발휘하는 잠정적 진리다.

정리하자면, 일생이론 개발은 현실을 관찰하고 여기서 얻은 자료를 고찰하여 의미 있는 정보로 가다듬은 후에, 여기에서 지식을 캐

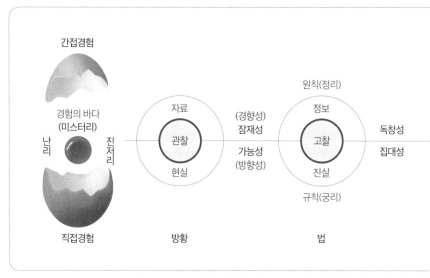

일생이론 개발 과정

내고, 이를 깊이 성찰해서 잠정적이지만 보편적 지혜를 개발하는 여정이다. 우리의 사고가 '관찰-고찰-통찰-성찰'로 이어지는 과정에서 '자료-정보-지식-지혜'로 변신하고 '현실-진실-일리-진리'로 거듭난다. 일생이론은 부단한 탐구 여정을 통해 설득력과 생명력을 높여가는 미(美)완성의 작품이다.

규칙과 원칙, 법칙과 원리를 통한 일생이론 개발법

공동체 유지를 위한 규칙은 어떤 상황에서도 꼭 지켜야 하는 준칙

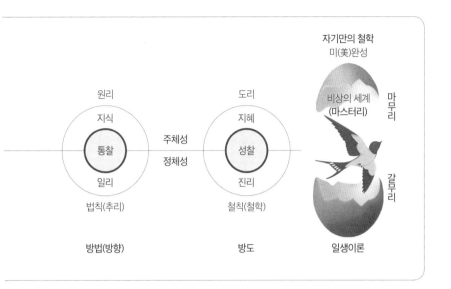

원리
지식
통찰
일리
법칙(추리)

방법(방향)

주체성
정체성

도리
지혜
성찰
진리
철칙(철학)

방도

자기만의 철학
미(美)완성

비상의 세계
(마스터리)

마무리

갈무리

일생이론

(準則)이자 수칙(守則)이다. 이런 규칙은 다 같이 지키기로 약속하고 합의한 당위적 규범이자 규율이다. 규칙을 어기면 반칙이고 벌칙을 받는 이유다. 규칙을 어기고도 반성하지 않는다면 공동체는 여기에 합당한 불이익을 준다. 당사자 역시 마음이 편하지는 않을 것이다. 문제는 성공을 빌미로 한 일방적인 규칙이다. 어떤 사람이 부자가 되려면 반드시 지켜야 한다고 주장하는 규칙은 개인 차원의 주관적 강제 조항일 뿐이다. 의무는 아니지만 그대로 행하지 않으면 불안하다. 이런 류의 성공 법칙이나 부자가 되는 법은 특수한 자기 경험에 기반한 지극히 개인적인 신념이나 가치관이 반영되어 있다.

이를 그대로 따른다고 나 역시 그 사람처럼 성공하거나 부자가 되지는 않는다. 일생이론을 개발하는 사람은 남이 만든 성공 규칙을 그대로 따라가지 않는다. 스스로 직접 현실을 관찰해서 귀납적으로 자기만의 규칙을 도출한다.

그렇다면 '규칙'은 '원칙'과 어떻게 다른가. 규칙이 '약속'이라면 원칙은 '주장'이다. 규칙이 매일 아침 6시에 일어나기를 약속한다면 원칙은 매일 아침에 일찍 일어나야 한다고 주장한다. 모든 대학원 재학생은 격주에 한 번 하는 스터디 모임에 이유 여하를 막론하고 나와야 한다면 이건 원칙이다. 격주에 한 번, 오후 4시에 스터디를 한다는 약속은 규칙이다. 누구에게나 보편적으로 적용할 수 있는 원칙과 달리 규칙은 대상과 상황에 따라 달리할 수밖에 없다. 자기 몸에 맞지 않는 규칙, 예를 들면 이미 성공한 사람들이 저마다의 방식으로 만든 규칙을 무비판적으로 따라 하다가는 부작용이나 심각한 폐해가 생길 수 있다. 내가 생각하는 공부 원칙은 적어도 남에게 보여주기 위한 '위인지학'의 공부를 하지 않는 것이다. 공부는 나를 성장시키는 것으로 '위기지학'이어야 한다. 그런데 이 원칙은 상황에 따라 다른 규칙을 낳는다. 중요한 건 흔들림 없는 원칙이다. 그때그때 달라지는 규칙 중심으로 공부할수록 큰 그림을 읽지 못하고 사소한 일에 매몰되어 방향을 잃을 수 있다.

원칙 없는 변칙과 반칙이 위험하다

원칙은 '사람은 우측통행, 차는 좌측통행'처럼 다 같이 믿고 따르기로 한 규칙이다. 원칙은 인위적으로 바꾸기 어렵다는 점에서 규칙과 다르다. 회사 근무와 학교 첫 수업을 오전 9시에 시작한다는 규칙은 합의를 통해 한 시간 늦게 출근하고 한 시간 늦게 퇴근하는 식으로 바꿀 수 있다. 출퇴근 시간을 조정한다고 해서 공동체의 질서가 무너지지는 않는다. 그러나 원칙은 깨지는 순간 공동체 질서를 유지하는 신뢰 관계에 금이 갈 수 있다. 그래서 원칙에는 일관성이 중요하다. 상황에 따라 융통성을 발휘할 게 아니라 어떤 상황과 조건에서도 흔들리지 않아야 한다.

예를 들면 한 교수가 "성적 평가는 스스로 한다"는 원칙을 세웠다. 자기가 A를 맞을 만하다고 생각한다면 그 사람 학점은 A가 된다. 이때 가장 중요한 전제는 양심이다. 양심을 속이면 자가 평가 결과는 신뢰할 수 없다. 양심을 점검할 특별한 장치는 없지만 그럼에도 불구하고 이 원칙을 고수하는 이유는 한 학기 수업에 얼마나 열심히 참여했으며 그 내용을 어느 정도 이해했는지 본인이 가장 잘 안다고 가정하기 때문이다. 그런데 만약 믿기 어렵다는 이유로 한 학생만 교수가 직접 평가한다면 이 원칙은 폐기되는 것이나 마찬가지다. 원칙은 구성원 각자의 신념과 가치관을 걸고 약속하고 선언한 공동의 준칙이다. 상황적 예외 없이 일관성을 가져야 한다. 원칙을 무시한 변칙이 판을 치기 시작하면 신뢰는 깨지고 공동체 질서는 무너진다.

누군가 '사이 전문가'가 되고자 앞으로 지켜야 할 원칙과 규칙을 정립한다고 가정하자. '사이 전문가'는 뒤에 자세히 설명하겠지만, 일반 전문가와 달리 영역별 경계를 넘나드는 전문가를 일컫는다. 이때 원칙은 수직적 깊이와 수평적 넓이를 동시에 추구하는 것이다. 깊이만 파다가 기피 대상이 되는 일반적인 전문가와 달리 사이 전문가는 깊이 파서 경지에 이른 다음에도 할 일이 있다. 다른 영역의 전문가와 만나 전문성을 교류하고 융합하면서 부단히 개발해야한다. 따라서 사이 전문가의 대원칙은 자기 전문성 개발과 다른 영역 전문가와의 교류다. 이런 원칙이 정해지면 각자 자기 상황에 맞는 규칙을 세우면 된다.

원칙 없는 규칙은 맹목이고, 규칙이 없는 원칙은 공허하다. 원칙을 망각하고, 그때그때 규칙만 반복하다 보면 방향을 잃기 쉽다. 거꾸로 구체적인 규칙으로 실천하지 못하는 원칙은 관념으로 남을 뿐이다. 사이 전문가가 되기 위해 지켜야 할 규칙은 예컨대 다음과 같다. 이러한 규칙들은 반복을 통해 습관화하는 것을 목표로 한다.

- 규칙 1: 가급적 자주(구체적으로는 일주일에 한 번은) 모르는 분야의 책을 읽거나 낯선 사람과 만나자.
- 규칙 2: 익숙한 개념을 낯설게 조합, 새로운 생각의 씨앗으로

만드는 연습을 하루에 한 번 이상 해보자. (예: 지식과 산부인과
라는 개념을 낯설게 조합, '지식산부인과'라는 개념을 창조.)
- 규칙 3: 하루에 한 번은 '역지사지'를 통해 다른 사람의 입장
에서 내 생각을 돌아보는 연습을 하자. (예: 음악가 입장에서 책
을 '연주'해보고, 작가 입장에서 음악을 '읽어' 본다.)

원칙 중심으로 규칙 반복하기

규칙은 상황은 물론 문제의식과 목적의식에 따라 얼마든지 변용이
가능하다. 좋은 규칙은 직접 실행했을 때 몸에 맞는다는 느낌을 준
다. 다른 사람들이 아무리 좋다고 해도 내게 안 맞으면 소용없다. 규
칙은 '나'라는 특수성과 구체성으로 이루어질 때 효과를 발휘한다.
원칙을 중심으로 내 몸에 맞는 규칙을 실천하다 보면 일생이론을
개발할 수 있다.

성공 법칙은 남이 만든 법대로 따른다고 해서 얻어지지 않는다.
불규칙하게 일어나는 현상을 주도면밀하게 관찰하고 기록하면서
끈질기게 고찰하는 순간 통찰이 생기면서 비로소 만들어진다. 현상
을 관찰하고 고찰해서 얻은 정보에서 일정한 관계나 패턴을 찾아
이를 일반화한 것이 바로 '법칙'이다. 예를 들어 '파레토 법칙(Pareto
principle)'이 있다. 상위 20%가 전체 생산의 80%를 해낸다는 법칙
으로 80대 20 법칙, 또는 20대 80 법칙이라고도 한다.

이탈리아 경제학자 파레토는 정원에서 키우던 콩을 관찰한 결과 잘 여문 소수의 콩깍지에서 나온 수확이 전체의 80%를 차지한다는 사실을 발견하고 이를 경제학과 접목하여 하나의 법칙으로 만들어 냈다. 파레토의 법칙은 여러 현상을 설명한다. 예를 들어 백화점 매출의 80%를 상위 고객 20%가 올릴 때가 그렇다. 물론 잘 들어맞지 않을 때도 있다. 이런 현상이 많아지면 파레토 법칙을 극복할 새로운 법칙이 만들어질 가능성도 커진다.

인터넷 매체, 〈와이어드〉의 편집장인 크리스 앤더슨은 오프라인 시장에서 매출이 저조한 상품이 온라인 상거래에서는 장시간 주목할 만한 매출을 보이는 현상을 관찰한 끝에 '롱테일 법칙(The Long Tail)'을 만들어냈다. 80%의 불특정 다수가 20%의 핵심 소수보다 더 뛰어난 성과를 낸다는 것으로 역(逆)파레트 법칙이라고도 한다. 이는 오프라인 서점의 비인기 도서들이 온라인 서점 아마존에서 전체 매출의 절반을 차지하는 현상을 잘 설명한다.

깊이만 파는 전문가는 기피 대상

대학원생들의 일상을 소재로 재미있는 만화를 선보이는 〈PhD코믹스(phdcomics.com)〉에 올라온 재미있는 법칙이 하나 있다. 바로 '박사가 되기 위해 알아야 할 법칙'으로 뉴턴의 3대 법칙을 패러디한 내용이다.

제1법칙은 '관성의 법칙'으로 세상 모든 대학원생은 지도 교수라는 외부적 힘이 작용하지 않는 한, 계속 '할 일 미루기 상태'를 유지한다. 자꾸 피치 못할 사정이 생겨 소중한 박사 논문 쓰기는 차일피일 미루게 된다. 외부적 힘이 작용하지 않는 한, 언제 졸업할지 알 길이 없다.

제2법칙은 'F=ma 또는 a=F/m'다. 여기서 a는 가속도가 아닌 박사 과정을 마치는 나이(age), m은 성취동기(motivation), F는 지도 교수의 돌변하는 마음(flexibility)이다. 이 공식에서 주요 변수는 학생의 나이나 성취동기가 아니라 수시로 돌변하는 지도 교수의 마음이다. 지도 교수의 관심사와 선호도에 따라 논문 주제가 바뀌면 그만큼 공부 기간이 늘어날 수밖에 없다.

제3법칙은 작용-반작용 법칙이다. 박사 과정 중에 직면하는 중요한 고비마다 머피의 법칙처럼 항상 그것을 방해하는 결정적인 사건이 터진다. 논문은 잘 써지지 않고, 결정적인 순간마다 안 좋은 일이 생긴다. 졸업 시험 보러 가는 날 하필 교통사고가 나고, 논문 계획서 발표하기 전날 실수로 저장한 자료가 다 날아간다. 논문 발표일에 집안에 안 좋은 일이 발생해서 결국 발표를 못 한다. 결국 박사학위 취득 날짜는 하염없이 미뤄진다.

IT산업계에는 '무어의 법칙(Moore's Law)'이 유명하다. 인텔(Intel) 공동 창업자인 고든 무어가 1965년에 만들었는데, 간단하게 말하면 컴퓨터의 연산 속도가 2년마다 2배로 증가한다는 것이다. 이 법칙은 '사이 전문가'에 적용할 수 있다. 전문가가 한 분야에 깊이 파고들수록 그 안에 매몰될 확률은 높아지고 다른 분야와 소통할 확률은 줄어든다. 즉 전문성의 깊이가 깊어질수록 다른 전문가에게 기피 대상이 될 확률은 기하급수적으로 증가하고 다른 분야의 전문가와 소통할 확률은 급격하게 떨어진다. 많은 전문가들을 유심히 관찰한 결과 이러한 법칙이 유효함을 알아내고 "전문가는 한 우물만 파다 매몰된 외골수다"라는 법칙을 정립할 수 있다.

비슷한 예로 어떤 사람이 많은 전문가를 인터뷰하고 그들의 일상을 관찰하다가 '사이 전문가 법칙'을 만들 수 있다. 사이 전문가는 차이를 존중하고 다른 전문가를 스승으로 대하는 평생 학습자다. 전공 분야에서 깊이를 추구하는 동시에 다른 전공 분야의 전문가와 부단히 소통한다. 이질적 지식 간 융합을 통해 제3의 지식을 지속적으로 창조하면서 '사이 전문가'로 발전한 것이다. 하얀 까마귀가 나타나면서 "모든 까마귀는 검다"는 법칙이 깨진 것처럼 사이 전문가의 출현은 앞서 "전문가는 한 우물만 파다 매몰된 외골수다"라는 법칙을 무너뜨린다. 결과적으로 "모든 전문가는 전문가와 전문가 사이에 존재하는 차이를 전공하는 사이 전문가다"라는 법칙으로 재정립할 가능성이 생긴 것이다.

원칙은 규칙이지만 원리는 이치다

법칙은 흩어진 자료를 체계적으로 관찰한 다음 궁리에 궁리를 거듭하는 고찰을 통해 일반화하여 얻어낸 귀납적 결론이다. 일생이론을 개발하는 사람은 남이 만든 규칙에 의존하지 않는다. 대원칙을 지켜나가는 한편 자신이 직접 경험하고 관찰해서 얻은 규칙을 반복해서 실천하면서 법칙을 정립하고 부단히 검증한다.

법칙은 언제나 잠정적으로만 참인 '일리 있는' 이야기다. 앞서 말한 까마귀 예를 다시 보자. '까마귀는 까맣다'는 법칙이 있다. 그런데 이후 다른 색의 까마귀가 발견되자 누군가 가설을 세운다. '색이 다른 이유는 조상들에게 물려받은 유전자 차이 때문이다.' 다른 가설도 나온다. '환경의 영향을 받아 변종 까마귀가 발생했다.' 이들을 검증하는 과정에서 예외를 포괄하는 원리가 탄생된다. '원리'는 여러 개념 사이의 논리적 관계에 기초한 귀납적 일반화로 정립하지만, 보편적 진술이라는 점에서 경험적 결론이라기보다는 분석적인 노력의 산물이다.

그렇다면 '원칙'과 '원리'는 어떤 차이가 있을까? 원칙은 반드시 지켜야 할 근본적인 규칙이지만, 원리는 오랫동안 관찰하여 도출한 근본적인 이치다. 사물이나 생물의 존재 근거나 근원적인 이유, 어떤 행동의 옳고 그름을 나누는 규범적 기준이나 특정 현상을 낳은 사물의 이치 등이 바로 원리다. 예를 들면 물은 위에서 아래로 흐른다거나, 지구 공전에 따라 계절이 순환한다는 것 등이 그렇다. 이러한 자연의 원리를 알면 예측하고 대응할 수 있다. 원리를 모르면 사물이나 현상을 피상적으로 보다가 오판할 수 있다.

자기계발의 원칙은 계발 주체가 정할 수 있다. 그러나 원리는 경험적 깨달음을 통해 주관적으로 일반화할 성격의 것이 아니다. 원리는 쉽게 만들어지지 않는다. 개인의 전문성이 어떤 근거로 개발되는지를 주도면밀하게 분석한 다음 심화·발전시키는 과정이 필요하다. 부단한 노력으로 근본적인 이치를 도출하고 이를 자기만의 언어로 번역할 때 자기계발의 원리는 세상에 그 모습을 드러낸다.

원리와 원칙의 유래

일생이론은 규칙을 습관화하고 여기에 흔들림 없는 원칙을 적용하는 과정에서 만들어진다. 시행착오를 불사하면서도 현실과 타협하지 않을 때 규칙은 법칙이 되고 원칙은 원리로 바뀐다. 흔들림 없는 원칙 아래 규칙을 습관화하는 사람은 자기만의 일생이론을 정립할 수 있다.

법칙은 법대로 반복해서 얻은 규칙이 아니라 법대로 안 되니까 어제와 다른 방법으로 시행착오를 경험한 끝에 귀납적으로 얻은 일리의 산물이다. 예를 들면 '72대 1 법칙'이라는 게 있다. 어떤 일을 시작하기로 결심하고 3일(72시간) 이내에 실행하지 않으면 1%도 성공할 가능성이 없다는 법칙이다. 하지만 유혹에 약한 사람 입장에서 생각해보면 72시간도 길다. 결심하고 24시간 이내에 실행해야 한다는 '24대 1 법칙'으로 바뀌어도 성공 가능성을 보장할 수 없을 정도다. 이처럼 언제든지 뒤집힐 수 있는 법칙은 당분간만 진리로 통용되는 일리다. 비록 일시적이기는 하나 법칙에는 보편성이 있다. 무수히 많은 사례를 관찰하고 고찰해서 일반화한 통찰의 산물이기 때문이다.

규칙이나 원칙이 주관적 의사 결정의 산물이라면 법칙이나 원리는 과학적 통찰의 결과다. 법칙은 지금 당장이라도 실천할 수 있는 가시적인 처방전이다. 한편 원리는 근본적인 이치나 근거다. 원리는 그럴 수밖에 없고 그래야만 하는 사물이나 현상의 존재 근거나 순환 이치다. 이론과 달리 원리는 한번 정립되면 폐기되지 않는다. 원리는 법칙에서 유래된 개념이고 원칙은 규칙에서 유래된 말이다.

원칙(原則)은 행동이나 이론에서 일관되게 지켜야 하는 규칙이나 법칙이다. 한편 원리(原理)는 사물의 근본이 되는 이치(理致)를 말한다. 즉 사물의 본질을 깊이 살펴보는 과정에서 나온 결과다. 원리를 개발하려면 자연이나 사회 현상을 반복해서 관찰해야 한다. 귀납적으로 도출한 법칙에서 사물의 근본이 되는 이치를 뽑아내야 원리에 이를 수 있다. 정리하면, '원리'는 보편적이면서 동시에 근원적이고 근본적인 법칙이고, '원칙'은 개인이나 공동체의 신념이나 가치관을 집대성해서 만든 공통의 규정이다.

성장은 행진곡이지만
성숙은 미완성 교향곡 또는 변주곡

전문성 개발의 원리 1: 상호 의존성의 원리

모든 전문성은 전문가 개인의 노력만으로 만들어지지 않는다. 환경 안에서 다른 사람과 주고받는 상호작용이 만들어낸 사회적 합작품이다. 하나의 전문성이 심화되고 확산되는 동인(動因)은 많다. 수많은 변수와 조건들이 작용하는 가운데 맥락에 따라서 각각 다르게 개발된다. 전문성 개발법은 처방적 매뉴얼이나 일정한 프로세스로 제시할 수 없다. 전문가가 되는 비법은 모두 편법이다. 문제의식이나 목적의식, 상황과 조건, 개인의 노력처럼 수많은 변수가 상호작용하여 만든 결과이기에 그때그때 다르다.

'상호 의존성의 원리'는 전문성이 탄생되는 과정을 설명한다. 이는 전통적인 관점의 한계나 문제점을 극복하고 맥락과 관계 중심으로 설명하는 대안적 원리이기도 하다. 흔히 전문성을 전문가 한 개인의 외로운 노력으로 이루어지는 독립적 산물로 보지만 현실은 그렇지 않다. 상호 의존성의 원리는 점점 복잡해지는 현대 사회에서 전문성의 본질과 핵심은 무엇인지 말해준다.

전문성 개발의 원리 2: 십자 지르기의 원리

전문가가 자신이 판 우물에 매몰되지 않으려면 깊이 파는 동시에 넓게 파야 한다. 수직적 깊이와 수평적 넓이를 동시에 추구하는 것이 바로 '십자 지르기'다. 전통적으로 전문가는 한 우물을 깊이 판 사람으로 여겨졌다. 하지만 현실에서 '좌정관천'의 오류에 빠지는 일이 빈번하고 깊이만 파다가 기피 대상이 되는 사람들이 늘면서 대안이 필요해졌다. 십자 지르기는 깊이 파되 동시에 넓게도 파면서 '전문적인 문외한'으로 전락하지 않는 대안을 제시한다. 깊이가 전제된 넓이를 추구해야 자기만의 신념과 철학을 담아내는 전문성을 부단히 개발할 수 있다.

십자 지르기는 자기 전문성의 깊이에 매몰되지 않고 어제와 다른 전문성으로 갱신을 거듭하면서 지속적으로 성장하고 발전하게 하는 전문성 개발 원리다. 수직적 깊이 추구는 전문성 개발의 출발이자 필요조건이다. 십자 지르기는 여기서 한 걸음 더 나아간다. 수평적 넓이를 함께 추구할 때 전문가로서 성장 가능성은 더욱 커진다.

전문성 개발의 원리 3: 우발적 마주침의 원리

전문가일수록 익숙한 환경에서 타성에 젖어 그동안 해온 일을 습관적으로 반복할 가능성이 크다. 그동안 획득한 전문 지식과 기술에 의지하면서 그것이 최선의 선택과 결단임을 믿어 의심치 않는 경우가 많다. 이들은 환경적으로 다른 생각을 가진 전문가와 마주칠 일도 별로 없다. 갈등과 충돌의 경험이 없을수록 자기 전문성의 한계나 문제를 간파하기 어렵다. 낯선 마주침이 있어야 새로운 깨우침이 생기고 자기 한계에 대한 뉘우침도 따른다. 전문성이 하나의 의견에 불과할 수 있음을 언제나 주지하고 있어야 한다. 낯선 마주침은 잦을수록 강도가 클수록 좋다. '우발적 마주침'은 사건과 사건이 양산하는 낯선 기호를 해석하는 과정에서 어제와 다른 전문성이 개발되는 원리다.

전문성 개발의 원리 4: 차이와 반복의 원리

전문성의 재료는 대체 불가능한 경험적 사건이다. 이러한 사건은 반복할 수 없고 다른 사건으로 대체할 수도 없다. 전문가가 전문성을 개발하는 과정은 동일하지 않다. 《장자》의 〈내편〉 '양생주(養生主)'는 삶의 이치를 다룬 대목이다. 여기에는 포정이라는 요리사가 소를 도축하는 이야기가 나온다. 그가 말하기를 "每至於族(매지어족) 吾見其難爲(오견기난위)"라 했다. 근육과 뼈가 맞닿은 곳에 이르면 곤란함을 느껴 무척 조심한다는 뜻이다. 여기서 족(族)은 살과 뼈가 엉켜 있어서 특히 작업이 어려운 부분이다. 평생 수천 마리 소를 잡아본 전문가인 포정의 칼은 늘 예리하다. 칼 놀림을 신의 경지에 이를 정도로 정교하게 해서 칼이 한 번도 뼈에 닿지 않았기 때문이다.

만약 그에게 비법을 묻는다면 어떻게 대답했을까? 소마다 뼈와 살이 붙은 정도가 다르니 조심하라는 말 정도만 해주지 않았을까?

경지에 이른 사람의 전문성은 언어로 전달하거나 매뉴얼로 정리해서 줄 수 없다. 오로지 몸으로 느낄 수 있을 뿐이다. 전문가에 이르는 길은 매번 다르다. 직접 실행하면서 미묘한 차이를 느낄 수 있을 뿐이다. 그 차이의 반복을 통해 '형언할 수 없는' 경지에 이르는 것이다. 차이와 반복의 원리는 한 번의 실천이나 깨달음으로 실현되지 않는다. 반복되는 실천이 어제와 다른 차이를 낳고, 이것이 축적되어 전문성이 된다. 따라서 전문성이란 정체된 명사가 아니라 부단히 변신을 거듭하며 매일 모습을 바꾸는 동사다.

고속 성장은 가능하지만 고속 성숙은 불가능하다. 겉절이는 고속으로 만들 수 있지만 묵은지는 절대로 고속으로 만들 수 없는 이치와 같다. 전문가로 성장하는 과정도 마찬가지다. 외부의 경쟁 상대와 성과 경쟁을 하다 보면 주어진 목표를 빨리 달성하는 게 우선이다. 하지만 어제의 나와 경쟁하기 시작하면 성장 패러다임보다 성숙 패러다임이 더 중요해진다.

성장은 일사불란한 행진곡처럼 직선 주로를 질주한다. 반면에 성숙은 미완성 교향곡이나 변주곡 같은 삶을 지향하면서 우회축적의 원리를 활용한다. 성숙은 우여곡절과 파란만장 속에서 시행착오를 경험하며 내공을 쌓는 데 주력한다. 자연의 삶은 효율성과는 거리가 있다. 주어진 시간을 묵묵히 견디며 존재 이유와 자기 가치를 조용히 실현한다.

전문성을 개발하려는 이에게 자연은 훌륭한 스승이다. 배울 점이 무궁무진하다. 잡초는 겉으로 드러나 보이는 줄기와 가지가 20%라고 한다. 나머지 보이지 않는 땅속 뿌리가 80%를 차지한다. 보이지 않는 80%가 보이는 20%의 미래를 결정한다. 여기서 우리는 아래로 뻗은 뿌리의 깊이가 위로 성장할 가능성을 결정한다는 전문성 개발 원리를 깨달을 수 있다. 깊게 내린 뿌리가 세상의 유혹을 뿌리칠 수 있다. 성장하려면 깊어져야 한다.

일생이론을 개발하는
실천적 삼단논법

관찰은 비범한 관계를 발견하는 통찰의 출발점

창조는 통찰의 산물이고 통찰은 관찰의 결과다. 일생이론을 창조하려면 관심을 갖고 관찰하면서 맞이하는 색다른 통찰이 필요하다. 관찰(觀察)은 사물이나 현상을 주의 깊게 살피는 것이다. 관찰 없이 통찰(洞察) 없고 통찰 없이 색다른 생각은 개발되지 않는다. 통찰은 평범한 일상을 관찰하는 순간 불현듯 찾아오는 깨달음이다. 관찰은 자동적으로 통찰로 이어지지 않는다. 집요한 물음 속에서 서서히 익어가다 마침내 솟아오른다.

만유인력의 법칙 같은 과학적 발견은 관찰에서 시작된다. 통찰은 관심을 먹고 자란다. 관심이 없으면 아무리 관찰해도 통찰에 이르지 못한다. 깊은 관심으로 색다른 인식과 통찰을 얻을 수 있다. '관심'은 대상에 대한 애정에서 출발한다. 앎이 시작되었다는 이야기는 앎의 주체와 앎의 대상이 사랑에 빠졌다는 뜻이다. 사랑한다는 이야기는 깊은 관계가 맺어졌다는 이야기다.

깊은 사랑과 관심이 돈독한 관계를 만든다. '관심'을 갖고 '관찰' 하면 '관계'를 발견할 수 있다. 무관심의 눈에는 '관계' 없어 보이는 것도 '관심'을 갖고 '유심'히 '관찰'하면 보인다. 일생이론에서 관찰은 매우 중요하다. 일상이나 주변을 관찰하고 기록하는 가운데 새로운 생각이 생긴다. 관찰 없이 지나치는 현상은 모래알처럼 금세 생각 밖으로 빠져나간다. 기록이 없으면 관찰로 얻은 영감이나 아이디어가 한순간에 휘발될 수 있다. 그러면 나중에 논리를 구축하는 데도 애를 먹을 수 있다.

예를 들면 '속도'와 행복의 관계를 유심히 관찰하면서 이들에 관한 새로운 통찰을 얻을 수 있다. 속도와 행복은 아무런 관계가 없어 보인다. 하지만 누군가 차를 타고 달리면서 유심히 관찰한 결과 속도를 높일수록 시야각이 좁아진다는 점을 발견했다고 해보자. 이를 행복과 관련지으면 다음과 같은 결론에 이를 수 있다.

'행복은 목적지에 빨리 도착하는 데서 오지 않고 세상을 넓게 바라보는 데서 온다. 눈앞의 이익만 보고 달리는 삶을 살다 보면 다른 많은 가능성을 보지 못하기 때문이다.' 이러한 깨달음은 책상머리에서 얻은 관념적 사유가 아니다. 일상을 관찰해서 얻은 통찰의 산물이다. 행복하게 살려면 다양한 관계와 경험 속에서 자기를 실현할 수 있어야 한다. 그러려면 지금의 속도를 줄이고 시야각을 넓혀야 한다. 그래야 지금껏 볼 수 없었던 새로운 세계가 열린다. 관찰은 이처럼 평범한 일상에서 깨달음으로 길어 올리는 통찰의 출발점이 된다.

관찰 결과를 고찰하면서 만드는
자기만의 성공 원칙과 규칙

관찰과 통찰 사이에 고찰(考察)이라는 다리가 있다. 고찰은 어떤 것에 관해 궁리를 거듭하며 연구하는 과정이다. 관찰을 통해 현상이나 사건은 일정한 관점으로 정리된다. 관찰은 무관한 듯 보이던 현상이나 사물에 의미를 부여하는 과정이다. 이에 비해서 고찰은 관찰 결과를 토대로 정리한 구조와 패턴의 의미를 따지고 궁리하면서 새로운 개념을 만들어나가는 과정이다. 심사숙고와 비판적 사고가 요구되는 지점이다.

고찰의 단계에서는 현실에서 관찰한 복잡한 현상, 난리 법석이 일어나는 현장에서 채취한 자료를 일정한 범주로 나누고 비교하고 분석한다. 개별적 현상의 의미나 이유를 찾아 스스로 질문을 던지고 답을 구한다. 그 안에서 경향성이나 방향성을 포착하고 이를 설명할 새로운 개념을 탐색한다.

고찰에서도 기록은 매우 중요하다. 아이디어나 영감은 떠오른 바로 그 순간에 붙잡아 두지 않으면 금세 사라져버린다. 기록한 내용을 살펴보고 정리하는 과정에서 새로운 법칙을 발견한 사례는 너무도 많다. 의미 없어 보이는 기록도 이리저리 연결 짓다 보면 뜻밖에 생각의 지도가 그려질 수도 있다. 관찰한 데이터가 기록되어 체계화되고 구조화되면 의미 있는 정보가 된다. 이러한 정보는 문제 상황에 적용하여 얻은 깨달음이 더해지면서 지식으로 발전한다. 기록을 반복하다 보면 자료에 접근하는 관점과 논리가 생기고 여기에 경험적인 교훈이 추가되면 자기만의 신념과 철학이 담긴 지식으로 전환될 가능성이 커진다. 비판적 사고를 통해 데이터나 정보의 의미를 해석한 경험이 많은 사람은 타인의 주장이나 의견에 끌려다닐 일이 없다.

독창적인 생각을 집대성하려면 수많은 자료나 정보에 휩쓸리는 대신 비판적으로 바라보는 안목을 길러야 한다. 예를 들면 어떤 사람이 전문가 집단을 관찰한 결과 그들은 과거 경험이나 기존 지식에 매몰되었으며, 다른 분야와의 접목을 통해 새로운 지식을 창조하려는 의지가 없다는 점을 깨닫게 되었다. 관찰자는 여기에 그치지 않고 비판적으로 이 문제를 바라본다. 전문적인 지식이 많아질수록 소통이 어려워지고 시야가 좁아지는 이유가 무엇인지 궁금해한다. 그러다가 전문가 집단에서 공통적으로 드러나는 문제나 한계를 간파하게 되고 이를 극복할 대안을 몇 가지 규칙과 원칙으로 제시한다.

전문가는 반드시 자기가 전공하지 않은 다른 전문 분야와 주기적으로 접촉해야 한다는 규칙, 전문성은 개인의 독립적인 노력뿐만 아니라 외부 환경과 내부적 상호작용의 결과이기에 늘 주변과 소통해야 한다는 원칙이 바로 그것이다. 이러한 규칙과 원칙들은 관찰을 통해 수집한 자료에서 공통적인 패턴을 발견하고 이를 토대로 대안이 될 새로운 개념을 만드는 과정에서 만들어진 것이다. 문제의식을 갖고 현상을 관찰하면 그 안에서 진실을 찾고 문제 해결의 대안을 마련할 수 있다.

행동이 통찰을 낳는다

혁신과 창조는 독창적인 문제의식으로 현상을 관찰하고 고찰하는 가운데 찾아온다. 현상 속 패턴이나 관계를 집대성하다 보면 법칙과 원리를 정립, 일리 있는 통찰을 끌어낼 수 있다. 고찰을 계속하다 보면 어느 순간 통찰(洞察)이 생긴다. 관찰이나 고찰이 시계열적이라면 통찰은 순간적이다. 고찰하는 과정에서 순간적으로 일어나는 번뜩이는 깨달음이다. 관찰과 고찰이 순서대로 차근차근 보고 연구하는 선형적 행위라면 통찰은 이를 종합하는 포괄적인 사유라고 할 수 있다. 집요하게 파고들다가 잠깐 쉬는 사이에 문득 화두가 풀리듯이 깨달음이 찾아온다. 그동안 복잡하게 얽혀 있던 문제의 실타래가 술술 풀리기 시작하는 순간이다.

통찰은 무조건 노력한다고 생기지 않는다. 집요한 문제의식과 확고부동한 목적의식을 갖고 여러 가능성에 열린 자세로 임해야 한다. 통찰은 다르게 조합해보고 다르게 생각해보고, 고정관념이나 통념에 의문을 던지는 가운데 문득 찾아온다. 시행착오 속에서 천둥번개 치듯 세상을 이전과 다르게 보게 하는 관점과 접근 논리가 생긴다.

잘 정리된 정보는 여기에 깨달음이 더해지면서 '지식'으로 발전한다. 정보가 자료를 일정한 목적으로 조직화 또는 체계화시킨 결과라면 지식은 정보를 실제 문제 상황에 적용하면서 얻은 깨달음이 덧붙여진 것이다. 정보는 소유자와 분리할 수 있지만 지식은 그렇지 않다. 오리지널 지식은 소유한 사람과 구분 지어 생각할 수 없다. 정보는 정보 처리와 시스템을 통해 공유할 수 있다. 그러나 지식은 이를 창조한 사람 몸에 체화되어 있어서 보유자와 분리하는 순간 정보로 전락한다. 다른 이의 정보가 나의 지식이 되려면 이를 적용하면서 얻은 경험과 각성이 필요하다.

깊이 있는 사고의 산물인 통찰은 시행착오를 통해 탄생하는 경우가 많다. 통찰은 행동의 산물이다. 어제와 다르게 시도하고 실험하고 모색하면서 책상머리에서 배운 진리가 실제로 통용되는지를 확인할 수 있다. 스위스 작가 롤프 도벨리는《불행 피하기 기술》[33]에서 숙고를 손전등에, 행동은 전조등에 각각 비유한다. 머리로 하는 생각은 잠시 눈앞을 비추지만 실천은 전조등처럼 우리 삶을 멀리까지 볼 수 있게 한다는 뜻이다.

관념의 산물이 아니라 실천적 신념의 부산물

통찰은 성찰을 통해 발전한다. 성찰은 통찰에 이르는 과정을 반추하면서 혹시 놓친 부분이 없는지 반성하고 숙고한다. 성찰 없는 통찰은 자만에 빠질 수 있고 통찰 없는 성찰은 불찰(不察)을 일으킬 수 있다. 성찰은 보다 나은 통찰에 이르기 위해 더 노력해야 할 부분이 무엇인지 냉철하게 점검하는 겸손한 사색이다. 원하는 방향으로 일이 풀리지 않거나 기대했던 대로 결과가 나오지 않았을 때 우리는 성찰한다. 다양한 사례와 원인을 분석하고 배경을 조사하다 보면 불현듯 생각지도 못한 변수가 개입되었다는 통찰을 얻는다. 의미심장한 학습은 성공보다 실패에서 비롯한다.

성찰을 통해 얻은 통찰은 세상 돌아가는 이치를 설명해줄 수 있다. 반복되는 패턴이나 일정한 관계를 관찰하다 보면 법칙과 원리를 얻는다. 자기만의 규칙과 원칙, 법칙과 원리를 또 다른 상황에 반복해서 적용하고 그때도 여전히 동일한 의미와 가치를 지니는지를 점검해야 한다. 일생이론은 이들을 수정하거나 보완할 지점을 검토하고 정교화하면서 만들어진다.

난리 법석(亂離法席)인 경험의 바다에서 우리는 저마다의 방식으로 몸서리와 진저리를 경험한다. 최첨단의 과학기술을 적용해도 실마리를 잡을 수 없는 미스터리의 세계가 매일 우리가 살아가는 일상이다. 정보 과잉의 시대에 스마트폰에서 만나는 수많은 자료는 일생이론을 구축하는 데 도움이 안 된다.

우리는 오늘날 빅데이터로 미래를 예측하는 데이터 공화국에서 살고 있다. 그러나 아무리 데이터가 많이 쌓여도 비판적 사고를 거치지 않는 한 무의미하다. 자기만의 문제의식과 목적의식을 갖고 데이터를 수집·비교·분석하지 않으면 데이터가 품은 경향성이나 잠재성, 가능성이나 방향성을 포착하기 어렵다. 관찰로 수집된 자료는 고찰을 만나야 한다. 이들을 분류하고 가공해서 유의미한 정보로 만들지 않으면 현실에 숨은 진실을 캐내기 어렵다. 정보의 바다에서 휘몰아치는 파도에 난파당하지 않으려면 독창적인 관점으로 다양한 정보를 집대성하는 고찰 과정이 절대적으로 필요하다. 이러한 고찰은 마침내 통찰로 이어져 법칙과 원리를 정립하게 된다. 고찰에 고찰을 거듭하다 정보를 체계화시켜 원칙과 규칙을 확보했다면 이제는 나만의 독창적인 아이디어로 법칙과 원리를 개발할 수 있다. 통찰의 단계에서 만들어진 일리 있는 지식은 법칙으로 체계화되고 세상의 이치를 설명하는 원리로 발전한다.

문제 상황에 대응하고 시행착오를 거듭하면서 깊은 성찰을 반복하다 보면 나만의 정체성이 고스란히 담긴 단독적인 지혜를 창조할 수 있게 된다. 지혜는 지식이 축적되면서 탄생한다. 대체 불가능한 단독적인 지혜에는 많은 사람이 공감할 수 있는 인생의 도리(道理)가 담겨 있다. 한 사람의 성장과 발전 과정, 이를 지켜낸 철칙이 하나의 철학으로 녹아 있다. 이러한 철학이 언제까지 의미심장함을 유지할 수 있을지는 알 수 없다. 혼탁한 세상을 밝히는 진리의 등불이 꺼지지 않게 부단히 자기반성과 성찰을 반복할 뿐이다. 미완성의 철학이자 이론이지만 눈물과 땀으로 탄생시킨 일생이론이 아닐 수 없다.

세상의 모든 진리는 고통스러운 경험 속에서 우연히 떠오른 실마리에서 시작한다. 일생이론은 책상머리에서 탄생하는 관념의 산물이 아니다. 격전의 현장에서 무거운 현실과 육박전을 벌이며 몸으로 체득한 신념의 결과다.

지렁이를 잡아먹는 도요새:
관찰과 고찰, 통찰과 성찰의 관계

도요새는 지렁이를 먹고 산다. 비가 오는 날이면 어김없이 지렁이가 땅 위로 나온다. 빗방울이 땅을 두드리면 지렁이는 피부로 진동을 감지, 비가 오는 줄 알고 땅 위로 나온다. 이날은 도요새가 포식하는 날이다. 특별히 노력할 것 없이 지천으로 널린 지렁이를 잡아먹으면 그만이다. 그런데 문제는 가뭄이 심각할 때다. 지렁이들은 땅속으로 숨어버린다. 그런데도 도요새는 굶어 죽기는커녕 멀쩡하게 잘 살아 있다. 여기에는 도요새만의 비법이 있다.

도요새는 비가 오지 않는 날이면 부리로 땅 위를 콕콕 찍고 돌아다닌다. 빗방울이 만들어낸 진동이 아니라는 사실을 알 리 없는 지렁이들은 평소처럼 땅 위로 올라온다. 어떻게 이런 일이 가능했을까? 도요새는 비가 오면 지렁이가 나타나는 현상에서 원리를 캐내기 위해 심사숙고한다. 관찰이 고찰로 이어지고 마침내 깨달음을 얻는다. 다양한 실험과 모색, 시도와 도전 체험 끝에 도요새는 땅속으로 들어간 지렁이를 땅 위로 불러내는 방법을 경험적으로 알게 된 것이다. 통찰로 얻은 지식을 문제 상황에 적용하면서 생기는 육감적 혜안이나 안목이 바로 지혜다. 도요새는 뛰어난 관찰자이면서 위대한 통찰력의 소유자다.

관심을 갖고 자연을 관찰하다 보면 일정한 패턴이나 관계를 발견할 수 있다. 경험과 지식을 통해 얻은 통찰이다. 이러한 깨달음은 부단한 성찰을 통해 생존 지혜로 발전한다. 성찰로 이어지지 않는 통찰은 통념으로 전락할 수 있고, 통찰에 기반하지 않은 성찰은 악수(惡手)를 둘 뿐이다. 경쟁이든 공생이든 자연의 생명체는 저마다의 방식과 원리로 생태계를 유지하고 발전시킨다. 그들의 일상을 관찰하고 고찰하면 통찰할 수 있고 여기에 성찰을 더하면 인간과 조직 그리고 사회 변화에 중요한 실마리가 될 삶의 지혜를 얻을 수 있다.

관찰 없는 사고는 공허, 사고 없는 관찰은 맹목

관찰이 부재한 사고는 공허하다. 전문가적 실천을 반복해서 관찰하고 고찰하는 가운데 전문가의 병폐나 역기능, 치명적인 약점이나 문제점을 일정한 패턴으로 구분, 범주화시킬 수 있는 통찰력을 얻은 경험이 있다. 내가 쓴 책《브리꼴레르》[34]에서 제시한 네 가지 전문가 유형이 이런 범주화에 해당된다. 여기서 전문가를 네 범주로 나누는데, 첫째는 '멍때리는' 전문가, 한마디로 멍청한 전문가다. 이들은 정해진 규율, 기존의 제도와 관행과 절차만 따를 뿐 상황 대응 능력이 떨어진다. 편안하고 한가롭게 지내면서 적당히 현실에 안주하려는 무사안일주의 전문가다. 둘째는 자기 분야 외에는 무지한 전문적 문외한, 즉 답답한 전문가다. 한 우물만 파다가 거기에 매몰된 경우다. 셋째는 무늬만 전문가, 즉 사이비 전문가다. '전문가에 따르면-'이라는 말을 따라가 보면 사실 전문가가 아닌 무늬만 전문가를 만나는 경우가 부지기수다. 넷째는 능력은 있으나 인성이 부족한 안하무인형 전문가다. 똑똑하지만 따뜻한 가슴이 없고 측은지심이 없다.

이들 네 유형, 멍청한 전문가-답답한 전문가-사이비 전문가-밥맛없는 전문가는 반복적인 관찰을 통해서 얻은 귀납적 범주화다. 이러한 귀납적 결론에는 늘 오류 가능성이 있다. 또 다른 사례를 관찰하는 과정에서 얼마든지 반대되는 증거가 나타나 지금까지 얻은 결론이 뒤집어질 수 있다. 귀납적으로 얻은 결론은 언제나 잠정적으로만 일리 있는 이야기다.

귀납법의 반대편에 연역법이 있다. 연역적 이론은 이미 알려진 일반적인 주장이나 이론에서 시작한다. 가설을 설정하고 이를 검증하여 결론을 끌어낸다. 대표적인 것이 바로 '삼단논법'이다. 예를 들면 모든 인간은 죽는다는 검증된 이론이나 논리에서 시작해 소크라테스도 죽는다는 결론을 얻는다.

①대전제: 모든 인간은 죽는다
②소전제: 소크라테스는 인간이다
③결론: 그러므로 소크라테스도 죽는다

삼단논법은 일반적인 사실이나 보편적인 명제 "모든 인간은 죽는다"에서 출발, 특수한 다른 원리나 연역적인 결론 "그러므로 소크라테스도 죽는다"를 제시하는 연역적 추리법이다. 연역법은 관찰이나 실험을 하지 않고도 결론에 다다를 수 있다는 장점이 있다. 하지만 여기에도 치명적인 약점이 있으니, 기존의 대전제에서 벗어난 새로운 이론을 만들기가 어렵다는 점이다.

모든 인간이 죽는다는 보편적인 법칙이나 원리에서 시작해 얻은 소크라테스도 죽는다는 결론은 특별한 깨달음을 주지 않는다. 그저 당연한 이야기처럼 들릴 뿐이다. 정말 새로운 이론은 대전제에 대한 질문에서 시작한다. 그래야 혁신적인 이론을 만들어낼 수 있다. 모든 인간은 죽는다는 말은 사실이지만 가까운 사람의 죽음과 소크라테스의 죽음은 엄연히 다르다. 죽음을 몸소 체험하지 않고서는 죽음에 관한 새로운 생각과 통찰에 이르지 못한다.

연역적 사고의 한계는 자기계발에도 적용된다. 성공 방정식, 성공 처방전을 아무리 많이 알고 있어도 내 삶의 경험과 만나지 못한다면 나와는 상관없는 그저 좋은 이야기로 남을 뿐이다. 남의 지식이 나의 지혜로 발전하려면 신체적 개입을 통해 몸을 관통하는 마주침이라는 사건이 축적되어야 한다.

일생이론은 자기 고유의 서사를 만드는 과정에서 구축되는 귀납적 이론이다. 튼튼한 이론을 만들려면 현장을 매개로 부단히 실험하고 대안을 모색해야 한다. 잠정적인 가설이 이론으로 정립되려면 부단한 검증으로 새로운 실천적 대안을 모색하는 비판적 사고가 필요하다. 관찰만으로는 일생이론을 만들 수 없다. 비판적 사고를 비롯해 집요한 사고 과정이 동반되어야 한다. "내용 없는 사고는 공허하며, 개념 없는 직관은 맹목이다." 칸트의 《순수이성비판》[35]에서 가장 널리 인용되는 구절이다. 《생각의 시대》[36]를 쓴 김용규는 여기에 '관찰'을 대입하면서 "관찰 없는 사고는 공허하며 사고 없는 관찰은 맹목"이라고 말한다.

일생이론은 결국 관찰과 사고의 합작품이다. 일생이론 구축에는 아리스토텔레스의 실천적 삼단논법을 활용한다. 뒤에 설명할 자기만의 성장 방정식 $c = er^2t/l$에서 t가 바로 실천적 삼단논법에 해당한다. 기존 가설의 검증만으로는 대안을 도출할 수 없다. 실천적 지혜는 속성상 현장성과 체험성을 요구한다. 실천적 삼단논법이야말로 일생이론의 방법론이다.

실천적 지혜를 창조하는 실천적 삼단논법

실천적 삼단논법은 현장에 있다. 과학자의 논리적 사고를 대변하는 이론적 삼단논법이나 연역적 추론과 다른 점이다. 실천적 삼단논법은 지금 그 일이 벌어지고 있는 현장을 파고들어 가 직접 몸으로 부딪쳐가면서 해법을 모색한다. 이는 다음 3단계를 따른다.

①대전제: 이루고 싶은 **목적**이 있다
②소전제: 그 목적을 실현할 수 있는 **수단**이 있다
③결론: 실천을 위해 **행동**으로 옮겨야 한다

실천적 삼단논법은 목적-수단-행동의 세 가지 변수가 유기적으로 연결되면서 새로운 이론을 창조하는 논리 전개 방법이다. 대전제인 '목적'은 무엇을 알고 싶은가에 대한 답이고, 소전제인 '수단'은 목적으로 설정된 대전제를 어떻게 알아낼 것인가에 대한 문제다. 마지막으로 '결론'에 해당하는 행동은 설정된 수단을 어떻게 실행에 옮길 것인가의 문제다. 목적이 분명한데 수단이 불확실하거나, 수단은 찾았는데 행동하지 않으면 목적은 달성할 수 없다. 또한 목적이 불분명하면 목적 달성을 위한 수단과 행동도 모호해진다.
실천적 삼단논법의 가장 중요한 특징 중의 하나는 목적과 수단과 행동이 모두 가설이라는 점이다. 가설을 검증하고 수정하는 과정을

반복해서 실행하면서 목적 자체도 수정할 수 있다. 이론적 삼단논법에서 가설은 선행 연구 결과에서 나오지만, 실천적 삼단논법에서 가설은 암묵적 지식(tacit knowledge)에서 나온다. 암묵적 지식은 알고는 있지만 그 앎을 적확한 언어로 표현하기 어려운 체화된 지식이다. 예를 들면 김치 담그는 노하우를 매뉴얼로 만든 것은 명시적 지식이다. 그러나 암묵적 지식은 동일하게 재현되지 않는다. 매뉴얼대로 김치를 담근다고 그 맛이 그대로 구현되지 않는다. 김치맛의 차이는 암묵적 지식에서 온다. 암묵적 지식은 육화(肉化)되어 있어서 지식을 보유하고 있는 사람과 분리시켜 문서화할 수 없다.

선행 연구 결과에서 나오는 이론적 삼단논법에는 새로운 지식을 획득하는 깨달음의 과정이 없다. 이미 증명된 사실을 다시 한번 확인하는 데 머물 뿐이다. 또한 논리적 사실만 기술하는 이론적 삼단논법은 행위를 유발하지 않는다. 반면에 실천적 삼단논법은 결론적으로 목적을 달성하기 위해 특정한 수단을 실행하고 특정한 행위를 지시한다. 실천적 삼단논법의 가설은 미지의 세계를 탐구하고자 하는 욕망에서 나오기 때문이다. 이러한 욕망은 무엇을 알고 싶은지(목적), 어떻게 알 것인지(수단), 어떻게 실행할 것인지(행동)에 대해 다양한 가능성을 열어놓고 새로운 지식을 창조하는 과정으로 우리를 이끌어간다.

실천적 삼단논법은 아리스토텔레스가 《니코마코스 윤리학》[37]에서 말하는 실천적 지혜(phronesis)를 창조하는 방법이다. 미덕을 갖춘 최고 경지의 전문성은 한마디로 옳은 판단을 올바르게 실행하는 능력 또는 행동하면서 성찰하는 능력, 즉 실천적 지혜다. 실천적 지혜는 딜레마 상황에서 어떤 의사 결정이 올바른지를 숙고한다. 직관적 통찰과 임기응변적 판단을 통해 행동한다.

실천적 삼단논법의 대전제는 현실적 문제나 위기에서 도출한 지향이다. 예를 들어 '이상적인 전문가'를 대전제로 수립하면 이에 도달할 방법이 되는 소전제, 즉 수단을 모색할 수 있는 길이 트인다. 일생이론도 마찬가지다. 대전제인 목적을 달성하기 위한 최적의 전략과 수단을 찾는 데 노력을 기울인다. 그 안에서 시행착오를 겪으며 실험하고 모색하는 실천적 행동 속에서 이론을 가다듬는다. 일생이론은 어느 날 하늘에서 떨어지는 영감을 적바림*한 결과가 아니다. 내밀힘**을 기르기 위해 비사치거나*** 깨단할**** 때마다 이를 붙잡아 두어 적바림한 결과다.

윤석철 교수는 《삶의 정도》[38]에서 목적함수와 수단매체라는 개념으로 삶의 목표 달성에 관해 설명한다. 그에 의하면 목적함수란 우리 삶의 질을 높이려는 지향이다. 이를 달성하려는 수단이 바로 수단매체다. 이를 실천적 삼단논법에 도입하면 다음과 같이 설명할

---

* 나중에 참고하기 위하여 글로 간단히 적어 둠. 또는 그런 기록.
** 자기의 의지나 주장을 굽힘 없이 자신 있게 내세우는 힘.
*** 직설적으로 말하지 않고, 에둘러 말하여 은근히 깨우치다.
**** 오랫동안 생각해내지 못하던 일 따위를 어떠한 실마리로 말미암아 깨닫거나 분명히 알다.

수 있다. 대전제에 해당하는 목적함수가 정해지면 이것을 달성할 효과적인 수단매체를 찾는다. 이후 실행하는 과정에서 다양한 시행착오 끝에 목적함수는 현실로 구현된다.

목적함수 없는 수단매체는 목적지 없이 표류하는 배와 같고, 수단매체 없는 목적함수는 전략이 없는 비전이나 마찬가지다. '호시우보(虎視牛步)'라는 사자성어가 있다. 범처럼 노려보고 소처럼 걷는다는 뜻이다. 원대한 목적함수를 품고 앞을 내다보면서 우직하게 실행에 옮기면 꿈의 목적지에 도달할 수 있다. 호시(虎視) 없는 우보(牛步)는 무모한 노력이며, 우보(牛步) 없는 호시(虎視)는 허망한 상상이다.

행동하면서 생각하는 실천적 성찰 과정

노나카 이쿠지로와 가쓰미 아키라는 자신들의 책《생각을 뛰게 하라》[39]에서 사물적 발상과 행위적 발상을 말한다. 사물적 발상은 '나무에서 떨어진 사과'처럼 관찰자의 개입 없이 대상을 객관적으로 기술한다. 반면에 행위적 발상은 '나무에서 사과가 떨어진다'처럼 떨어지는 행위에 주목하는 사고다. 사물적 발상이 존재 자체를 드러내는 데 중심을 둔다면 행위적 발상은 구체적인 경험에 초점을 맞춘다.

사물 자체는 오늘도 내일도 동일한 모습으로 우리에게 다가오지만 행위는 그렇지 않다. 언제 어디서 누가 하느냐에 따라 늘 다르게 다가온다. 행위는 언제나 특정한 상황에서 일어나는 관계의 산물이기 때문이다. 모든 관계는 다양한 변수들의 상호작용 속에서 매번 다르게 구성된다. 행위는 반복될 수 없는 대체 불가능한 사건이다.

실천적 삼단논법에서는 실천적 성찰 과정(reflection-in-action)이 중요하다. 미리 계획을 수립한 다음 행동하는 대신 어느 정도 준비가 되면 행동에 나서야 하기 때문이다. 그러려면 주어진 상황 속에서 판단하고 대안을 모색하는 임기응변이 필요하다. 이렇게 저렇게 해보면서 매 순간 성찰하면서 다음 실천 방향을 정한다. 목적지로 가는 길은 상황적 통찰에 따라 결정된다.

실천적 삼단논법에서는 생각이 아닌 행동이 통찰을 낳는다. 행동하면서 생각하는 사람은 사물의 객관적인 속성을 따지기보다 사물과 사물 간, 사물과 환경 간의 관계에 주목한다. 역동적인 상황 맥락에서 벌어지는 다양한 현상을 관찰함으로써 통찰을 얻는다. 행위적 발상은 다양한 변수들이 상호작용하는 복잡한 관계망 속에서 탄생한다. 우리가 사는 곳은 사물들이 고정된 상태로 제자리에 머물러 있는 정적 세계가 아니다. 매 순간 변화하는 예측 불허의 세계다. 행위적 발상은 인간을 정태적인 '있는 존재(being)'로 파악하지 않고 동태적으로 '되어가는 존재(becomming)'로 파악한다. 관찰-고찰-통찰-성찰의 선순환을 통해 자료-정보-지식-지혜가 만들어지고 이를 통해 밝혀낸 진실에서 일리 있는 원리와 법칙 그리고 철학이 태어난다.

현실에서 얻은 경험적 깨달음은 자기만의 철학과 일생이론의 밑거름이 된다. 일생이론은 자기만의 규칙과 원칙, 자기만의 원리와 법칙이 집대성되면서 만들어진다. 실마리를 잡으려는 안간힘과 몸부림 속에서 내 몸을 관통한 깨달음을 씨실과 날실 삼아 직조하는 가운데 대체 불가능한 일생이론이 탄생된다. 이는 만고불변의 진리가 아니다. 언제든 비판하고 수정할 수 있는 불안한 진리이자 미완성의 철학이다.

일생이론은 치열한 경험과 사유 속에서 이루어진다. 우리는 삶이라는 망망대해를 항해하는 작은 배와 같다. 방황 속에서 방향을 찾고 방법을 개발하며 나만의 방도를 찾아 나서는 동안 낯선 사람과 새로운 장소를 만난다. 이러한 경험은 어제와는 다른 나를 만들어 준다. 그리고 이러한 변화가 적확한 언어로 표현될 때 생명력을 얻는다. 자기만의 일생이론을 구축하려면 어제와 다른 언어로 자아를 부단히 재서술하며 재창조하는, 힘들지만 가슴 뛰는 삶을 살아야 한다.

그릇된 경험도 반전시키는
성장 방정식

$$c = er^2t/l$$

c = 일생이론

experience in environment: 경험은 경전이다

reading: 독서로 구축한 개념, 독서는 피클이다

relationship: 인간관계는 양면 거울이다

thinking: 사고과정, 사고 없는 경험은 맹목이다

language: 언어는 생각의 옷이다

자기 삶을 능가하는 이론은 만들 수 없다. 자기 삶을 능가하는 책을 읽거나 쓸 수 없듯이 내 삶을 기반으로 하지 않는 이론은 개발할 수 없다. 어떤 사람의 생각도 결국 그가 살아온 삶이 내린 결론이다. 자

기 경험만으로 세상을 판단하면 편견과 선입견에 빠질 수 있다. 이를 극복하는 방법 중 하나는 자기와는 다른 세계에 사는 사람, 다른 경험을 한 사람이나 그가 쓴 책과 만나는 것이다. 나만의 고유한 일생이론은 그렇게 만들어진다.

괴테는 "내 곁에 있는 사람, 내가 자주 가는 곳, 내가 읽는 책들이 나를 말해준다"고 했다. 한 사람이 구축하는 일생이론 역시 그 사람의 경험과 읽는 책과 인간관계의 합작품이다. 한 사람의 삶이 인간적이고 지적인 마주침과 어우러질 때 깨우침이 찾아오고 이론이 개발된다.

일생이론(c)은 e(experience in environment, 특정 환경에서의 경험), r(reading, 주체적 책 읽기), r(relationship, 인간관계), t(thinking, 비판적 또는 과학적 사고 과정), l(language, 언어)로 수식화될 수 있다. 여기서 경험과 독서, 그리고 인간관계를 통해 깨달은 깨우침에 대한 비판적인 사고는 많을수록 좋다. 언어는 간단하고 명료할수록 전체 값이 커진다. 언어로 구성된 분모가 작아질수록 분자의 비중이 커지면서 일생이론의 가치가 올라가는 방정식이다.

경험은 일생이론 구축을 위한 경전

일생이론을 구축하려면 자기만의 고유한 삶을 살아본 경험이 있어야 한다. 어제와 다르게 살아본 만큼만 생각도 달라진다. 여기서 말하는 모든 경험은 특정 환경에서 겪은 것이다. 상황적 맥락성이 거세된 경험에서는 배울 점이 별로 없을 뿐만 아니라 의미가 왜곡되거나 오용될 수 있다. 어떤 사람이 어떤 경험 속에서 어떻게 성공했는지는 중요하다. 하지만 이는 다른 사람에게는 참고 자료가 될 뿐이다. 특정인의 경험을 일반화해서 다른 사람의 삶에 적용할 수 없다. 경험은 구체적인 상황에서 겪은 대체 불가능하며 단독적인 신체성의 산물이다. 누군가의 성공 경험은 상황적 맥락이 작동한다. 다양한 변수나 조건들이 상호작용하면서 생긴 환경적 경험인 것이다. 교훈을 얻으려면 맥락을 알아야 한다. 유명한 성공 스토리 역시 누가 언제 어떤 상황에서 만들어낸 성취인지 알고 있을 때 내게도 실질적인 도움이 될 수 있다.

일생이론을 구축하려면 자기만의 경험이 필요하다. 그 깊이와 넓이가 내 사유를 결정한다. 몸으로 겪어보지 않는 사건과 사고는 추상적인 관념으로 남는다. 내 몸을 관통한 흔적이 없기 때문이다. 우리 상상력은 이러한 경험에서 벗어나지 못한다. 예를 들어 어떤 사람은 '막걸리'에서 '비'를 떠올린다. 비 오는 날 산에 올랐다가 내려오는 길에 막걸리를 마신 경험 때문이다. 그러나 이런 경험이 없는 사람이라면 전혀 다른 생각을 하게 된다. 따라서 막걸리와 관련한 연상을 바꾸는 방법은 두 가지다. 하나는 직접 경험, 즉 막걸리를 마시고 다른 일을 해보는 것이다.

그다음은 간접 경험으로, 책을 읽는 것이다. 아마도 책에서 막걸리의 유래와 역사, 지역별 특색 등을 읽은 사람은 색다른 연상을 하게 될 가능성이 크다. 일생이론에서 독서가 필요한 지점이다. 모든 걸 직접 경험할 수는 없기 때문이다. 책을 통해 다른 사람의 경험을 읽어야 한다. 그들이 남다르게 살면서 얻은 체험적 깨달음은 일생이론의 소중한 재료가 된다. 독서는 자기 생각을 검증하는 계기도 된다. 자기 생각만 고수하다가는 우물 안 개구리로 살아갈 수 있다. 이럴 때 책은 선입견과 편견을 깨는 지적 자극제가 된다. 가급적 이제까지 읽어보지 못한 새로운 분야의 책을 집어 들어야 한다. 의도적으로 자기 경계 너머에 스스로를 노출시키지 않으면 '어제와 다른 나'는 멀고 먼 일일 뿐이다.

독서는 오이가 피클로 바뀌는 비가역적 변화

일생이론을 구축하는 데 필요한 경험은 신선해야 한다. 현재적 관점에서 재해석되지 않거나 다양한 관점으로 접근하는 일을 게을리하면 오히려 '경험의 덫'에 빠진다. 내가 과거에 겪은 일이 언제나 진리일 수는 없다. 사람은 보고 싶은 대로 본다. 나의 경험이나 경험적 깨달음도 편견이나 선입견으로 오염될 가능성은 늘 있다. 이를 극복하는 한 가지 방법은 외부와의 교류다. 다른 분야의 사람과 만나고 그들이 쓴 책을 읽는다. 비슷한 경험도 다른 관점과 논리로 보면 전혀 다른 사건이 된다. 독서를 통해 세계를 보는 다양한 관점과 만날 수 있다. 책은 새로운 길로 인도하는 창(window)이다. 내가 책을 쓰는 이유는 사람들에게 새로운 세계가 있음을 알려주는 데 있다. 독서는 세상을 이전과 다르게 내다보게 한다. 누구도 걸어가지 않은 길을 가보라고 권한다.

내가 책을 쓰는 또 다른 이유는 사람들이 스스로 외부와 연결될 창의 수를 늘릴 수 있음을 깨닫게 하기 위해서다. 책은 내게 새로운 길을 열어주었다. 나는 그 창이 안내해준 미지의 길을 사랑했다. 이런 경험을 독자들도 하게 되기를 바란다. 다만, 책을 통해 깨달음을 얻으려면 그에 맞는 독서법이 필요하다. 읽는 동안 자기 관점을 놓아서는 안 된다. 주체적이고 비판적이지 않으면 타인의 생각에 매몰될 수 있다. 남의 생각에 종속되어 끌려가서는 안 된다. 책은 다른 세계로 통하는 창이지만 이를 통해 세상을 어떻게 바라볼지는 결국 자기 선택이다.

책은 경험의 매개체다. 나는 책을 통해 타인의 생각과 접속하면서 그동안 얼마나 어리석게 살아왔는지를 깨달았다. 책은 나를 반성하게 하는 거울이다. 자기중심적이며 오만했던 나를 돌아본 계기를 마련해준 책이 있으니 바로 신영복 교수님의 《감옥으로부터의 사색》[40]이다. 감옥이라는 최악의 조건 속에서도 한겨울 서릿발 같은 냉철한 사색을 거두지 않았던 지은이의 삶이 담긴 책이었다. 글을 읽어나가면서 본질을 꿰뚫는 통찰력과 경이로운 사유의 깊이에 놀라지 않을 수 없었다.

세상에 관계없는 존재는 없다. 관계가 존재를 결정한다는 깨달음은 그 후 나의 사상적 기반이 되었다. 따라서 삶을 바꾸려면 다른 삶과 만나야 한다. 직접 체험이든 독서든 그러한 경험은 지금의 나를 반성하고 성찰할 기회를 준다. 내가 책을 사랑하는 이유다. 나는 책이라는 거울에 비추어 부단히 성찰하는 삶을 사랑한다.

독서가 우리 삶에 끼치는 변화는 비가역적이다. 한번 책을 읽은 후에는 그전의 상태로 돌아갈 수 없다. 책을 읽기 전에는 오이였지만 읽고 나면 피클로 바뀐다. 오이는 언제든 피클이 될 수 있지만 한번 피클이 된 후에는 원상태인 오이로 돌아갈 수 없다. 독서는 비가역적인 사고 혁명이 일어나는 위험한 행위다. 내가 책을 읽었다기보다 책이 나를 집어삼켰다는 표현이 어울릴 정도다. 물론 모든 독서 경험이 그렇지는 않다. 생각 없이 읽기, 시간 때우기용 독서는 아무런 자극도 주지 못한다. 깊이 빠져서 읽되, 저자의 의도와 의미를 해석하고 이를 자기 삶에 비추어 부단히 성찰하는 활동이 뒷받침되어야 한다. 그랬을 때 책은 비로소 삶을 바꾸는 놀라운 지적 자양분이 된다. 중요한 것은 주체적이며 비판적인 읽기다.

생각 없이 다독하는 사람은 그 안에 담긴 많은 가능성을 놓치거나 일부만 편취하면서 편견을 키워나갈 가능성이 있다. 이때의 독서는 생각을 오염시키는 독소로 작용한다. 책이 알려주는 길도 결국 지은이의 경험일 뿐이다. 직접 겪어보지 않고서는 여전히 남의 길일 뿐이다. 책 읽기의 완성은 마지막 장을 넘길 때가 아니라 내 몸으로 겪은 체험적 각성에 밑줄을 칠 때다. 그래서 책은 머리로 생각하며 읽는 게 아니라 몸으로 겪어보는 것이다.

인간관계라는 양면 거울

사람은 관계에 둘러싸여 살아간다. 독립된 공간에서 혼자만의 노력으로 성취할 수 있는 것은 많지 않다. 인간관계가 인간을 만든다. 문제는 앞으로 인간관계가 어떻게 변할지 지금 여기서 예측할 수 없다는 점이다. 레비나스는 《시간과 타자》[1]에서 미래와의 관계야말로 진정한 타자와의 관계라고 말한다. 미래가 어떻게 될지는 아무도 모른다. 분명한 점은 현재 내가 타자와 맺는 관계다. 내가 타자를 만나는 순간부터 미래는 열리기 시작한다. 고립된 삶으로는 현재에서 한 발짝도 나갈 수 없다. 어떤 타자도 만나지 않고, 가는 곳은 언제나 정해져 있으며, 읽지 않거나 읽더라도 같은 분야의 책만 반복해서 읽는다면 발전할 수 있을까? 미래가 현재와 같거나 오히려 더 나빠지지 않을까?

인간관계의 깊이가 성장의 폭을 가늠한다. 한해살이풀인 벼는 혼자서는 바람을 견디지 못한다. 독불장군식으로 굴다가는 줄기가 꺾여버린다. 공원의 푸른 잔디는 어떨까? 혼자서만 웃자란 잔디는 잔디깎이의 첫 번째 타깃이 될 것이다. '나'는 타자와 더불어 성장하는 관계의 존재다. 내 실력도 독립적으로 키운 역량이라기보다 사회적 상호작용의 산물에 가깝다. 인간관계가 낳은 역사적 산물이 바로 인간이다. 다른 사람과 교류가 존재하지 않는 '순수한 개인'은 현실에 존재하지 않는다. 모든 인간은 다른 인간과의 만남, 그와 만난 공간 그리고 함께 보낸 시간의 합작품이다. 신영복은 《처음처럼》[12]에서 사람과의 만남을 통찰하며 스스로 좋은 사람이 되는 것, 좋은 만남을 갖는 것이야말로 삶을 아름답게 한다고 말한다.

존재는 관계의 부산물이다. 오늘과 다른 나로 거듭나려면 지금까지의 인간관계를 돌아보아야 한다. 너무 오랫동안 단순한 관계 속에서 살아가지는 않는지, 새로운 관계를 두려워하는 것은 아닌지 생각해보아야 한다. 인간관계는 양면 거울과 같아서 타인에 대한 경종이자 나 자신을 향한 반성이며 성찰이다. 타자와의 만남은 생각을 바꾼다. 통념과 고정관념에서 벗어나려는 사람과의 만남은 변화의 계기가 된다.

비판적 사고 없는 경험은 위험하다

경험과 독서 그리고 인간관계 속에서 일생이론이 나온다. 성공적으로 일생이론을 구축하려면 이 세 요소를 잘 녹여내야 한다. 이때 나만의 관점과 시각을 유지하면서 생각이 통념에 물들지 않게끔 부단히 몸을 움직여야 한다. 여기서 '생각'은 머리로 하는 것이 아니라 몸으로 느끼는 감각적 깨달음이자 다른 사람의 생각에 물음표를 던지는 비판적 사고다. 누군가 옳다고 믿는 신념체계를 무조건 따라 가는 게 아니라 내 몸에 좋은지 나쁜지 따져보는 주체적 사고다.

니체는 《선악의 저편, 도덕의 계보》[43]에서 타인이 그어놓은 옳고 그름의 기준이 아닌 자기 삶의 기준을 따르는 '주인의 삶'을 말한다. '우리'나 '그들'이 주어로 작용하는 선(good)과 악(evil)의 도덕(moral)을 넘어서 나에게 좋고(good) 나쁜(bad) 윤리(ethics)를 따르는 삶을 강조한 것이다. '우리'나 '그들'이 정한 도덕은 맹목적으로 우리 삶을 규정한다. 왜 그것이 옳은지, 왜 우리가 따라야 하는지 묻지 않는다. 눈치를 보면서 그럭저럭 맞춰서 살다 보면 결국 노예의 삶이 된다. 이진경은 《우리는 왜 끊임없이 곁눈질을 하는가》[44]에서 이러한 삶을 '소문을 따르는 삶', '패거리의 삶'이라고 비판한다.

우리나라에서는 학벌이 이러한 도덕적 불문율에 해당한다. 사람들은 일류 대학에 가야 나중에 편하게 잘살 수 있다고 믿는다. 니체가 볼 때 이러한 규범이나 기준을 무조건 따르는 것은 노예의 삶이다. 그때 누군가 이런 질문을 던진다면 어떨까? 왜 꼭 그래야 하나요? '좋은 대학'의 기준은 누가 정하죠? 좋은 대학 나와서 불행하게 사는 사람들은 왜 그런 건가요?

내가 생각하는 '좋은 대학'은 사회가 정할 게 아니라 내가 정해야 한다. 자기 적성과 재능을 살려주는 대학이 좋은 대학이다. 자기 기준을 잃지 않고 사는 주체적 삶이야말로 니체가 말하는 주인의 삶이다.

옳고 그름의 문제, 즉 선악은 일반적이고 보편적으로 적용된다. 예를 들어 한 사회에는 금기가 있다. 이는 누구나 따라야 할 계율이 기에 개인의 구체적인 상황이나 조건은 고려하지 않는다. 질문도 허락하지 않는다. 무조건 지켜야 한다. 지키면 선이고 이를 어기면 악으로 규정되어 계율에 따라 처벌을 받는다. 반면에 좋고 나쁨의 문제는 개인적인 문제다. 환경과 상황이 다르고 가치관도 제각각이 기에 구체적이고 단독적일 수밖에 없다. 나에게 좋은 일이라고 해서 반드시 다른 사람에게 좋지는 않다. 오히려 그 반대의 경우가 얼마든지 있을 수 있다.

'일생이론을 갖는다'는 건 자기에게 좋은지 나쁜지를 외부에 위탁하지 않고 주체적으로 판단한다는 뜻이다. 내게 좋은지 나쁜지는 내 몸이 가장 잘 안다. 이러한 신체성은 개별적이기에 시간과 공간을 초월하여 일반화할 수 없다. 상황에 따라 그리고 그 안에서 느끼는 저마다의 감정에 따라 달라진다. 따라서 옳고 그름과 달리 좋고 나쁘고는 보편적 명제로 대신할 수 없다.

일생이론 역시 오로지 내 몸으로 겪어낸 안간힘이나 몸부림의 산물이라는 점에서 보편적 담론이라기보다는 개별적 애쓰기의 결과물이라고 할 수 있다. 따라서 남이 좋다고 해도 내게는 안 좋을 수 있고 그 반대로 남이 나쁘다고 생각한 것이 내게는 기쁨을 안겨줄 수 있다. 좋고 나쁨은 관념적 판단의 문제가 아니라 신체가 개입되는 육체적 감정의 문제다. 내가 직접 해봐야 좋은 욕망인지 나쁜 욕망인지 판단할 수 있다. 욕망의 지향성이 나에게 좋은지 나쁜지는 머리가 아니라 몸이 판단할 문제라는 게 스피노자나 니체의 공통된 주장이다.

자기 사고로 거르지 않은 경험은 맹목

어둠이 빛을 잉태하고 있듯 음지에서 힘겨운 삶을 버텨내고 있는 사람은 몸속 어딘가에 양지를 품고 있다. 이들에게 시련과 역경의 끝은 파국이 아니다. 오히려 생각지도 못했던 낯선 깨우침이 선물처럼 찾아오면서 지금까지와는 다른 세계로 한 걸음 더 나아간다. 경험은 신념을 낳고 그 신념은 자신을 더 높은 곳으로 이끈다. 이때도 자기 성찰을 멈추지 않아야 한다. 독단에 기반한 편파적 신념이나 타협을 거부하는 고집으로 흐르지 않도록 열린 마음으로 자신을 다잡아야 한다. 다름과 차이를 존중하는 개방적 신념을 기르려면 자기주장만 옳다는 논리는 잠시 괄호 안에 두고 신뢰성과 타당성을 검증할 수 있게끔 문을 열어놓아야 한다. 경험으로 타인의 삶과 책을 해석하는 동시에 내 생각을 반추하고 성찰하는 과정에서 깨달음의 사유가 집을 짓는다.

몸으로 얻은 신념은 밑바닥에서 건져 올린 고유의 철학과 열정의 산물이다. 그것은 흔들리는 세상에서 올곧게 나의 길을 걷게 한다. 비로소 시류에 따라 흔들리던 생각도 중심을 잡아가기 시작한다. 하지만 자기 경험으로 건져 올린 자기만의 언어와 이론은 결국 한 사람의 생각일 뿐이다. 또 다른 시각에서 보면 한계가 있을 수밖에 없다는 사실을 겸허하게 받아들여야 한다.

격변하는 시기일수록 수많은 이론이 득세하면서 저마다의 기준으로 세상을 진단한다. 그 이론들에는 각각의 진실이 있다. 각자의 문제의식과 위기의식 그리고 절박한 목적의식을 담고 있다. 하지만 여기에 매달렸다가는 이론이 원래 추구하려던 바를 얻을 수 없다. 남의 개념과 이론적 렌즈를 통해 바라보면 세상이 왜곡될 수밖에 없다. 나도 모르는 사이에 이론에 종속되어 사유의 식민지로 전락할지 모른다. 책을 읽을 때도 이 점을 조심해야 한다. 자기 생각과 문제의식을 견지하고 읽은 내용을 재해석하는 노력을 게을리하면 사유가 깊어질 수 없다. 주체적 사고 없는 경험이나 독서 그리고 인간관계로 얻은 각성은 맹목을 피할 수 없다.

자기만의 관점이 없으면 금세 타인의 시선에 정복당한다. 다른 누군가 옳다고 믿는 통념에 나도 모르게 끌려간다. 일류 대학에 가야 성공한다는 통념이 우리 시대 교육관을 지배한다. 왜 꼭 그래야 하냐고 물어보면 다른 사람들이 그렇게 말한다는 대답이 돌아온다. 이때 말하는 '다른 사람들'이란 대체 누구인가. 때로는 일류 대학에 가야 일류 기업에 취업할 수 있다고 생각한다. 꼭 그 기업에 가야 하는 이유를 물으면 그래야 월급을 많이 받는다고 답한다. 고액 연봉을 바라는 이유는 그만큼 많은 걸 살 수 있기 때문이다. 흐름을 따라가다 보면 결국은 '소비'와 만난다. 마음껏 소비하면 사람들은 곧 행복해질 거라고 생각한다. 그렇다면 행복이란 무엇일까? 하고 물으면 사고 싶은 거 마음대로 사는 게 행복이라고 말한다. 정말 그런 삶이 행복하다고 생각하느냐고 물어보면 다른 사람들이 그렇게 말한다고 대답한다. 이번에도 '다른 사람들'이다. 도돌이표의 무한 반복이다.

라이너 마리아 릴케는 《말테의 수기》[45]에서 과거에는 알지 못했던 내면의 깊이에 관해 말한다. 그것은 아마도 지금까지 경험에서 얻은 고유한 깨우침과 인간관계로부터 배운 뉘우침, 다양한 분야의 책으로부터 얻은 가르침이 숙성되어 나타난 것이리라. 그런 깊이를 가진 사람일수록 일생이론을 완성하고 여기에 신념과 주장을 담아낼 수 있다. 릴케가 말하는 깊은 내면은 이전과 다르게 세상을 바라보는 안목과 식견이다. 이런 사람은 다른 이의 눈에는 똑같이 보이는 세상을 다르게 번역하고 해석하는 사유, 이를 표현하는 자기만의 언어로 일생이론을 구축할 수 있다.

일생이론에서 '생각한다'는 것은 타성과 고정관념을 단호히 배격하고 이전과는 다르게 사고하는 것을 의미한다. '생각한다'는 것은 당연함에 맞서고 근본과 근원을 따져보는 행위이며, 물음을 통해 이면을 드러내려는 치열한 몸부림이다. 생각한다는 것은 책상머리에 앉아서 공상에 빠지는 걸 뜻하지 않는다. '생각하기'는 다양한 실험과 모색 과정에서 몸의 느낌에 반응하면서 대안을 찾으려는 안간힘이면서 동시에 이론을 구축하는 실천적 활동 속에서 일어나는 성찰적 자기반성이다.

생각하기를 통해 우리는 마주침을 경험한다. 낯선 환경과의 체험적 마주침, 어제와 다른 사람과의 인간적 마주침, 색다른 책과의 지적 마주침이 그렇다. 이러한 마주침에서 우리는 깨달음을 얻는다. 그 깨우침의 의미, 즉 삶에서 얻은 깨우침이 기존 사유체계에 어떻게 접목될 수 있을지, 이론적 시사점은 무엇인지 등을 비판적으로 사고하면서 주체적 사유 능력을 키울 수 있다. 주체적 사유는 관찰-고찰-통찰-성찰의 과정을 선순환하면서 일생이론을 만들게 한다.

언어는 생각의 옷이다

일생이론은 자기만의 언어로 완성된다. 색다른 경험과 깨우침이 깊어도 이를 서술하거나 설명할 언어가 부재하다면 몸 밖으로 나갈 수 없다. 틀에 박힌 언어에서 벗어나려면 기성의 언어를 비판적으로 바라보고 다른 언어로 자아를 재서술하는 노력이 필요하다. 철학자 리처드 로티는 삶이 미완성으로 끝날 수밖에 없음을 알면서도 상식의 삶에 머무르지 않고 새로운 언어로 자기 삶을 재서술하려고 안간힘을 쓰는 사람을 '아이러니스트'라고 했다. 시인이나 소설가들이 대표적인 사람이다. 이들은 기존의 문법을 파기하고 자기만의 언어로 우리가 사는 세계를 새롭게 재구성해나가는 사람들이다. 아이러니스트는 타인의 경험과 이론에 의지하지 않고 직접 몸으로 깨달은 바를 새로운 언어로 표현하면서 자아와 세계를 재창조하려는 사람이다.

타인이 개발한 이론은 그 사람의 경험적 해석틀과 언어로 구성된 사유체계를 반영한다. 따라서 아무리 탁월하고 뛰어난 성과를 거두었다고 해도 그 사람의 경험적 맥락에서만 일리 있는 주장일 뿐이다. 각자의 삶은 대체 불가능한 고유성을 지닌다. 그 어떤 언어로도 포착되지 않는 단독적인 삶이다. 이들의 고유한 색깔과 스타일을 뭉뚱그려 하나로 획일화할 수 없듯이, 타인의 이론으로 우리 삶을 일반화할 수 없다. 모든 이론에는 그것이 탄생할 수밖에 없는 상황이나 처지가 있다. 거기에 대응하면서 고유의 이론을 만들어낸 것이다. 일생이론도 그렇다. 자신의 경험이 자기만의 언어로 재해석되면서 탄생하는 영원한 미완성의 작품이다. 경험적 깨달음을 얼마나 적확한 언어로 드러내느냐에 따라 공감의 정도가 달라진다. 언어는 생각의 옷이다. 내 고유의 체험이 거기에 걸맞은 언어를 입고 세상에 나아갔을 때 비로소 일생이론이 될 수 있다.

일생이론을 인공지능(AI)에게 부탁해서 만들었다고 가정해보자. 인공지능은 순식간에 데이터를 모으고 정보를 추출해서 곧바로 이론을 만들어낸다. 그러나 여기에는 '자기만의 언어'가 빠져 있다. 세상에 퍼진 주장들에서 필요한 문장만 골라 즉석에서 편집한 결과이기 때문이다. 이는 머리의 언어이자 관념의 언어다.

인공지능은 '지성'을 발휘할 수 없다. 지능이 추론하고 계산하는 능력이라면 지성은 이러한 지능을 비판적으로 바라보는 성찰이다. 그래서 지성은 손해를 볼지언정 타자의 아픔을 외면하지 않는다. 측은지심으로 아픔을 치유해주려고 몸을 던지는 살신성인의 미덕이 있다. 알고리즘 속에서 최상의 답을 찾는 지능과는 달리 지성은 불확실성 속에서 미래를 예측하고자 맥락적으로 사유하는 비판적 성찰 능력이다. 인공지능의 언어는 시행착오와 우여곡절이라는 경험이 없는 머리의 언어다. 인간의 언어에는 몸으로 겪어낸 신체성의 흔적과 얼룩이 담겨 있다. 일생이론 개발에는 머리에서 맴도는 머리의 언어보다 심장에 꽂히는 몸의 언어가 필요하다. 타인의 입장에서 역지사지로 생각하기는 인간만이 가지는 고유의 사고 능력이다. '한 길 사람 속'을 알고자 할 때 인공지능은 과학적 지식과 각종 첨단 기술을 동원하겠지만 실패할 확률이 높다. 그러나 사람은 측은지심과 인문학적 헤아림으로 타인의 마음을 느낄 수 있다.

세상의 유혹을 뿌리치는 깊이

라캉에 따르면 내 욕망은 본래 내 것이 아니다. 타자가 욕망하는 것을 욕망한다. 주인의식 없이 다른 사람의 눈치를 보면서 사는 사람이라면 더욱 그렇다. 욕망의 주체임에도 한 사회가 공유하는 옳고 그름의 가치에 휘둘리게 된다. 오롯이 나의 것이 아닌 욕망은 결코 채워질 수 없다. 아무리 추구해도 해소되지 않은 채 갈증이 남는다. 내 몸이 욕망하는 대로 삶을 살지 못하고 다른 사람의 가치 판단 기준에 맞추다 보면 무엇이 정말 나를 위한 일인지 잊게 된다.

수많은 자기계발서가 저마다 만든 성공 방정식을 전파하고 있다. 나도 모르게 여기에 휩쓸리게 되고 그러다 보면 이렇게 하면 성공할 수 있을지, 그게 정말 내 삶을 행복하게 할 수 있을지 확신이 서지 않는다. 공자는 《논어》에서 이런 욕망과 유혹의 물결에 저항하면서 자기 주관으로 세상을 살아가는 나이를 '불혹(不惑)'이라 했다. 불혹은 자기 가치를 고수하는 단순한 마음이라기보다는 스스로 옳고 중요하다고 생각하는 바를 모색하고 추구하는 태도에 가깝다. 불혹은 '진정한 나'로서 살 때 비로소 생기는 삶의 지혜다. 일정 나이가 되었다고 해서 자동으로 불혹이 되지는 않는다. 불혹은 성취하는 것이다. 불혹에 이른 사람은 타자의 욕망을 욕망하면서 흔들리지 않는다. 스스로 중심을 잡고 깊이 뿌리를 내려야 세상의 유혹을 뿌리칠 수 있다.

평탄하지 않은 시간을 보낸 만큼, 방황하고 표류한 만큼 우리 삶에 무늬가 생긴다. 물극필반(物極必反)은 사물이 극에 달하면 반드시 되돌아온다는 뜻을 담은 사자성어다. 이를 우리 삶에 적용하면 산전수전의 경험 속에서 뜨거운 깨달음이 쌓이고 쌓이다 보면 반전의 기회가 생기고 마침내 역전이 가능해진다는 의미로 읽을 수 있다. 쓰라린 경험은 거꾸로 흔들리는 세상에서 중심을 잡을 계기가 된다.

애쓴 만큼 쓸 수 있는 글이 나오는 법이다. 좌절과 시행착오 속에서 건져 올린 문장은 파란을 일으키는 감동의 보고가 된다. 한 사람의 파란만장한 삶이 가져다준 깨달음이 아름다운 문장을 만든다. 고난을 겪으며 몸을 관통한 흔적을 붙잡고 자기만의 언어로 번역하고자 분투할 때 살갗을 파고들고 폐부를 찌르는 작품이 나온다. 위대한 작품들이 저마다 다른 결과 색을 지닌 이유도 그와 같다.

이지(李贄)는 스스로 이단의 길을 거침없이 걸어가다 76세 나이에 자살로 생을 마감한 명나라 때 사상가다. 그의 원래 이름은 재지(載贄), 호는 탁오(卓吾)다. 그가 쓴 세 권의 책《분서(焚書) I》[46]《분서 II》[47] 그리고《속 분서》[48]와 그의 평전을 읽다 보면 자신이 겪어낸 고통 체험을 자기만의 언어로 번역하면서 세상에 둘도 없는 일생이론을 구축하는 과정을 엿볼 수 있다.

일생이론은 산전수전이 낳은 삶의 결론

이지의 문장들은 한결같이 찬란한 무늬를 그린다. 산전수전을 겪으면서 내면에 쌓인 감정의 응어리들과 고심, 깊은 사색의 시간이 빚어낸 결과다. 옌리에산의《이탁오 평전》[49](이지의 호는 '탁오'이며 초명은 임재지(林載贄)였다. 훗날 이지로 개명했다)에는 이러한 인간적 고뇌가 잘 드러나 있다. 이지의 책은 그가 평생 완성한 일생이론이다. 그의 글은 삶에서 겪은 무수한 경험과 마주침을 재료로 삼고 있다. 세 권의 책은 이러한 재료들과 지적 사유, 고유의 언어가 용광로에서 하나로 어우러지면서 탄생한 융복합적 산물이다. 경험의 깊이가 얕은 이론은 아집으로 전락하거나 공허한 관념으로 남을 수 있다. 새로운 경험 없이 기존 경험에 안주하는 순간, 경험은 깨달음의 경전으로 작용하기는커녕 오히려 새로운 발상의 발목을 잡는 역할을 한다. 새로운 책을 읽고 낯선 사람을 만나도 이를 일생이론의 재료로 삼을 수 없다. 경험을 해석할 자기만의 프레임을 구축하지 못했기 때문이다.

여기서 다시 한번 일생이론의 공식을 가져와 보자.

$$c = er^2 t / l$$

경험(e)이 제로에 가까워질수록 아무리 많은 책을 읽고(r=rea-ding) 다른 사람을 만나고(r=relationship), 생각(t=thinking)이 깊어져도 총량은 늘지 않는다. 나머지 변수가 아무리 커져도 결괏값 c, 즉 일생이론을 구축할 가능성은 제로에 가까워진다. 그만큼 경험은 일생이론 구축의 핵심 변수다. 이는 거꾸로 축적된 경험이 많은 사람이야말로 일생이론을 구축하기에 유리하다는 뜻이다.

성장 원리가 집대성된 근본적 관점이자 접근

일생이론은 좌우명이나 인생론과 어떤 차이가 있을까? 좌우명(座右銘, motto)은 동기를 부여하기 위해 만든 슬로건이나 표어 같은 문장이다. 이는 흐트러지는 삶을 바로잡고 나태해지려는 정신에 정문일침의 충고나 조언을 준다. 예를 들면 존 데이비슨 록펠러의 "성공하려면 귀는 열고 입은 닫아라"나 나폴레온 힐의 "때로는 한순간의 결정이 인생을 바꾼다"와 같은 문장이 좌우명에 해당한다.

나는 평소 강의할 때 약간의 언어유희를 사용해 좌우명도 만들어서 사용한다. 이를테면 이런 것들이다. "법대로 안 되면 방법을 개발하라." "흔들려봐야 뒤흔들 수 있다." "무리하면 마무리가 안 된다." 이러한 좌우명에는 경험에서 얻은 인생철학이나 가치관이 담긴다. 그렇다면 '인생론'이란 무얼까? 우리가 자주 듣는 '톨스토이 인생론', '세네카의 인생론', '쇼펜하우어의 인생론'이라는 말에서도 알 수 있듯이, 인생론은 '어떻게 살아가야 하는가?'에 대한 자기 철학을 반영한다. 좌우명이 한두 문장으로 구성된 직관적인 잠언이나 금언이라면, 인생론은 건강이나 행복, 직업이나 일, 인간관계나 죽음 등에 관한 소신, 신념이나 철학을 자유롭게 모아놓은 일종의 지침서 성격을 띤다.

일생이론은 여기서 한 걸음 더 나아가 이를 구축한 사람의 경험과 깨우침, 자기만의 언어로 읽는 이의 삶에 좀 더 가깝게 다가가고

자 한다. 오랜 시간의 경험적 통찰을 기반으로 생성된 규칙이나 원칙, 법칙이나 원리들은 우리가 삶을 살아가는 데 나침반이나 등대 같은 역할을 한다. 좌우명이나 인생론에는 왜 그렇게 살아야 하는지에 대한 논리적 근거나 이유가 없다. 하지만 일생이론에는 경험적 통찰력을 기반으로 한 논리가 담겨 있다. 경험의 텃밭에서 일궈낸 깨달음, 자기 한계와 부딪히면서 얻어낸 교훈은 저마다의 질문에 의미 있는 답을 제시한다.

CONATUS

2

: 일생이론
구축을 위한
경전,
'경험'

A stream of instinctive
desire to
continue one's existence

경험해보지 않고 다른 사람의 생각을 평가하고 판단하는 것만큼 위험한 일은 없다. 내가 겪어본 만큼 세상을 보고 타인의 삶을 읽을 수 있다. 사람은 저마다 한 권의 책과 같아서 내가 살아보지 못한 타자의 경험적 소산을 섣불리 해석하기 어렵다. 자기만의 언어와 이론은 세상과 만났을 때의 몸부림과 진저리에서 시작한다. 경험에서 얻은 이치나 깨달음을 '미립'이라고 한다. 미립은 독립적 사유의 공간을 넓힌다. 특히 삶의 이유를 깨닫는 '각성' 사건은 이전과 다른 삶을 추구하는 전환점이 되고, 진정한 어른으로 거듭나는 계기가 된다.

경험에서 묘한 이치나 깨달음을 얻을 때 이를 '미립이 트다', '미립이 나다', '미립이 생기다'라고 표현한다. 2부에서는 경험이 내 인생의 경전임을 확인한다. 깨달음을 얻었던 과거의 흔적을 더듬어가며 경험이라는 씨줄과 날줄이 한 사람의 삶에 남긴 무늬를 들여다본다.

개념과 경험이 마주치면
흔들리지 않는 신념이 탄생한다

나를 다시 태어나게 한 아홉 가지 사건

한 사람의 삶은 타인과 시간과 공간의 합작품이다. 사람으로 태어나 사람을 만나 저마다의 인성을 지닌 인간으로 거듭난다. '인간(人間)'은 말 그대로 사람(人)과 사람(人) 사이(間)다. 사람은 타인과 만나면서 그동안 경험하지 못한 깨달음의 언어를 습득한다. 언어는 사람 사이를 잇는다. 다채로운 체험을 많이 한 사람도 이를 적확한 개념으로 표현할 수 없다면 대화와 공감이 어려울 것이다.

삶의 전환점이 된 만남은 새로운 생각을 만든다. 개념적 사유가 생기면서 놀라운 각성이 일어난다. 이러한 성장 체험은 물리적 시간과 공간의 변화를 일으키는 데 그치지 않는다. 성장은 한 사람이 새로운 세계로 진입하는 각성 사건이다. 윤정구 교수는 그의 책 《황금 수도꼭지》[50]에서 '각성 사건'을 한 사람의 삶을 혁명적으로 바꾸는 전환점이자 자신의 존재 이유를 깨달으며 다시 태어나는 과정으로 보았다.

"우리 삶에서 가장 중요한 두 날은 세상에 태어난 날과 자신이 왜 태어났는지 알게 된 날이다." 미국의 소설가 마크 트웨인의 말이다. 왜 살아야 하는지, 나답게 살아가려면 어떻게 해야 하는지 등을 알려준 성장 체험과 그에 상응하는 사유 변화 덕분에 지금의 내가 되었다. 영국의 작가 올더스 헉슬리는 사건이 곧바로 경험으로 연결되지는 않는다고 말한다. 중요한 것은 판단과 실천이다. 많은 사람이 다양한 경험을 한다. 그중 어떤 것은 예술 창작의 원동력으로 발아하지만, 또 어떤 것은 단지 추억의 한 페이지로 남는다. 똑같은 경험도 해석에 따라 처지가 달라진다. 무의미하게 지나갈 수 있고 특별한 깨달음을 줄 수도 있다. 경험의 해석에는 사유가 필요하다. 경험의 의미를 포착할 개념이 없다면 그것은 관념의 파편이 되어 모래알처럼 떠도는 사소한 기억으로 남는다.

삶은 사건과 사고의 합작품이다. '사건'은 의도적으로 일으킨 일이고 사고는 의지와 관계없이 일어난 일이다. 사건에는 그럴 만한 사연과 배경이 있지만 사고(事故)는 우연적이다. 그러나 생각지도 못한 사고는 남다른 사고(思考)의 원산지가 된다. 의도적으로 일으킨 사건의 사연과 생각지도 못한 사고로 얻은 깨달음은 한 사람의 사고 혁명을 일으키는 동력이 된다.

사건을 일으키고 사고를 당해본 사람의 체험이 적확한 개념을 만나면 자기만의 신념이 탄생한다. 복잡했던 현상도 그것을 응시하는 개념이 없다면 무의미한 사건으로 남는다. 사태의 본질을 꿰뚫어야 의미를 포착할 수 있다. 경험을 정리하고 구조화할 개념이 없으면 사변적인 추억에 불과할 뿐이다. 경험을 해석하는 개념을 통해 각성 사건이 되고 이는 몸에 각인되는 체험적 지혜로 재구조화된다. 이러한 '성장 체험'은 한 사람을 성숙한 인격과 품격의 소유자로 만든다. 그래서 성숙한 사람은 사건을 그냥 지나치지 않는다. 어떤 경험적 사건이 주는 시사점은 무엇인지, 왜 그것이 하필 그때 일어났으며 여기서 배울 교훈은 무엇인지 사유한다. 사고(事故) 역시 마찬가지다. 뜻하지 않게 일어났지만 전화위복의 기회, 반면교사로 삼을 수 있다. 끊임없이 성찰하며 질문할 때 사건과 사고는 본질과 핵심을 포착할 기회가 된다. 바로 나만의 신념이 잉태되는 소중한 순간이다. 개념은 질문을 먹고 자란다. 질문이 따르지 않는 사건과 사고(事故)는 사고(思考)의 발전으로 이어지지 않는다.

한 사람이 인간과 공간과 시간의 합작품이라는 생각은 철학자 질 들뢰즈가 《디알로그》[51]에서 말한 아장스망(agencement) 개념과 맞닿아 있다. 아장스망은 영어의 '배치(arrangement)'와 상응하는 말이다. 사람은 태어나서 죽을 때까지 끊임없이 이동한다. 공간의 변화, 즉 배치는 한 사람의 삶을 바꾸어놓는다. 시골에서 오랫동안 살다가 도시에 온 사람은 익숙한 환경을 떠나 전혀 다른 배치를 만난다. 새롭게 만나는 사물이나 현상에서 어제의 나와 다른 새로운 내가 태어난다. 달리 생각하면, 이전과 다른 내가 되려면 낯선 배치를 피하지 말아야 한다. 인간은 본래 낯선 배치로 거듭 생성되는 존재다.

예를 들면 나는 어린 시절 축구선수로 활동한 적이 있다. 유영만-운동장-축구공으로 배치되었던 삶은 전학으로 새로운 국면을 맞는다. 다니던 학교를 옮기면서 한동안 이방인으로 지낸다. 낯선 환경과의 접촉은 내 생각을 바꾸어놓았다. 이전과 다른 내가 된 것이다. 아장스망은 다중체(multiplicity)를 만든다. 들뢰즈에게 다중체는 다양한(multiple) 주름(pli)이라는 뜻이다. 배치가 바뀌면 이전에 없었던 흔적이나 주름이 내 몸에 생긴다. 축구선수로 활동했던 시절 나는 운동장에서 축구공을 잘 다루는 정신 상태와 신체 근육이라는 주름을 갖고 있었다. 낯선 배치는 새로운 주름을 생성한다. 이전과 다른 내가 되는 것이다.

사람은 살면서 다양한 배치를 겪고 주름을 만들어간다. 다중체로서의 나로 거듭나는 과정을 반복하는 것이다. 그 과정에서 체험적 지혜를 얻는다. 몸으로 깨달은 교훈은 개념을 통해 새롭게 정리된다. 즉 체험적 지혜를 지니고 있다는 것은 그만큼 개념화 능력이 뛰어나다는 뜻이다. 체험적 깨달음이 개념적 표현 능력과 만나 질적으로 성장한다. 한 사람이 살아가면서 성장하는 과정은 결국 체험이 적절한 개념을 만나 그 경이로움을 드러내는 과정이다. 철학사가 개념 발전의 역사이듯 한 사람의 역사도 개념 창조와 변경의 역사다. 새로운 개념으로 성장 체험을 재해석하거나 기존 개념을 바꾸는 순간 인간의 사고는 비약적으로 성장한다. 그 순간에 바로 내가 왜 살아야 하는지, 무슨 일을 하면서 살아야 나만의 코나투스를 증진시킬 수 있을지를 근본적으로 깨닫는 각성 사건이 다가온다. 각성 사건은 의미론적으로 나의 존재 이유와 근본적인 욕망을 깨우치는 순간이다.

각성 사건 1: 야성은 야생에서 자란다

내가 어린 시절 주로 보낸 공간은 자연이다. 책상 앞에서 보낸 시간보다 즐겁게 뛰어놀면서 보낸 시간이 오늘의 나를 만드는 데 더 큰 역할을 했다. 자연의 삶은 내가 생태학적 상상력의 소중함을 깨닫게 한 계기였다. 자연에서 보낸 시간은 내 몸에 특별한 주름을 남겼다. 자연에는 직선이 없다. 자연의 삶은 경쟁하지 않는다. 목표 달성을 위해 타자를 희생시키지 않는다. 그 안에서 저마다의 속도로 자기 방식대로 살아간다. 때로 경쟁하지만 그것은 생존 본능이다. 남보다 잘하기 위해서가 아니라 그저 자기로 살아가려는 몸부림인 것이다.

《유영만의 청춘경영》[52]에서 나는 "남보다 잘하려고 하지 말고 전보다 잘하라"는 말을 남긴 적이 있다. 오늘의 나는 어제의 나와 얼마나 다른지, 어떻게 생각하고 행동하고 있는지를 성찰해보자는 취지다. 남과 비교하기 시작하면 삶이 빈곤해진다. 나다움을 찾아가는 자기 발견과 자기 변신의 과정이 되지 못하고 열등감에 허덕이는 삶을 살아갈 수밖에 없다. 반면에 비교의 대상을 내 안에 두면 자기를 고양시키는 삶을 추구할 수 있다. 자기 재능을 발견하고 비전을 스스로 창조한다. 이때의 '재능'은 단지 잘하는 능력이 아니다. 즐겁게 해나가는 능력이다.

오리와 토끼, 그리고 참새가 동물학교에 입학했다고 가정해보자. 수업 첫날 교과목은 수영하기다. 수영은 오리가 제일 잘한다. 그런데 토끼는 선천적으로 수영을 못하는 동물이다. 토끼가 오리의 '재능'인 수영 능력을 따라잡고 싶다. 그래서 곰으로 전지훈련까지 다녀왔다. 그래도 토끼는 오리처럼 수영을 잘할 수 없다. 둘째 날 교과목은 눈 오는 날 등산하기다. 수업 시간에 가장 스트레스를 받은 동물은 오리다. 오리는 토끼처럼 등산을 잘하기 위해 알래스카로 전지훈련을 다녀온다. 뼈를 깎는 각오로 훈련에 임했지만 남은 것은 찢어진 물갈퀴, 동상에 걸린 발, 관절염과 디스크뿐이다. 마지막 날 교과목은 노래하기다. 노래는 참새가 제일 잘한다. 물론 오리도 웬만큼은 한다. 토끼는 노래를 전혀 못 한다. 무슨 수를 써도 노래하기는 토끼의 재능이 될 수 없다. 비극적인가? 그러나 달리 생각하면 이 이야기는 행복한 동화가 된다. 토끼는 수영할 필요가 없고 오리는 산등성이를 올라갈 필요가 없으며, 참새는 노래만 하면서 평생을 행복하게 살아갈 수 있다.

노력하고 개발하면서 즐거움을 느끼는 것, 그것이 바로 재능이다. 재능을 살리면서 즐겁게 살아가는 삶이야말로 행복한 삶이 아닐까? 자연에서 모든 생명체는 저마다 스트레스를 받으며 살아간다. 스트레스받은 상태를 뜻하는 형용사 'stressed'를 뒤집으면 '디저트 (desserts)'가 된다. 삶의 활력이 되는 달콤한 음식이다. 적당한 스트레스는 살아가는 데 도움이 된다. 외부 자극에 대한 내성을 키우면서 시련을 견디게 한다. 비교 대상을 외부가 아닌 내부로 돌리면 스트레스는 재능을 개발하는 동력이 된다.

어린 시절 자연에서 배운 체험적 교훈은 내게 깨달음이라는 선물을 주었다. 덕분에 '남보다'에서 '전보다'로 생각을 바꿀 수 있었다. 이러한 패러다임의 전환은 '비교'를 '비전'으로 만들었다. 학생들에게 비교 대상은 주로 성적이다. 그러나 성적에는 적성이 없다. 성적을 뒤집어야 비로소 적성이 보인다. 적성을 찾아가는 삶이야말로 심장 뛰는 삶이다. 적성을 찾아가며 비전을 추구하는 삶, 그런 삶 속에서 재능을 찾을 수 있다. 재능은 단순한 재주가 아니다. 그것을 갈고닦을수록 기능의 범주를 넘어서 예술적 능력, 예능의 경지에 이를 수 있다.

각성 사건 2: 상상력은 체험에서 나온다

내가 다녔던 고등학교는 수도전기공고였다. 한국전력공사가 학비와 기숙사비를 지원하고 졸업 후 취업을 보장하는 특성화 학교였다. 수업은 기술 위주였다. 이론 과목을 짧게 배우고 실습을 통해 기능을 연마했다. 나는 그곳에서 전기용접 기능사 2급 자격증 시험을 준비했다. 실습실에서 차례를 기다렸다가 용접 기술을 익히는 게 중요한 일과였다. 여름의 실습실은 열기로 가득했다. 3000도가 넘는 고온의 불꽃을 튀기며 용접을 하다 보면 온몸이 땀에 젖는다. 차례를 기다리는 동안은 한자를 외우거나《성문 종합영어》와《수학의 정석》등을 번갈아 보면서 지루함을 달랬다. 덕분에 한자를 많이 배웠다. 일기 쓸 때도 한자어를 쓰는 습관이 이때 생겼다.

기능사 시험은 첫 번째 도전에서 보기 좋게 낙방했다. 그만 용접을 하다가 철판에 구멍을 낸 것이다. 낙방을 예감한 바로 그 순간 엉뚱한 오기가 발동했다. 기왕 떨어질 거 구멍이나 크게 뚫어보자고 생각했다. 지금도 철판만 생각하면 보름달이 떠오른다. 보름달 하면 철판이, 철판 하면 그날의 낙방이 연상된다. 사고가 언어를 매개로 경험과 단단히 연결되었기 때문이다. 이것은 나만 느끼는 특별한 현상이 아니다. 한 사람의 사고는 그 사람이 살아온 삶과 떼려야 뗄 수 없다. 생각을 바꾸기가 쉽지 않은 이유는 그것이 삶과 연결되어 있기 때문이다. 생각을 바꾼다는 것은 그 사람의 삶을 바꾸는 것이다. 그러니 교실에서 억지로 생각을 바꾸려 하는 지금의 교육 방식은 폭력적일 수밖에 없다. 생각은 자신이 발을 딛고 서 있는 삶의 현장에서 자란다.

신영복은 유고집《손잡고 더불어: 신영복과의 대화》[53]에서 한 사람의 생각은 그가 내린 삶의 결론이라고 말한다. 한편《냇물아 흘러 흘러 어디로 가니》[54]에서는 사상과 연상에 대한 의미심장한 통찰을 제시한다. 어떤 사람의 사상이 그가 가진 연상 세계와 밀접한 관계에 있다는 것이다. 일리가 있다. 앞서 내가 용접과 철판을 보름달과 연결시켰듯이 다른 누군가는 자기 경험의 일부와 특정 언어를 자기만의 연상 세계에 편입시켰을 것이다.

글쓰기는 연상 세계의 산물이다. 따라서 좋은 글을 쓰려면 틀에 박힌 경험에서 탈피해야 한다. 누군가 꽃에 관한 글을 썼는데 틀에 박혔다면 그 이유는 그 사람의 체험과 언어가 틀에 박혀 있기 때문이다. 꽃에 관해 개성 있는 글을 쓰려면 특별한 단어나 이미지로 구성된 연상 세계를 갖추고 있어야 한다. 그러려면 이제까지와는 다른 꽃을 관찰하거나 색다른 사유를 촉진하는 독서를 해야 한다. 체험 없는 상상은 쓸모없는 공상이나 몽상이고, 상상 없는 체험은 답답하기 그지없는 체증이다.

각성 사건 3: 어떤 책은 운명을 바꾼다

학교생활을 마친 나는 평택화력발전소로 발령을 받았다. 이른 직장생활의 시작이었다. 들뢰즈의 말을 빌리면 아장스망 속에서 새로운 마주침을 경험한 시기였다. 모든 것이 낯설었다. 빡빡한 근무 일정 탓에 밤과 낮이 바뀌는 생활이 계속되었다. 아침 일찍 출근해서 오후에 퇴근하기, 오후에 출근해서 밤늦게 퇴근하기, 밤늦게 출근해서 꼬박 밤을 새운 다음 아침에 퇴근하기 등 각기 다른 방식의 4조 3교대 근무가 이어졌다. 그러다 우연히 《다시 태어난다 해도 이 길을》[55]

이라는 책을 만났다. 고시생들의 체험을 엮은 수기집이었는데 공고생의 합격 사례를 읽고는 인생 역전을 꿈꾸게 되었다. 막연한 꿈이었지만 기댈 미래가 생겼다.

　독서는 피클이다. 비가역적 변화가 일어나는 혁명적인 체험이기 때문이다. 한번 피클이 된 오이는 다시는 원래로 돌아갈 수 없다. 독서를 피클에 빗댄 표현은 사람들에게 새로운 깨달음을 준다. 메타포, 즉 은유적 수사의 위력이다. 은유는 유사성에 기반한 언어적 사유다. 독서와 피클은 겉보기에 전혀 상관이 없어 보인다. 그런데 곰곰이 생각해보면 독서도 사람의 생각을 물들이고 피클도 오이를 시큼한 식초 물에 절여서 만든다. 또한 사건 발생 전후로 비가역적인 변화가 일어난다. 이처럼 독서와 피클의 은유는 어떤 행위의 속성과 이로 인한 혁명적인 변화를 새롭게 보여준다. 독서는 위험하다. 다시는 읽기 전의 상태로 되돌아갈 수 없다. 내게는 발전소 근무 시절 읽었던 책이 그랬다.

　그날의 독서가 없었다면 나는 지금과 전혀 다른 삶을 살아가고 있을지 모른다. 우연히 집어든 한 권의 책이 한 사람의 운명을 바꾼다. 책을 읽으며 위험한 꿈을 꾸기 시작한다. 이제 책은 종이 묶음이 아닌 한 사람을 혁명의 길로 이끄는 위험한 등불이 된다. 책과 눈이 '맞는' 순간은 심장이 '멎는' 순간이다. 우연히 만난 책이 필연의 출발점이 된다. 우치다 타츠루는 《어떤 글이 살아남는가》[56]에서 이러한 독서의 우연성을 강조한다. 특별한 꿈이 없던 시절 나는 우연히 만난 책에 빨려들었다. 어쩌면 당시 상황이 그 책을 운명으로 만들었는지도 모른다. 아마 다른 사람이었다면 그저 스쳐 지나가는 흔한 독서로 남았을지도 모를 일이다. 내게 인생의 전환점이 된 책을 누군가에게 추천한다고 해서 똑같은 효과를 가져올 수 있을까? 문제의식이 없는 사람에게는 아무리 좋은 책도 책으로 읽히지 않는다. 책 자체보다 문제의식이다. 마음에 문제의식을 품은 사람에게 세상은 배움의 천국이다.

각성 사건 4: 한순간의 선택이 평생을 좌우한다

꿈을 깨야 꿈꿀 수 있다. 꿈을 머리로 꾸면 꿈에 머물지만 몸으로 꾸면 실현된다. 고시 체험생 수기집을 읽고 대학에 가서 고시 공부를 하기로 한 나의 결심은 어떤 욕망이 작동한 결과였을까? 그것은 온전히 나만의 욕망이었을까, 아니면 타자의 욕망을 욕망한 결과였을까?

보여주기 위한 공부는 오래가지 못한다. 재미도 없고 의미도 없다. 《논어》는 보여주기 위한 공부를 위인지학(爲人之學)이라고 하고 좋아서 하는 놀이 같은 공부를 위기지학(爲己之學)이라고 했다. 당시 나의 고시 공부는 현실을 탈출하려는 방편이었다. 위인지학의 공부였고 오래가지 못했다.

군대에 다녀오고 다시 고시 공부에 들어갔지만 깊은 회의가 찾아왔다. 이게 진정 내가 가고 싶은 길인지 되물어 보았다. 나는 진심으로 법관을 꿈꾸는가? 그저 사법고시에 합격한 사람들의 이야기에 감동받아 나도 그렇게 되기를 바랐던 건 아닐까? 고시 공부는 나를 위한 공부가 아니라 보여주기 위한 공부였다. 나를 발견하기 위한 탐구가 아니라 위장과 치장의 과정이었다. 그래서 결단을 내렸다. 결단은 빠를수록 좋다. 오래 끌면서 고민만 하다가는 실기(失機)하는 경우가 생긴다. 한번 기회를 놓치면 다시 잡기 힘들어진다. 결단 없는 고민은 번민으로 가는 지름길이고, 고민 없는 결단은 극단적 결과를 낳는다. 나는 마침내 고시 공부라는 여정에 종지부를 찍는 역사적인 결단을 내렸다. 꿈으로 시작한 여정에서 꿈의 의미를 다시 생각하는 시간을 가졌다. 자기 의지로 근원적인 질문과 마주하는 순간을 맞이한 것이다.

달밤에 책을 쌓아놓고 기름을 부은 다음 불을 질렀다. 이른바 개인적 분서갱유(焚書坑儒). 그리고는 읽고 싶은 책을 찾아 새벽까지 읽기 시작했다. 종지부는 새로운 출발점이 되었다. 어린 시절에는 뛰어노느라 책 읽을 시간이 없었다. 청춘기에는 방황과 번민으로 책과 만나지 못했다. 고시 공부를 포기하고 진짜 하고 싶은 공부가 무엇인지 자문하면서 닥치는 대로 책을 읽었다. 교육학 관련 책으로 시작해서 사회학, 철학 책을 찾아서 읽었다. 이 시기의 독서는 훗날 공부의 기반과 기초가 되었다. 다양한 인식론과 방법론을 접하면서 사회 현상을 바라보는 나만의 관점을 만들어나갈 수 있었다.

각성 사건 5: 지식산부인과 의사도 의사다

나는 지식산부인과라는 말을 쓴다. 지식과 산부인과는 누구나 아는 개념이지만 그동안 누구도 결합시키지 못했던 말이기도 하다. 이 두 개의 익숙한 단어가 만나 새로운 의미를 빚어냈다. 이 낯선 조합 덕분에 지식 임신이나 지식 잉태, 지식 출산, 지식 자연분만 유도법, 지식 중지 수술 방지법 등과 같은 말들이 새로운 사유를 만들어냈다. 색다른 사고를 촉진하는 한 가지 방법은 익숙한 개념어를 낯설게 조합하는 것이다. 틀에 박힌 사고에서 벗어나려면 고정된 개념을 해체해야 한다. '지식산부인과' 의사는 기존 산부인과의 역할을 하되 대상을 달리한다. 건강한 아이가 태어나려면 충족되어야 할 조건이 있듯이 건강한 지식의 출생에도 전제 조건이 있다.

배 속 아이가 건강하려면 부부가 건강해야 한다. 산모의 건강, 음식, 배우자의 지지 같은 환경적 여건과 문화적 특성 등이 태아의 건강에 영향을 미친다. 지식도 마찬가지다. 건강한 지식을 창조하려면 최적의 학습 환경과 학습 주체의 의지, 재미와 의미를 동시에 충족시키는 학습 활동이 있어야 한다. 즐거운 학습이 건강한 지식을 낳는다. 재미를 느끼는 공부를 하다 보면 불현듯 각성의 시간을 체험하게 된다. 시행착오를 겪다 마침내 실마리를 찾아 문제 해결이라는 성취를 맛볼 때 '즐거운 학습'이 된다.

지식산부인과 의사는 건강한 지식의 잉태와 출산을 위한 조건과 방법을 연구하고 진단·처방하는 융합형 의사다. 이런 개념은 지식을 공장에서 만들어내듯 생각하는 서구의 지식 경영학적 접근에 반대한다. 이에 대한 반론과 대안으로써 만들어진 신개념이다. 새로운 지식은 융합에서 탄생한다. 벨기에 초현실주의 화가, 르네 마그리트가 창안한 데페이즈망 기법이 좋은 사례다. 일상의 물건을 기존의 맥락에서 떼어내 낯선 상황과 장소에 배치함으로써 전혀 다른 의미가 도출된다. 익숙했던 사물이 새로운 맥락에 놓임으로써 상상력을 불러일으키고 색다른 개념을 창조한다.

SNS 자기 소개란에 대학교수이자 작가이자 지식산부인과 의사로 표기했더니 누군가 내게 의사라면 자격증이 있어야 하지 않느냐고 따진 적이 있다. 그는 자격증도 없고 진료 경험도 없는 사람이 '의사'를 사칭해서야 되겠느냐고 항의하면서 나를 개념 없는 인간으로 몰아붙였다. 그래서 '색채의 마술사' 샤갈은 마술사 자격증이 있느냐고 했더니 더 이상 이야기하고 싶지 않다고 한다. '지식산부인과'를 '산부인과'로 받아들이는 사람과 대화하기란 쉽지 않다.

자기 스스로 만든 관념에 갇히면 새로움을 맞이할 수 없다. 지식을 낳는 일은 당연히 의료 행위가 아니다. 따라서 누구도 자격을 요구할 수 없다. 지식 창조는 한 장의 증명서로 보증할 수 있는 대상이 아니다.

각성 사건 6: 경험 없는 개념은 관념이다

많은 사람 덕분에 특히 스승의 은혜 덕분에 무사히 유학 생활을 마치고 박사학위를 취득했다. 박사는 이제 스스로 공부할 수 있는 능력을 갖추었다는 학문적 인정이다. 이후로 나의 공부하는 삶은 전환점을 맞는다. 현장에서 몸으로 공부할 계기를 만났기 때문이다. 삼성인력개발원에서 보낸 5년의 현장 체험이 바로 그것이었다. 이 시기 나는 실천적 지혜를 쌓을 기반과 동력을 얻었다. 책상머리에서는 배울 수 없는 공부가 있다는 사실도 그때 깨달았다. 경영학만 보더라도, 연구 실적이 높은 학자들은 많지만 정말 경영 현장에서 도움이 될 지혜를 가르칠 학자는 드물다. 교육학적 논리를 가르치는 학자는 많지만 교육 현장을 개선하는 데 도움이 되는 실천적 안목과 혜안을 지닌 학자는 많지 않다. 이유가 무엇일까? 답은 앎으로 삶을 평가하는 공부가 아닌 삶으로 앎을 만들어가는 실천에서 찾을 수 있다.

삼성인력개발원은 이론과 실천이 별개가 아니라는 사실을 깨닫게 해준 인생 학교였다. 책상머리에서 배운 지식은 현장과 만나지 못하면 관념으로 전락한다. 사람들은 책에서 배운 대로 행동하지 않는다. 때로 불합리한 선택을 하고 목표에 부합하지 않는 수단을 선택한다. 책에서는 계획을 먼저 세우라고 하지만 현장에서는 '어떻게'가 먼저다. 합리적 대안을 모색해야 할 의사 결정 과정에 예외 없이 힘의 논리가 작용한다는 사실은 오로지 현장에서만 배울 수 있다.

현실에서는 한 분야의 전문가일수록 논리보다 직관을 따른다. 책상머리에서 배운 지식에 의지해 상황을 판단할수록 잘못될 가능성이 높다. 실제로 다양한 문제 상황에 노출되어본 사람만이 문제를 해결할 안목과 혜안을 갖출 수 있다. 지식은 현장에서 체험을 통해 재정의되거나 재해석된다. 개념과 체험은 상호보완적이다. 이 중 하나라도 빠지면 문제가 생긴다. 개념 없는 체험은 무모하거나 위험하고, 체험 없는 개념은 지루하거나 관념적이다. 뛰어난 학자가 전수한 개념도 나만의 경험과 관점을 거치지 않는다면 그저 관념으로 남을 뿐이다.

이론과 실천은 다르다. 건축은 우리가 집을 그리는 순서와는 반대로 진행된다. 이론만 고집하는 관념적 지식인의 논리가 매일같이 변화하는 현실 앞에서 얼마나 무력해질 수 있는지를 깨달아야 한다. 체험은 관념보다 강하다. 우리의 생각도 사실은 체험의 영향을 더 많이 받는다. 학자들은 기존 개념으로 설명이 안 되는 현상을 만날 때마다 깊은 고민에 빠진다. 그러면서 학문은 발전하고 이론은 좀 더 현실과 가까워진다.

예를 들어 인간은 합리적인 선택을 하는 존재라는 고전경제학의 기본 전제는 행동경제학자들에 의해 비판받는다. 실제로 우리는 일상에서 자주 불합리한 선택을 한다. 건강에 좋지 않다는 걸 뻔히 알면서 과식을 하고 인스턴트 음식을 먹는다. 고전경제학은 이를 설명할 수 없다. '넛지(nudge)'는 합리적인 선택을 이끌기 위해 행동경제학자들이 고안해낸 개념이자 방법이다. 넛지는 선택적 자극을 통해 올바른 의사 결정을 유도한다. 이론은 현실에 의해 계속해서 수정된다. 기존 개념으로는 더 이상 설명할 수 없는 현상을 만났을 때 새로운 개념이 탄생한다.

각성 사건 7: 전체를 다 아는 전문가는 없다

전통적으로 '전문가'란 한 분야에서 경험과 노하우를 쌓은 사람을 일컫는 말이었다. 하지만 현실에서는 깊이 있는 전문가가 외려 기피 대상이 될 수 있다. 사회가 복잡해지면서 한 사람의 전문 지식만으로는 해결할 수 없는 일이 점점 많아지기 때문이다. 방법을 찾으려면 여러 분야의 전문가가 머리를 맞대야 한다. 이때 전문성보다 협업과 융합 능력이 중요해진다. 그러나 안타깝게도 우리 사회에서 대학은 각자의 전문 영역에 갇혀 경계를 넘나들려는 노력이 부족한 게 현실이다. 모든 영역을 포괄하는 전문가란 있을 수 없다. 차선책은 자세를 낮추고 나 이외의 모든 사람에게 배운다는 자세로 검손하게 소통을 시도하는 것이다.

자기 영역을 고집하거나 상대를 인정하지 않는 태도로는 무엇도 해결할 수 없다. 전문가 개념을 재구성해야 한다. 그래야 문외한으로서 전문가의 한계를 넘어설 수 있다. 이제 전문가는 자기 분야에서 깊이 있는 전문성을 갖추는 것은 물론 다른 분야의 전문성을 기꺼이 받아들이고 배우려는 열린 마음을 가져야 한다. 그러나 오늘날 대학은 이러한 흐름에 역행하고 있다. 분야별 전공을 세분화하고 담장을 높이 쌓는다. 그 안에서 소통을 거부하고 '자기들만의 리그'를 만드는 데 열중한다.

예를 들면 한 고등학생이 모 대학 파리학과에 입학하면 졸업 때까지 다음 과정을 거친다. 파리학 개론부터 파리 앞다리론, 파리 뒷다리론, 파리 몸통론을 하나씩 다 배우고 대학을 졸업하면 학사학위를 받는다. 지적 호기심이 가득한 이 학생은 좀 더 배움을 쌓고자 대학원에 진학한다. 이때부터 장벽이 높아지기 시작한다. 파리를 부위별로 나눈 전공 중 하나를 선택해야 한다. 그중 파리 앞다리를 선택한 이 학생은 〈파리 앞다리 움직임이 파리 몸통에 미치는 영향에 관한 연구〉라는 석사 논문으로 학위를 취득한다. 참고로 그는 앞다리 전공이기에 뒷다리에 대해서는 아는 게 없다.

박사 과정은 좀 더 세분화된다. 파리 앞다리 발톱을 전공하고 〈파리 앞다리 발톱 성분이 파리 앞다리 성장에 미치는 영향에 관한 연구〉라는 박사 논문을 쓴다. 석박사 과정을 마치고 마침내 파리학과 교수가 된 그는 파리 앞다리 발톱의 세부 전공을 선택, 세계적인 논문을 발표한다. 주제는 〈파리 앞다리 발톱의 때 성분이 파리 앞다리 발톱 성장에 미치는 영향에 관한 연구〉다. 문제는 이렇게 부위별 전문가가 대량 양산되면서 이들 간 심각한 불통 문제가 불거진다는 점이다.

전문가가 전문 용어를 써가며 열심히 설명하지만 비전문가인 사람은 도무지 이해할 수가 없다. 지식이 지식을 가로막는 이른바 '지식의 저주' 현상이다. 오늘날 '전문가'의 의미는 변화하는 현실에 맞게 수정되어야 한다. 전문성의 본질은 무엇인지에 관해 재해석하고 재정의해야 한다. 현실을 외면하고 스스로 판 우물에 앉아서 하늘을 보는 '좌정관천' 전문가로 남지 않으려면 끝없는 소통과 자기 혁신이 필요하다.

각성 사건 8: 빨리 달리면 풍경이 보이지 않는다

앞만 보고 달리던 내 인생에 큰 사건이 생겼다. 2007년 4월 11일 밤 12시 50분, 분당 수서 고속도로에서 운전 중에 졸다가 중앙 분리대를 들이받았다. 차는 전복되었고 나는 큰 부상을 입었다. 이 사건을 개인적으로 '4·11 사태'로 부른다. 양쪽 갈비뼈가 부러지고 팔뼈에 금이 갔으며 목은 좌우로 움직일 수 없을 정도로 치명적인 손상을 입었다. 간신히 목숨은 건질 수 있었다. 응급차에 실려 병원으로 이송되고 의식을 회복한 후에야 비로소 사고를 당했음을 알게 되었다.

이때의 사고는 내 사고(思考)를 바꾼 역사적인 모멘텀이었다. 갈비뼈 손상이 가장 심했으므로 주치의는 흉부외과 의사가 맡았다. 그분은 매일 최선을 다해 갈비뼈만 보고 가신다. 팔이 끊어질 정도로 아파서 봐달라고 했더니 난색을 표한다. 팔뼈는 정형외과 의사 소관이었다. 다행히 정형외과 의사가 와서 최선을 다해서 팔뼈만 보고 간다. 목이 너무 아파서 통증을 완화시켜줄 수 없느냐고 했더니 이번에는 신경외과 의사가 호출된다. 목뼈는 그쪽 분야다. 이렇게 매일 세 분의 의사가 각자 자신이 전공한 뼈만 보고 간다. 하나같이 내 몸속 뼈인데, 일일이 나누어 상담해야 한다. 나는 갈비뼈와 목뼈, 목뼈와 팔뼈 사이가 아프다. 그런데도 뼈와 뼈 사이를 전공하는 의사가 없다는 걸 알게 되면서 우리 사회에 정말 필요한 전문가는 '사이 전문가'라는 사실을 깨달았다.

내가 만든 세계 최초의 개념, '사이 전문가(Homo Differance)'는 이렇게 탄생했다. 우연히 당한 큰 사고가 새로운 말을 만들어낸 것이다. 사이에 있는 차이를 존중하지 않거나 사이와 사이가 막혀 소통되지 않을 때, 좋은 사이가 되지 못하고 사이에 통증이 생기기 시작한다. 사이 없는 차이는 차별이고, 차이 없는 사이는 사이비다.

의식이 돌아온 후 내가 던진 질문은 두 가지였다. "여기가 어디지?" 그리고 "내가 왜 여기에 있지?" 큰 사고 속에서 삶에 관한 근원적인 질문을 나도 모르게 던진 것이다. 많은 사람이 자기가 발 딛고 선 곳이 어디인지 모르고 살아간다. 지금 여기서 무슨 일을 왜 하는지 진지하게 자문해본 사람도 많지 않다. 나 역시 마찬가지였다. 두 번째 질문, "내가 왜 여기에 있지?"는 존재에 관한 것이다. 우리는 습관적으로 매일 주어지는 일을 반복하며 살아간다. 삶의 관성 속에서 '지금 여기'에 관해 생각하는 일은 몹시 드물다. 정신이 한번 나갔다 돌아와야 정신 차리고 근원적인 질문을 던진다.

어느 날 개미가 지나가는 지네에게 물었다. "지네야, 너는 앞으로 걸어갈 때 수많은 다리 중에서 어떤 발을 첫발로 내딛니?" 순간, 지네는 동작을 멈추고 생각했다. 사실 지네는 몹시 당황한 상태였다. 난생처음 받아보는 질문이기 때문이다. 질문은 우리를 생각으로 이끄는 자극이자 각성제다. 정말 궁금해서 하는 질문도 있지만, 일종의 화두처럼 틀에 박힌 일상을 돌아보는 계기가 되는 질문도 있다. 질문 앞에서 고정관념이나 통념은 흔들리고 사고의 전환이 일어나기 시작한다.

4·11 사태로 나는 삶이 직선이 아니라 곡선이라는 사실을 깨달았다. 질문 없이 달리는 직선의 질주가 한 사람을 죽음으로 몰아간다는 사실, 직선의 질주에는 주변을 돌아볼 여유가 없다는 사실, 빠른 속도에서는 시야가 좁아진다는 사실도 알게 되었다. 나를 죽음 일보 직전까지 데리고 갔던 사고였지만 사고(思考)를 바꾸는 소중한 각성의 계기가 되었다.

2014년도에는 제주도에서 열린 100킬로미터 마라톤에 출전한 적이 있다. 첫날은 한라산 중턱을 오르내리고 둘째 날에는 해변도로 30킬로미터, 그리고 마지막 날에는 오름 언덕 40킬로미터를 달리는 '울트라 마라톤'이었다. 대회 우승자는 3일 내내 1등으로 달린 일본 선수였다. 그는 내가 보기에 거의 기계처럼 달렸다. 오로지 앞만 보고 달리는 그에게서 목표 달성을 위해 질주하는 직장인들의 모습이 그려졌다. 속도가 빨라지면 시야가 좁아진다. 매 순간이 가져다주는 행복감, 삶의 밀도는 느낄 여유가 없어진다. 우리는 왜, 무엇을 위해 앞만 보고 달리는 걸까? 아마도 목적지에 도달하면 그동안 고대하던 행복이 있으리라는 가정 때문이 아닐까? 행복은 정말 그곳에서 우리를 기다리고 있을까? 삶의 여정에 놓인 무수한 의미들을 놓치고 목적지에 도달한들 무슨 소용이 있을까? 4·11 사태는 세상이 말하는 행복을 재개념화하고 진정한 행복에 대해 생각해보는 소중한 깨달음의 시간이었다.

각성 사건 9: 정상(頂上)에 오른 사람은 정상(正常)이 아니다

통계학에는 정상분포 곡선이라는 게 있다. 가운데가 불룩하게 솟은 선으로 양극단으로 갈수록 0에 수렴한다. 이름으로 짐작하듯이 '정상'과 '비정상'의 구분도 이 곡선으로 설명할 수 있다. 중앙을 기점으로 가장 많은 면적을 차지하는 범위를 '정상', 곡선상에서 양쪽 극단을 '비정상'으로 간주한다. 다수를 점하는 '정상인'의 눈으로 보면 양극단은 상식에서 벗어난 '몰상식'한 사람이다.

나는 그동안 '비정상'적인 행보를 반복하면서 '정상'적인 대학교수 이미지에서 벗어나려는 도전을 감행해왔다. 책상 지식인, 관념적 지식인의 굴레를 벗어나 극한에 도전하는 체험을 통해 깨달은 바를 책과 강연에 담았다. 나는 '머리'가 아니라 '몸'으로 깨달은 사실만이 진실이고 그래야 진심으로 사람에게 다가갈 수 있다는 신념을 갖고 있다. 다른 사람을 감동시키려면 남이 아닌 '내 이야기'를 해야 한다. 설명으로는 사람을 감동시킬 수 없다. 설명과 설득의 차이

점을 깨닫게 해준 것은 다름 아닌 도전적 체험이었다. 설명은 논리와 어울리고 설득은 감성과 어울린다. 의미를 설명하면 지루하지만 의미로 설득하면 마음을 움직인다. 같은 단어도 땀과 눈물로 빚어낸 신념이 덧붙여졌을 때 감동의 언어가 될 수 있다.

2012년도에 사하라 사막에서 열린 6박 7일간의 250킬로미터 마라톤에 도전했다가 3일차인 120킬로미터 지점에서 포기한 적이 있다. 여기에 참여하기 위해 아파트 34층을 계단으로 오르락내리락하고 주말에는 분당에서 한양대까지 왕복 56킬로미터를 달렸다. 하지만 그날 한계를 느낀 몸이 정신에게 말했다. 레이스를 포기하라고. 비록 완주는 못 했지만 자기 한계를 깨닫게 한 소중한 체험이었다. 처음에는 포기하기가 망설여졌다. 그동안 투자한 시간과 노력이 너무도 아까웠다. 하지만 더는 무리였다. 마침내 포기하면서 남긴 명언이 있다. "절대로 포기하지 말라는 말은 절대로 쓰지 마라."

우리는 이제껏 "절대로 포기하지 말라"는 말을 금언처럼 여기며 살아왔다. 그러느라 언제 그만두어야 하는지 배우지 못했다. 포기를 잘해야 성공한다. 기회는 다음에도 있다. 만약 내가 그때 "절대로 포기하지 말라"는 말만 철석같이 믿고 달리기를 계속했다면 죽었거나 최소한 몸이 상했을 것이다. 세상에서 가장 불행한 사람은 잘할 수 없는 일에 매달려 인생을 허비하는 사람이다. 그럴 때는 빨리 포기하고 다른 일을 시도해야 한다. 그날의 체험은 자기 한계를 이해하고 포기해야 할 때가 언제인지를 깨닫게 한 멋진 도전으로 남왔다.

2015년 아프리카의 지붕, 킬리만자로산의 정상에 오른 적이 있다. 밤 11시 해발 4700미터에 설치된 베이스캠프를 출발했다. 칠흑 같은 어둠을 헤드라이트 불빛에 의지한 채 걸었다. 앞사람을 따라 한발 한발 내딛는 길은 언제 어떤 일이 벌어질지 모르는 불안한 여정이었다. 이 어두운 밤 정상으로 향하는 이유는 무엇인가. 아마도 모든 것이 훤히 눈에 들어오는 낮에는 정상에 오르기도 전에 포기할 수도 있어서라는 생각이 들었다. 보이지 않기에 희망을 잃지 않을 수 있다. 그렇다고 마냥 기대에 의지할 수만은 없었다. 진퇴양난(進退兩難)이라는 말이 딱히 그런 상황에 어울리지 않는다는 걸 그때 알았다. 앞으로도 못 가고 뒤로도 못 가면 옆으로 가면 된다. 옴짝달싹 못 할 것 같은 위기 상황에서 중요한 건 빠른 결단이다. 이후로 나는,

2013년—1950m 한라산 등반을 시작으로

2019년—2500m 프랑스, 스위스, 이탈리아에 걸쳐 있는 몽블랑 트래킹을 했으며,

2023년—3776m 심한 고산증을 극복하고 후지산 정상을 등반했고,

2014년—4130m 네팔의 안나푸르나 베이스캠프에도 올랐으며,

2022년 — **4**095m   코타키나발루에 있는 키나발루산 정상에 오르는 기쁨을 누리고,

2015년 — **5**895m   탄자니아 킬리만자로 정상에 올랐다.

2025년 — **6**461m   히말라야 메라 피크 등반 예정이고,

2026년 — **7**134m   키르기스스탄에 있는 파미르 레닌봉 등반 예정이다.

극한의 상황에서는 몸이 마음을 통제한다. 자기계발도 그렇다. 마인드 컨트롤이나 강인한 의지, 철저한 준비와 완벽한 계획만으로 목표 지점에 도달할 수 없다. 나를 움직이는 것은 오로지 움직임이다. 몸이 개입한 만큼 마음도 변한다. 타인의 성공담이나 명언을 동기로 삼을 수는 있다. 그러나 몸을 움직이지 않으면 공허한 다짐만 쌓인다. 생각이 깊어질수록 행동으로 옮길 가능성은 희박해진다. 조건 없이 몸을 움직이는 순간 몸은 물론이고 마음도 변한다. 마음에도 다이어트가 필요하다. 너무 많은 다짐으로 무거워진 짐을 내려놓고 가벼운 몸으로 행동에 들어가자. 행동한 만큼 변한다.

가장 안전한 '보험'은
'위험'을 무릅쓴 '경험'이다

위험하지 않으면 위대한 결실도 없다

관념적 사유를 강조하는 교육은 관념적 지식인을 양성할 수 있다. 하지만 현장에서 몸으로 느끼지 못하는 이러한 교육으로는 난공불락의 딜레마 상황이 펼쳐지는 불확실한 환경에 적응하는 능력을 길러낼 수 없다. "경지에 이른 사람들이 보유하고 있는 지식은 무수한 시행착오와 우여곡절 끝에 온몸으로 깨달은 체험적 지혜다. 책상에 앉아서 머리로만 공부하는 사람들이 쌓은 지식에는 그 사람 특유의 신념과 열정과 용기가 없다." 유영만의 《공부는 망치다》[57]에 나오는 말이다. 사투 끝에 건져 올린 체험적 지혜에는 그 사람의 고뇌와 문제의식이 고스란히 담겨 있다.

사태를 관망하고 계산할수록 의사 결정은 어려워지고 대안은 멀어지기 쉽다. 그럴 때는 발 닿는 곳으로 과감히 떠나야 한다. 운명과 문명, 그리고 혁명을 원한다면 결단과 실천을 허락해야 한다. 위험 없이 위인도 위대한 결실도 없다. 니체가 《차라투스트라는 이렇게 말했다》[58]에서 위험하게 살라고 외친 이유다. 하지만 우리 교육은 아이들을 현실과 유리된 창백한 교실에서 길러왔다. 보호막 속에서 지나치게 간섭하고 지시하며 통제해왔다. 자기 의지를 상실한 아이들에게 배운다는 것은 무슨 의미인가. 독립적 사유를 길러주는 각성제가 아니라 고통에서 잠시 벗어나게 하는 진통제에 불과하지는 않은가.

체험적 지혜는 지식의 축적에서 오지 않는다. 위험한 도전을 감행하고 시행착오 끝에 판단 착오를 줄일 지혜를 몸으로 깨달을 때 혜안과 안목이 생긴다. 진실은 몸으로 체득하는 수밖에 없다. 관념적 공부는 진심을 담아낼 수 없다. 진정성은 그 사람의 몸을 요구하는 신체적 진실성이다. 체중이 실리지 않는 말과 언어는 참을 수 없는 인식의 가벼움을 드러낼 뿐이다. 직접 내 육체로 체험하지 않은 진실은 삶을 일으키는 힘과 에너지가 되지 못한다.

밑바닥 진실을 온몸으로 겪어낸 사람의 언어는 다르다. 치열한 사투 끝에 피워낸 사유의 결정체가 고스란히 담겨 있다. 이런 언어를 만나면 심장이 뛰고 숨이 막힐 듯한 충격에 휩싸인다. 관념의 거품이 들어설 자리가 없다. 생생한 체험의 흔적과 경이로운 깨달음이 빚어내는 아름다운 무늬로 채색되어 있다. 체험적 깨달음의 여정을 멈추는 순간 진실은 생명을 잃는다. 과거의 지혜는 이제 향수나 고리타분한 훈계가 되고 만다. 부단한 경험의 갱신만이 이러한 덫을 피해갈 수 있다. 문제는 나이가 아니다.

경험은 삶의 소중한 스승이지만 늘 좋은 역할만 하지는 않는다. 자기 경험을 과신하면 과거에 얽매여 살아가는 고리타분한 사람이 되기 쉽다. 경험은 늘 새로운 경험으로 대체되어야 한다. 과거의 경험은 우리를 현재에 안주하라고 유혹한다. 가능성을 열어두고 부단히 성찰하지 않으면 경험은 삶을 고양하는 통찰이 되지 못한다.

현장과 몸이 만나면서 시작되는 혁명

로먼 크르즈나릭은 《인생은 짧다 카르페 디엠》[59]에서 경험 속에서 좋아하는 일을 찾으라고 충고한다. '경험의 뜨거운 열기' 속에 빠지지 않고서는 정말 내가 좋아하는 일, 재미있는 일이 무엇인지 알 수 없다. 재능은 오로지 몸으로 실험하고 모색하는 가운데 발견할 수 있다. 현장과 몸이 만나는 곳, 몸의 욕망이 펼쳐지는 현장은 가치관의 충돌과 직업관의 갈등이 일어나는 곳이다. 그 안에서 찾아낸 지혜만이 현실을 변혁하는 혁명의 기폭제가 될 수 있다. 고뇌라는 깊은 바다에서 일상으로 되돌아오는 체험적 여정은 앞으로 가야 할 길을 찾는 실마리가 된다.

생텍쥐페리의 《어린 왕자》[60]에는 지리학자 일화가 나온다. 여기에 등장하는 지리학자는 탐험가가 아니다. 산과 바다를 직접 탐사하지 않고 서재에서 지리에 관한 정보를 얻는다. 책상머리에서 머리로만 이해하려는 학자들의 관념적 태도를 우회적으로 비판한 부분이다. 지리학자는 당연히 세계를 '이리저리' 구석구석 다녀야 한다. 책을 보면서 '요리조리' 머리만 굴려서는 세계의 모습을 알 수 없다. 지리는 발바닥을 통해 피부로 느끼면서 몸으로 터득된다. 지리학자가 세계의 참모습을 보지 못하는 역설은 단지 지리학자만의 이야기가 아니다. 교육학자가 현장의 아픔을 이해하려는 노력 없이 창백한 연구실에 머문다. 경영학자가 경영 현장의 아픔을 이해하지 못하고 학자적 논리로 현장을 재단한다. 경제학자가 시장 곳곳을 누비며 현실을 살피지 않고 통계와 지표에 매달린다. 공부를 많이 해서 석학이 되었다고 해도 이때의 지식은 '책상머리 지식'일 뿐 우리 삶을 개선할 지혜와는 거리가 멀다.

요한 볼프강 괴테는《파우스트 1》[61]에서 이러한 책상머리 공부를 통렬하게 비판한다. 철학과 법학, 의학과 신학까지 두루 공부했으나 여전히 세상을 모른다. 철저히 공부했지만 철저한 바보가 된 아이러니, 파우스트가 그 정곡을 찌르고 있다. '-학(學)'이 붙은 영역 곳곳에서 현실과 동떨어진 이론이 양산되면서 외려 현실을 왜곡하는 이상한 논리인 이론(異論)이 탄생한다.

보통 우리가 사용하는 "학을 떼다"라는 말은 말라리아의 한자식 표현인 '학질(瘧疾)'에서 벗어난다는 뜻이다. "귀찮게 자꾸 꼬치꼬치 캐묻는 바람에 아주 학을 뗐다"는 표현처럼 이 말은 곤란한 상황을 벗어나느라 진땀을 빼거나, 그래서 거의 질려버린다는 의미로 사용된다. 지리, 교육, 경영, 경제 등 우리가 살면서 꼭 알아야 할 분야에 '학(學)'이 붙으면서 점점 현실과 유리된다. 전공은 계속 세분화하지만 여기서 나온 이론은 현실을 설명하지 못한다. 차라리 '학(學)'을 떼어내고 현실로 돌아오는 편이 더 나아 보일 지경이다.

곤란함이 일으키는 파란

현장과 격리된 공간에서 전문화한 학문은 현장과 그 거리가 더욱 멀어졌다. 공부는 가슴으로 느끼고 머리로 생각하며 손발을 움직여 실천하는 것이다. 이런 과정 없이 차가운 논리의 세계에 매몰되면서 문제가 심각해졌다. 전문성에 빠지면 빠질수록 현실을 왜곡하거나 은폐하는 역기능이 생긴 것이다. 현실과 괴리된 학문은 결코 세상을 움직이지 못한다. 학문 자체의 깊이도 점점 얕아질 수밖에 없다.

내 몸을 움직여 체험해보지 않은 생각이나 주장으로는 깊이 있는 사유체계를 만들 수 없다. 몸을 쓰지 않는 공부는 효과적이지 않다. 책상 앞에 앉아 고민하던 문제가 기분 전환을 위해 산책을 하는 동안 명쾌하게 풀리는 경험을 해보았을 것이다. 몸을 움직이면 생각도 함께 움직인다. 복잡했던 생각이 정리되고 답답했던 마음도 편안해진다. 그래서 책 읽기 후에는 이를 소화시키기 위한 산책을 해야 한다. 산책은 책의 영양분을 몸속 골고루 퍼지게 한다.

우석훈은《나와 너의 사회과학》[62]에서 20년 경력의 구멍가게 주인과 같은 경력의 대학교수의 지능(IQ)을 비교하면 앞 사람이 더 높게 나올 수 있다고 말한다. 여기서 IQ는 현장에서의 문제 해결 능력을 가리킨다. 실제로 구멍가게 주인은 구매, 품질, 재무, 회계, 마케팅과 브랜딩, 인사와 노무 관리 등을 혼자 도맡는다. 반면에 대학교수는 자기 분야만 안다. 당연히 경영 전반을 폭넓게 이해하고 통찰하는 능력이 상대적으로 덜할 수밖에 없다.

모든 상황에 들어맞는 보편 이론은 없다. 세상이 복잡해질수록 이를 제대로 이해하려면 상황별 특수성을 고려해야 한다. 지식인이 비판받는 이유는 구체적인 맥락에서 상황적 특수성을 간과하는 일이 잦기 때문이다. 몸으로 체득한 사유가 아닌 책상머리에서 연구한 보편 이론으로 세상을 보기 때문이다. 진정한 지식인은 현실과 상황적 맥락을 이해하고 그러한 기반 위에 이론적 토대나 세상을 보는 프레임을 구축하고자 노력한다. 앎으로 삶을 재단하지 않고 거꾸로 삶으로 앎을 재단한다. 이들은 고통스러운 현실을 체험하는데 거리낌이 없으며 그 안에서 깨달음의 지혜를 건져 올린다. 이들의 언어는 소통을 전제로 한다. 자기들끼리만 알아듣는 언어로 소통하는 지식은 현실과 만나지 못한다. 관념화된 앎의 파편으로 흩어진다. 엄기호의《고통은 나눌 수 있는가》[63]에서 오늘날 지식인들이 현실의 고통을 나누기는커녕 자신의 연구실에 안주한다고 비판한다. 나는 이 책을 읽으면서 죽비로 맞는 듯한 충격을 받았다. 통렬한 반성의 메아리가 온몸을 관통하는 듯했다. 교육자이자 학자로서 나는 어떤 배움을 하고 있는가 하고 자문할 수밖에 없었다.

學然後知不足(학연후지부족)　배운 연후에야 부족함을 알고

敎然後知困(교연후지곤)　가르친 연후에야 어려움을 안다.

知不足然後能自反也(지부족연후능자반야)　부족함을 안 연후에야 능히 스스로 반성하고

知困然後能自强也(지곤연후능자강야)　곤함을 안 연후에야 능히 스스로 힘쓴다.

故 曰 敎學相長也(고 왈 교학상장야)　그러므로 가르치고 배우는 것이 서로 돕는 일이다.

—《예기(禮記)》의 '학기(學記)' 중에서

가르친 후에야 가르침의 곤란함을 몸소 깨닫고, 곤란함을 몸소 깨달은 후에야 더 나은 방법을 찾아 행동한다. 곤란한 삶을 타개할 수 있는 묘안은 곤란한 상황을 직면하는 데서 온다. 지금 이대로는 안 되겠다는 각성과 기존의 지식으로는 해결이 어렵다는 곤란함에서 출발한다. 이때의 곤란함은 걸림돌이나 덫이 아니다. 오히려 지금 상황에서 나아가 이상적인 목적지로 이끄는 디딤돌이다. 곤란이 파란을 불러온다.

아웃사이트가 바뀌어야
인사이트도 바뀐다

생각을 바꾸는 행동

행동을 바꾸려면 어떻게 해야 할까? 보통은 생각을 바꾸면 된다고 생각한다. 그래서 지나치게 오랫동안 '생각 바꾸기'에 집착해왔다. 하지만 웬만해서는 생각이 바뀌지 않는다. 더군다나 나이가 들면 고정관념에 갇히기 쉽다. 늦은 나이에 사고방식을 먼저 바꿔야 한다는 생각으로 행동을 바꾸기란 거의 불가능에 가깝다. 사람은 기본적으로 보수적이다. 바꾸는 걸 좋아하지 않는다. 될 수 있으면 지금껏 살아온 방식대로 살고 싶어 한다. 어쩔 수 없는 상황이 오지 않는 한 어제와 비슷한 하루를 산다. 접근을 바꾸어보면 어떨까?

생각에 앞서 행동을 바꿔보는 것이다. 일단 어제와 다른 행동을 하면 생각도 달라지지 않을까? 딴짓이 딴생각을 불러오지 않을까? 보수적인 사회일수록 딴짓은 금기다. 학교에서 괜한 짓을 했다며

야단을 맞거나 문제아로 취급을 받는다. 그러니 주어진 틀 안에서 생활하고 색다른 모험이나 도전을 굳이 하지 않는다. 우리 삶은 모험에 익숙하지 않다. 사회 전체가 주어진 길을 따라가는 모범생 패러다임에 젖어 있다고 해도 과언이 아닐 정도다. 행동을 바꾸려면 이러한 조건에서 탈피해야 한다.

사고는 공간의 영향을 받는다. 한 사람이 생활하는 공간, 혹은 행동반경이 사고의 폭과 깊이를 결정한다. 그러니 사고를 바꾸려면 공간을 바꿔야 한다. 어제와 같은 공간에서 비슷한 일을 반복하는 사람은 생각도 쉽게 바뀌지 않는다. 예를 들어보자. 다양한 직업에 종사하는 전문가들에게 열 십(十)자를 보여주고 그 뜻을 물었다. 그랬더니 각각 다른 답이 나왔다. 수학자는 덧셈, 의사는 배꼽, 목사는 십자가, 교통경찰은 사거리, 간호사는 적십자, 약사는 녹십자라고 대답했다. 직업에 따라 사물이나 현상을 해석하는 방식이 다르다.

세상을 다르게 보라는 말을 수없이 들어왔지만 실천은 쉽지 않다. 내가 경험한 세상에서 만들어진 프레임대로 세상을 보기 때문이다. 세상을 있는 그대로 보려면 역지사지(易地思之)가 필요하다. 상대처럼 생각하려면 상대처럼 경험해야 한다. 직접 느껴보아야 상대의 생각을 이해할 수 있다. 의사가 교통경찰처럼 십(十)자를 보려면 그가 평소 겪는 일을 함께 경험해보면 된다. 그랬을 때 비로소 십(十)자가 배꼽이 아닌 사거리로 보인다. 나의 사고는 경험의 범주를 쉽게 뛰어넘지 못한다.

나는 체험한다, 고로 존재한다. 존재를 바꾸는 하나의 방법은 일상적으로 반복하는 행동을 멈추고 자신을 색다른 체험에 노출하는 것이다. 지금 어떤 사람이 보는 세상은 경험에 기반한 프레임에 갇혀 있다. 따라서 객관적으로 존재하는 세계가 아니라 그가 지각한 주관적 세상이다.

《관찰의 인문학》[64]을 쓴 알렉산드라 호로비츠는 타자는 어떤 눈으로 세상을 보는지에 관한 의문을 풀기 위해 주변의 다양한 사람들과 함께 동네 길을 산책한다. 혼자 동네 한 바퀴를 돌아보고, 다음엔 자신의 어린 아들을 데리고 동네를 산책한다. 이어서 지질학자, 타이포그래피 디자이너, 일러스트레이터, 곤충 박사, 야생동물 연구가, 도시사회학자, 의사와 물리치료사, 시각장애인, 음향 엔지니어, 반려견 등과 차례로 산책을 하면서 그들이 세상을 어떻게 보는지 관찰했다.

어린 아들에게는 동네에서 만나는 모든 사물과 현상이 호기심의 대상이다. 지질학자는 콘크리트에서 과거를 보고 도시 곳곳에서 다양한 암석의 향연을 느낀다. 타이포그래피 디자이너의 눈에는 시내 간판을 비롯해 도시 전체가 하나의 문자 제국으로 보인다. 도시사회학자는 모든 공간을 사회적 관계 맺음의 장소로 이해한다. 의사와 물리치료사는 지나치는 사람들의 자세를 관찰하고 몸 상태를 예측한다. 시각장애인과 음향 엔지니어는 소리로 도시 공간을 읽어낸다. 그녀의 반려견인 피니건이 바라보는 세상은 어떨까? 후각이 발달한 개의 특성상 아마도 인간과는 전혀 다른 세상으로 인식될 것이다. 이 책에서 그녀가 맺은 결론은 단순하다. 새로운 것을 발견하고 싶다면 어제 걸었던 길을 다시 걸어라. 이는 진정한 여행은 다르게 보는 눈에서 시작한다는 프랑스 작가 마르셀 프루스트의 조언과도 일맥상통한다.

자기만의 움벨트로 세상 보기

사람만 세상을 바라보는 눈이 있는 것은 아니다. 동물들도 마찬가지로 자기들만의 시각이 있다. 독일의 동물행동학자 야곱 폰 웩스쿨은 '벨트(welt)'와 '움벨트(Umwelt)'라는 개념으로 동물의 세상 보기를 설명했다. '벨트(welt)'는 객관적으로 실재하는 세계이고 '움벨트(Umwelt)'는 주관적으로 인식하는 세계다. 모든 생명체는 특정 벨트에서 살아가지만 그것을 인식하는 움벨트에 따라 저마다 다른 세상을 산다. 지구라는 동일한 환경에서 살면서도 움벨트는 판이하다. 움벨트는 개개 생물의 고유한 경험이다.

  평생 우물을 벗어난 적이 없는 개구리는 그곳이 세상 전부라고 생각한다. 주디스 콜과 허버트 콜이 지은 《떡갈나무 바라보기》[65]도 같은 맥락에서 동물들의 눈으로 본 세상의 다양한 모습을 그리고 있다. 떡갈나무 둥치에 구멍을 내고 그 안에서 사는 여우와 나무 꼭대기에 사는 올빼미에게 떡갈나무는 각각 어떻게 인식될까? 사람들에겐 또 어떻게 보일까? 하는 흥미로운 질문을 던진다. 그러면서 이들이 자신을 둘러싼 세계를 인식하는 방법에 대해 흥미롭게 서술하고 있다.

사람도 저마다 독자적인 움벨트를 갖고 있다. 다만 다른 동물과 비교가 안 될 정도로 다양한 환경에서 자라기에 그만큼 고유한 체험도 많다. 한 사람의 움벨트는 그가 이제까지 보고 느끼고 체험하면서 형성한 사고만큼이나 천차만별일 것이다. 동일한 세상에 살면서도 저마다 다른 움벨트를 지닌 사람들이 만나 토론한다고 가정해보자. 동일한 사안이라도 관점과 논리가 다를 수밖에 없다. 다양성은 우리 삶의 자원이다. 문제는 자칫 독선으로 빠질 가능성이 있다는 점이다. 자기 논리를 절대적으로 신봉한 나머지 다른 사람과의 입장 차이를 받아들이지 못할 수 있다. 움벨트가 다양한 만큼 상호 존중이 필요하다. 대화를 나누고 공감하며 서로를 이해하는 능력이 다른 동물들보다 발달한 이유다.

알렉산드라 호로비츠가 쓴 《관찰의 인문학》의 원제는 '전문가의 눈으로 걸어본 11번의 산책'이다. 이 이야기가 우리에게 전하는 교훈은 주관성의 한계를 인정하고 상호 소통해야 한다는 점이다. 움벨트는 내 안에 새겨진 경험적 시공간이다. 어제와 다른 움벨트를 만들려면 새로운 공간에서 이전과는 다른 시간을 보내야 한다. 또한 세상을 있는 그대로 이해하려면 내 삶의 고유성이 만들어낸 인식 틀의 한계를 인정해야 한다. 나만이 옳다는 외골수적 사고방식에서 벗어나 세상에는 나 같은 사람이 수없이 존재하며 그들 역시 자기만의 움벨트로 세상을 본다는 사실을 받아들여야 한다. 역지사지는 상대성의 오류에 빠지지 않으면서 상호성을 유지하는 가장 좋은 방법이다. 그 사람이 되어 그 사람의 눈으로 나를 보는 것이다. 세계를 보는 인간의 눈도 지구상에 거주하는 생명체의 무수한 시각 중 하나일 뿐이다. 인간만이 우월한 존재라는 오래된 신화를 버려야 한다. 생명의 관점에서 세계를 이해하려는 노력이 우리가 사는 세상을 다채롭고 풍요롭게 만든다.

딴 세상을 보려면 딴 길로 가야 한다

'인사이트(insight)'는 통찰이다. 안(in)에서 다르게 보는(sight) 능력이다. 세상을 보는 능력은 내 안에 축적된 체험적 깨달음과 지식, 그동안의 생각이 융복합되어 결정된다. 결국 뭔가를 다르게 보고 다르게 생각하려면 내 안에 축적된 재료가 중요하다. 안(in)에서 보려면(sight) 밖(out)에서 본 것들(sight)이 새롭게 입력되어야 한다. 밖에서 본 체험적 자극(outsight)이 바뀌지 않으면 내적 통찰력(insight)도 바뀌지 않는다.

통찰력(insight)이 바뀌려면(change) 밖에서 보는(outsight) 세 가지 자극이 바뀌어야 한다. 첫째, 매일 반복하는 일상을 바꾸어 일탈, 낯선 마주침을 만들지 않으면 깨우침과 뉘우침 그리고 가르침을 얻지 못한다. 둘째, 내가 그동안 구축해온 인맥을 바꾸지 않으면 색다른 인간적 자극을 받을 수 없다. 늘 만나는 편안한 사람들로부터는 나를 바꿀 조언이나 충고를 받을 수 없다. 분야가 다른 사람을 만나야 시야가 바뀌고, 그래야 시각이 바뀌고 생각이 바뀐다. 마지막으로, 독서 습관을 바꾸지 않으면 지적 자극이 바뀌지 않는다. 전공 책이나 하는 일과 직접 관련되는 책만 읽을 것이 아니라 분야를 넓혀야 한다. 전혀 다른 분야의 책, 경계를 넘나드는 독서가 새로운 지적 자극을 준다. 이제까지 해보지 않은 엉뚱한 행동(體)을 해보거나 이제까지 만나보지 못한 사람을 만나고(仁) 이제까지 읽어보지 못한 전혀 다른 책(知)도 읽어봐야 새로운 지혜(智惠)가 생긴다. 이것은 바로 내가 체인지(change)되는 체인지(體仁智)의 지혜다. 인사이트, 통찰은 장고(長考)의 결과가 아니라 어제와 다른 행동에서 생기는 부산물이다. 즉 행동이 통찰을 낳는다.

SNS에는 통찰을 담았다는 명언이 넘쳐난다. 인스타그램에 올라오는 인사이트는 어떤 사람이 얻은 체험적 깨달음의 산물이다. 그러나 이런 인사이트는 내 안으로 파고들어 와 어제와 다른 생각을 잉태하기 어렵다. 순간적으로 무릎을 치지만 시간이 지날수록 방금 봤던 '인사이트(insight)'를 어느 '사이트(site)'에서 봤는지 기억조차 나지 않는다. 역사의 뒤안길로 사라지는 인스턴트(instant)다. 인사이트는 인스턴트의 산물이 아니라 자기 테스트에서 생기는 시행착오의 산물이다. 숱한 테스트를 거쳐 체득한 인사이트라야 위트도 있고 하트에 꽂히는 의미심장함을 지닌다.

유튜브에서 쏟아지는 성공한 사람들의 다양한 인사이트 역시 그렇다. 자기에게는 시행착오 끝에 깨달은 삶의 교훈이나 노하우일 수 있다. 하지만 다른 시청자에게는 단편적 정보로 남는다. 페이스북(facebook)도 마찬가지다. 페이스북에는 깨달음의 얼룩과 무늬가 새겨진 북(book)보다 멋진 일상을 뽐내는 페이스(face)가 많다. 사람은 모두 한 권의 책이다. 사람을 만나 그 사람이 품고 있는 파란만장한 삶을 인사이트로 승화하려면 독서의 방식을 바꿔야 한다. 페이스북에 접속, 단편적인 이야기로 시간을 보내다 보면 그럴 수 없다. 인스타에 접속해서 다른 사람의 인사이트를 '눈팅'하기보다 익숙한 일상에 어제와 다른 따뜻한 관심과 애정의 눈길을 보내는 게 어떨까. '손가락'으로 디지털에 '접속'해서 보는 다른 사람의 인사이트보다 '손발'을 움직여 아날로그적으로 '접촉'해보는 신체성의 경험이 나의 인사이트를 기르는 데 도움이 된다.

딴 세상을 보려면 딴 길을 가야 하고 딴짓을 해야 한다. 딴 세상은 별천지(別天地)고 딴 길은 별로(別路)다. 그런데 딴 길을 가는 사람을 두고 '별로'라고 하거나 '별 볼 일 없다' 또는 '별꼴이다'라고 생각하는 사람치고 '별'이 된 사람은 없다. 정상(頂上)에 오른 사람치고 정상(正常)인 사람 없듯이 위대한 업적이나 성취를 이룬 사람은 모두 평범한 길을 거부한 이들이다.

사람들은 단조로운 일상에 얽매여 살면서도 삶이 지루하다고 불만을 늘어놓는다. 지금 여기에서 가슴 뛰는 삶을 살려면 스스로를 현실의 벽 안에 가두지 말아야 한다. 가능성의 세계와 담을 쌓는 사람은 그 너머로 자유롭게 날아갈 생각조차 하지 못한다. 경계를 넘는 모험 없이 자신을 가둔 사유를 넘어설 수 없다. 본래 정신은 자유롭다. 지금 여기의 세계를 뛰어넘기를 꿈꾼다.

몸부림이 그리는 나의 미래

아이디어 발상법 중에 '브레인스토밍'이 있다. 여럿이 모여 생각을 나누다 보면 새로운 아이디어가 나온다. 하지만 늘 그런 건 아니다. 입력과 출력을 어떻게 하느냐에 따라 평범한 회의에 그치거나 정말 혁신적인 생각이 도출된다. 여기서 입력은 아이디어를 내는 데 필요한 다양한 자극이다. 신선한 자극이 뛰어난 출력을 만든다.

'기고만장'한 법칙이 있다. 기고는 GIGO(Garbage In Garbage Out)를 의미한다. 즉 쓰레기가 입력되면 쓰레기가 나온다는 것이다. 그런데도 사람들은 평범한 재료를 입력하면서도 뛰어난 결과물을 얻으려고 한다. 그럴 수 없다. 아이디어는 두 가지 이상이 연결되어 생긴다. 무에서 유를 떠올리는 것이 발상이 아니다. 익숙한 것을 낯설게 조합하면서 만들어내는 것이다. 혁신적인 아이디어는 그렇게 나온다. 결국 '연상 재료'가 내 안에 얼마나 풍부하게 축적되어 있느냐가 관건이다. 연상 재료는 지금까지 축적한 직간접적 체험과 경험이다. 어떻게 하면 풍부한 재료를 확보할 수 있을까? 여기에 비법은 없다. 바로 삶의 바다에 뛰어드는 것만이 유일한 방법이다.

내 몸에 각인된 한마디가 인생의 시금석이 되고 디딤돌이 된다. 넘어지고 쓰러지면서 얻은 경험의 언어는 미사여구로 치장된 말씀과 명언보다 감동적이다. 상처를 통해 얻은 경험적 깨달음이 베스트셀러의 경구보다 유익하다. 책에서 길을 찾고 위로받을 수도 있다. 그러려면 읽은 내용을 몸으로 실천하면서 내 삶의 일부로 만들어야 한다. 그러나 보통은 책은 책이고 나는 나로 남는다. 바뀌는 것은 아무것도 없다. 세상의 모든 위대한 사상은 체험적 소산이자 치열한 몸부림의 산물이다. 책상머리에서 벗어나 세상 바깥으로 나가야 한다. 지금 여기를 벗어나 미지의 세계로 몸을 던져야 한다.

체험적 통찰은 몸부림에서 나온다. 그리고 '몸부림'은 '굶주림'과 함께 온다. 허기 없는 삶은 나태함과 게으름을 부른다. '몸부림'은 '몸'을 '부림'이다. 몸을 부리지 않고서는 아무것도 이룰 수 없다. '몸부림'치는 노력 끝에 성취를 얻는다. '몸부림'은 또한 '몸'을 '부름'이다. 누군가가 또는 무엇인가가 불러야 한다. '부름'을 받아야 '몸부림'치는 갈급함과 갈망이 시작된다. 그래야 새로운 마주침이 가능하다. '몸부림'은 '다가감'이다. 춥고 배고파야 '몸부림'치며, '몸부림'쳐야 목적지에 다가갈 수 있다. '몸부림'은 꿈을 향하는 '처절함'이자 '치열함'이다. 사무치는 그리움을 갈망하는 사람이라야 '몸부림'치는 고통을 감내할 수 있다.

몸부림은 한계를 넘어 불가능에 도전하는 열정이다. 한 분야의 경지에 이르려면 재능과 함께 애정과 열정의 조화가 필요하다. 애정 없는 열정은 무모할 수 있고 열정 없는 애정은 탐닉에 빠질 수 있다. 무엇보다도 자신을 사랑할 수 있어야 한다. 스스로를 믿지 못하는 사람은 탁월한 성과를 낼 수 없다. 위대한 음악가 모차르트는 타고난 재능이 있었다. 음악에 대한 열정이 있었고 자기 자신을 사랑했다. 열정 없이 장애물을 넘을 수 없다. 시련과 역경, 고초와 난관을 극복하는 데는 지칠 줄 모르고 타오르는 열정이 필요하다. 이러한 열정은 내 일에 대한 애정에서 온다. 애정과 열정이라는 쌍두마차가 우리를 경지에 오르게 한다. 그때 비로소 사람들을 열광하게 만드는 성취를 맛볼 수 있다.

지나간 성공에 의존하는 어리석음

활동 반경을 넓혀야 나를 변화시킬 다양한 경험을 쌓을 수 있다. 그곳이 어디든 가보지 않고서는 체험할 수 없다. 지금 여기에 앉아서 보는 것과 직접 가서 느끼는 풍경은 천지 차이다. 히말라야 안나푸르나는 사진으로 감상한 사람과 두 발로 직접 등반해본 사람에게 같은 산이 아니다. 지금 여기에 오래 머물수록 시야가 좁아진다. 새로운 현상을 설명하거나 이해할 수 있는 프레임이나 인식틀이 생기지 않는다.

세상은 내가 경험한 것만큼 보인다. 내가 경험한 대로 세상이 보인다. 그래서 경험은 세상을 이해하는 통로지만 한편으로는 눈을 가리는 장본인이기도 하다. 사람들은 자기 경험대로 세상을 본다. 그래서 타성에 젖기 쉽다. 비슷한 경험이 쌓이면 습관이 되고 습관은 새로운 경험을 막는다. 선입견과 편견을 낳고 그 결과 다르게 보고 생각할 가능성의 문은 닫힌다.

어리석은 사람은 과거의 '경험'에서 배우고 현명한 사람은 '역사'에서 배운다고 한다. 과거의 체험적 경험을 맹신한 나머지 현실에 안주하고 미래의 가능성을 스스로 망치는 일이 없어야 한다. 그런 의미에서 어제의 성공보다 위험한 적은 없다. 성공한 사람에게 위기를 불러오는 것은 경쟁자가 아니라 지금에 안주하게 만드는 과거의 성공 체험이다. 성공한 사람이 자신의 능력과 방법론을 절대시하는 과오를 범하는 현상을 아널드 토인비는 '휴브리스(hubris, 오만, 자기 과신)'라고 했다. 휴브리스는 '수주대토(守株待兎)'라는 고사와도 일맥상통한다. 중국 송나라의 한 농부가 토끼가 나무에 부딪혀 죽는 장면을 본 뒤 농사를 팽개치고 매일 나무만 지키며 토끼를 기다렸다는 내용이다.

과거 성공 체험에만 의존하는 어리석음을 범해서는 안 된다. 과거의 성공은 현실 감각을 유지할 때 미래의 성공으로 이어질 수 있다. 어제의 성공을 지나간 역사로 남기고 거기서 교훈을 배우면 된다. 성공했을 때의 상황과 요인을 살펴보고 성찰하면서 필요할 때마다 이를 돌아보는 노력이면 충분하다. 그러지 않고 과거의 덫에 걸리면 새로운 가능성의 세계로 나아갈 수 없다.

뇌가 고파야 새로운 생각이 탄생한다

과거의 프레임에서 벗어나는 방법은 뇌가 다른 생각을 할 수 있도록 색다른 체험적 자극을 끊임없이 주는 것이다. 비유컨대 배가 고프면 음식을 먹듯이 우리 뇌도 지식을 섭취해야 한다. '뇌가 고프다'는 기존의 경험과 지식으로 해결할 수 없는 상황에 처했다는 의미다. 이런 상태가 되면 우리 뇌는 결핍을 깨닫고 움직이기 시작한다. 외부로부터 새로운 정보나 지식을 흡수하려고 안간힘을 쓴다. 이때가 지식 섭취의 최적기다. 뇌는 식사 시간이 따로 정해져 있지 않다. 오로지 '뇌가 고플' 때만 먹는다. 그러나 이러한 뇌 고픔 상태가 지속되면 새로운 생각을 낳을 수 없다. 한편 기존의 생각은 녹슬어간다. 생각에 각질이 생기고 때가 끼어서 생각으로서 기능을 제대로 할지도 의문이다. 새로운 생각을 탄생시키려면 색다른 체험적 자극이 필요하다. 우리 뇌는 적응이 빠르다. 어떤 상황이 반복되면 이를 하나의 틀로 인식하면서 편안함을 느낀다. 대신 생동감도 잃는다.

　직장인의 하루를 생각해보자. 아침에 출근해서 컴퓨터를 켜고 메일을 점검하고 간단하게 오늘 할 일을 챙겨본 뒤 회의를 하거나 고객을 만난다. 이 사람은 마치 각본처럼 짜인 스케줄 대로 하루를 보낸다. 이럴 경우 뇌는 외부 자극을 안정적이고 효과적으로 처리한다. 반복적인 상황에 적응했기 때문이다. 그런데 만약 다음 날 아침 회사에 불이 났다고 가정해보자. 상황은 다음과 같이 흘러간다. 문을 연 이 직장인은 무척 당황한다. 비상 상황에 맞닥뜨린 순간 이 사람의 뇌는 평상시와 다른 자극을 처리한다. 타버린 서류뭉치, 자욱한 연기, 닫힌 문, 다행히 반쯤 열린 창문, 그 아래에 있는 소화기…. 기존의 지식과 경험을 총동원하여 해결책을 만들어낸다. 마침내 이 직장인은 뛰어난 임기응변으로 불을 끄고 위기에서 벗어난다. 외부 상황의 변화는 우리 뇌의 기능을 활성화하고 새로운 생각을 낳게 한다.

혁신적인 사고를 원한다면 평상시에는 경험할 수 없었던 낯선 상황에 노출시키는 기회를 늘려나가야 한다. 낯선 상황에 직면하면 불안이 형성되고 우리 뇌는 여기에 대응하고자 가진 역량을 총동원한다. 전에는 생각지도 못했던 능력이 발휘되고 새로운 아이디어가 튀어나온다. 그리고 이러한 경험은 또 하나의 체험적 지식으로 저장된다. 혁신적인 생각을 하는 사람은 색다른 상황에 직면해서 남다른 경험을 해본 사람이다. 그리고 이러한 경험들이 쌓여 우리의 신념과 가치관을 이룬다.

해야 하는 일과 하고 싶은 일 사이에서
잊지 말아야 할 '관계'

어린이와 어른의 차이는 경험에서 온다. 경험이 깊고 넓어질수록 다른 사람의 마음을 헤아릴 줄 아는 역지사지의 마음이 생긴다. 역지사지가 생겨야 하고 싶은 일이나 해야 하는 일뿐만 아니라 타자에게 도움이 되는 일까지 헤아려보는 배려심이 생긴다. 경험은 성장과 각성을 불러온다. 아직 생각이 여물지 않은 어린이는 자기중심적이다. 어른이 되어야 비로소 타자의 입장에서 자기를 바라볼 수 있다. 이러한 능력은 세상을 바라보는 식견을 기르는 데 매우 중요하다. 복잡하게 얽힌 문제를 풀려면 각자의 입장과 상황적 맥락을 이해해야 한다. 그래야 문제의 본질을 파악하고 최상의 대안을 모색할 수 있다.

우치다 타츠루는 《곤란한 성숙》[66]에서 사람의 일을 '해야 할 일', '하고 싶은 일', '할 수 있는 일'로 구분한다. 영어로 표현하면 should (당위), would like(희망), can(가능)이겠다. 이들 세 개념은 한나 아렌트가 인간적 삶의 조건으로 내세운 노동, 작업, 행위와 일맥상통한다. 어쩔 수 없이 필수적으로 해야 하는 '노동'은 생존을 위한 당위다. 자신의 고유함을 세상에 남기려고 노력하는 '작업'은 하고자 하는 '희망'에 해당한다. 관계 속에서 공동체를 구축하는 '행위'는 타자와의 부단한 소통 속에서 가능하다. 우치다 타츠루는 '해야 할 일'과 '하고 싶은 일'을 중심으로 사는 사람을 어린이로, '할 수 있는 일'을 중심으로 살아가는 사람을 어른으로 본다. 왜 그럴까? '해야 할 일'과 '하고 싶은 일'은 개인적 차원에서 결정하지만, '할 수 있는 일'은 타인의 승인이나 참여가 필요하기 때문이다.

예를 들면 '나는 아침에 일어나야 한다', '나는 오늘 3시간 책을 읽어야 한다', '나는 오늘 새벽 운동을 해야 한다' 등과 같은 당위론적 주장은 혼자 결심하고 행동하면 될 일이다. 안 한다고 해서 비난받지 않는다. 개인의 양심 차원에서 죄책감을 느낄 뿐이다. '하고 싶은 일'은 어떨까? '나는 저녁에 떡볶이를 먹고 싶다', '나는 오늘 친구를 만나고 싶다', '나는 갑자기 제주도에 가고 싶다' 등과 같은 희망사항이 그렇다. 자기가 판단하고 행동에 옮기면 된다. 하든 안 하든 타자와는 크게 상관이 없다. 누군가에게 뭔가를 하고 싶다고 했을 때 상대방의 반응은 '아, 그렇습니까?' 정도에 그친다. 잘잘못을 따지거나 왈가왈부할 거리가 되지 못한다. 이처럼 당위는 '자기 기대를 스스로 달성하는 것'이고, 희망은 '자기 욕망을 스스로 충족시키는 것'에 지나지 않는다고 우치다 타츠루는 말한다.

'할 수 있는 일'의 세 가지 조건

이에 반해서 '할 수 있다'는 타자와의 관계 속에서 행해진다. 가령 내가 어떤 능력이 있다 해도 그걸 필요로 하는 사람이 없다면 '할 수 있다'는 무의미하다. 누군가의 결핍을 채울 때, 그들의 요구가 있을 때 내 능력은 비로소 쓸모가 생긴다. 타자의 기대가 없으면 내 능력은 나 이외의 사람에게 아무런 영향을 미치지 못한다. 타인의 요구, 기대나 갈망, 결핍이 작용한다는 점에서 앞의 두 가지 일과 차이가 있다. '할 수 있다'는 공공성을 띤다. '아침 6시에 일어나야 한다.' 또는 '아침 6시에 일어나고 싶다'는 말은 개인적인 차원에서 얼마든지 할 수 있다. 그러나 '아침 6시에 일어날 수 있다'는 듣는 사람이 없으면 무의미한 독백으로 남는다.

우치다 타츠루는 '할 수 있는 일'이 성립하려면 세 가지 조건이 필요하다고 말한다. 첫째, 타자(他者)가 있어야 한다. 내 능력은 이를 필요로 하는 사람이 없으면 존재 가치가 없다. 둘째, 타자의 결여가 있고, 그것이 채워지기를 바라는 마음이 있어야 한다. 뭔가 부족한 사람이 그 상태를 유지하거나 딱히 채워지기를 원하지 않는다면 내 능력은 쓸모가 없다. 셋째, 내 능력이 타자의 결여를 충족시킬 수 있음이 입증되어야 한다. 누군가 결여가 채워지기를 원한다 해도 내 능력으로 이를 채울 수 있어야 한다. 이상의 세 조건을 충족시킬 때 나는 비로소 '할 수 있는 일'을 통해 공동체의 일원이 되고 성숙한 어른이 된다.

어른이 존재하는 사회가 우리 모두 바라는 바람직한 사회다. 자기 당위와 욕망만 갈구하는 사람들이 많아질수록 미성숙한 사회가 된다. 어른이 있어야 소외된 사람, 굶주리고 목마른 사람을 찾아낼 수 있다. 나의 존재는 이런 타자와 연결되어 있을 때 비로소 그 의미와 가치, 그리고 이유가 드러나는 법이다. 결여나 결핍을 견디면서 살아가는 타자를 가슴으로 느낄 때 보잘것없는 내 능력이 소중한 의미와 가치로 빛날 수 있다.

내게 '할 수 있는' 능력이 먼저 있고, 그걸 필요로 하는 사람이 나중에 나타나는 것이 아니다. 타자가 먼저다. 결여나 결핍이 먼저 있고, 내 일은 그다음이라는 게 우치다 타츠루의 말이다. 타자의 결여와 부름이 어른을 만든다.

서로 도우며 새로운 길 개척하기

2000편의 러시아 민화(民話)를 수집 분석한 블라디미르 프로프는 《민담 형태론》[67]에서 모든 민화는 31개의 구조와 7종류의 등장인물로 설명할 수 있다고 주장한다. 이야기 구조는 약간의 차이와 변형이 있지만 가족 중 누군가가 사라지거나, 어떤 사건과 사고를 경험하면서 시작된다는 공통점이 있다. 예컨대 비탄에 잠겨 사라진 가족을 찾고자 안간힘을 쓰는 가운데 등장하는 인물이 바로 주인공이다. 우치다 타츠루가 《곤란한 성숙》에서 말한 결여나 결핍을 해결하기 위해 등장하는 어른과 일맥상통한다. 주인공은 후원자나 조력자의 도움을 받아 위기를 극복하고 목적을 달성한다.

성숙은 시련과 역경을 통해 길러진다. 성숙에 이르는 길은 지름길도 매뉴얼도 가이드라인도 없다. 우치다 타츠루는 성숙은 곧 몸에 익은 경험지나 실천지의 깊이와 두께에 비례한다고 말한다. '성숙'을 뒤집으면 '숙성'이 된다. 성숙에 이루는 유일한 길은 숙성을 거치는 것이다. 여기에도 비법은 없다. 주어진 환경이나 상황을 견뎌내는 것이 유일한 방법이다. 어른이 된 사람들은 모두 이 과정을 거쳤다. '해야 하는 일'과 '하고 싶은 일'에 매달리지 않거나 다른 사람에게 도움이 되는 일을 하기 시작하면서 성숙의 길에 접어든 것이다. 언제 어떤 일이 벌어질지 모르는 불확실한 환경에서 불안을 견디고 희망을 만들어간 결과 그들은 어른이 되었다. 아이와 어른의 차이는 견딤이다. 견딤의 정도가 쓰임의 크기를 결정한다.

곤란에 빠진 사람을 보고도 지나치는 사람은 미성숙한 사람이다. 여기에는 특별한 능력이 필요하지 않다. 세상은 평범한 사람들이 이끈다. 세상의 모든 결여나 결핍을 한 방에 해소하거나 충족시킬 능력자는 없다. 개인이 할 수 있는 일은 극히 제한적이다. 나라는 개인이 타자와의 관계 속에서 '할 수 있는 일'을 깨달았을 때 누구나 어른이 될 수 있다. 관계 덕분에 결여를 볼 수 있고 부름을 받을 수 있다. 이러한 관계는 일방적이지 않다. 우리는 서로 도움을 주고받는 존재들이기 때문이다. 서로가 어른이 될 때 세상은 따뜻한 연대로 나아갈 수 있다.

고유한 능력은 주장이나 선언으로 만들어지지 않는다. 다른 사람의 아픔을 치유하거나 고민을 해결할 때, 비로소 대체 불가능한 능력이 된다. 이처럼 고유성은 관계에서 온다. 독야청청하면서 고립된 공간에서 질문을 던질 것이 아니라 더불어 살아가는 공동체 속에 몸을 던져야 한다. 그 안에서 나는 어떤 역할을 할 수 있는 사람이고, 내 자리는 어디인지를 물어야 한다. 우치다 타츠루는《하류지향》[68]에서 바로 이 점을 강조했다. 진정한 자기다움은 고립된 사투에서 생겨나지 않는다. '자기다움'은 타자와의 관계를 전제로 하는 사회적 합작품이다. 아무도 알아보지 못하는 내게 자기다움이 어떤 의미가 있을까? 성공도 마찬가지다. 성공을 이끄는 것은 단독성이 아니다. 자기다움을 빛낼 수 있는 관계가 있는지, 의미 있는 관계를 맺을 네트워크를 형성하고 있는지가 관건이다.

CONATUS

3

: 일생이론을
완성하는
생각의 옷,
'언어'

*A stream of instinctive
desire to
continue one's existence*

언어는 생각을 담아내는 그릇이다. 자기를 계발하려면 자기만의 언어를 만들어야 한다. 타성에 젖은 언어를 버리고 날 선 언어를 벼려야 한다. 내가 언어를 벼리지 않으면 언어가 나를 버린다. 자기만의 언어는 경험적 사건이나 사고 속에서 얻은 깨달음을 곱씹고 고민하는 가운데 나온다. 자기만의 언어는 막혔던 사유를 뚫어주는 불쏘시개 역할을 한다. 이를 위해서라도 타성에 젖은 언어를 폐기 처분하고 고정관념이나 통념을 먹고 사는 언어와 싸워야 한다.

몸으로 겪어가는 경험은 언어 없이 제 모습을 드러낼 수 없다. 경험은 늘 언어와의 만남을 고대한다. 적확한 언어를 만나지 못하면 뼈저린 아픔은 한숨을 짓고 감각적 깨달음은 자기를 드러내지 못한 채 침묵한다. 우리 몸은 방황하는 언어들의 임시 거처다. 방황의 시간을 줄이고자 타성의 언어에 손 내미는 순간, 우리 삶은 구체성을 상실하고 경험은 관념의 파편으로 전락하고 만다.

언어를 벼리지 않으면
언어가 당신을 버린다

대신 사고(思考)해주는 시스템이 일으키는
심각한 사고(事故)

세상은 복잡하고 시시각각 변한다. 그만큼 불확실성도 높아졌다. 반면에 이런 시대를 살아가는 사람들의 생각은 단순해졌다. 복잡한 문제를 피하거나 단순화시켜 얼렁뚱땅 넘어가려고만 한다.《우치다 선생이 읽는 법》[69]의 저자, 우치다 타츠루가 말하는 '지성의 폐활량'이 필요한 시기다. '지성의 폐활량'이란 문제를 단순화하여 쉽게 결론 내리지 않는 지적 인내심이다. 언제 풀릴지 모르는 화두나 이슈를 붙잡고 안간힘을 쓰는 일이 쉽지 않은 요즘이다. 집요함과 끈기가 점점 줄어들고 있음을 느낀다. 전문가를 자칭하는 사람들이 늘었으나 문제 해결은 여전히 쉽지 않다. 한 우물만 파다 보니 시각과 안목이 넓지 않다. 그들이 제시하는 해법은 극히 일부 문제만 해결할 수 있을 뿐이다. 그럼에도 도처에서 단순한 해결법이 유행한다. '간단한 문제 풀이'에 익숙해진 나머지 깊은 사유를 담은 문장들은 이제 만날 기회조차 많지 않은 실정이다.

단순한 사고와 틀에 박힌 언어는 삶을 가둔다. 지금까지와는 다르게 살고 싶은 욕망이나 의지가 없기 때문이다. 오로지 파편적인 욕구만이 남아 우리를 수동적 소비 기계로 전락시킨다. 무엇을 사야 하는지도 모른 채 새로운 디자인의 상품을 장바구니에 넣고 SNS에서 홍보하는 상품을 또 클릭한다.

비판적 사유는 '지금 여기'에 대한 성찰이다. 새로운 삶을 살려면 자기 자신을 객관적으로 바라볼 수 있어야 한다. 이게 없으면 쉽게 유혹에 흔들린다. 트렌드에 무의식적으로 반응하면서 '대세'에 나를 맞춘다. 누군가의 예측에 동조하고 유행을 좇는다. 그러나 이러한 유행 뒤에는 자본의 욕망이 도사리고 있다. 소비에 초점을 맞춘 유행은 우리에게 새로운 삶을 가져다주지 않는다. 생각을 단순화하여 소비로 이어지도록 부단한 유혹의 그물을 던질 뿐이다.

단순한 언어가 욕망을 자극한다. 조금이라도 어렵거나 고민이 필요한 정보는 곧 다른 정보로 대체된다. 서사의 위기다. 기승전결의 흐름 속에 감동이 녹아 있는 서사적 글보다 일시적 흥분이나 감각적인 충동을 유발하는 '스낵 콘텐츠'가 대세로 자리 잡는다. 이런 언어에는 숨은 뜻이 없다. 뻔하게 보이는 투명한 메시지로 깊이 생각할 필요가 없다. 직관적으로 그 뜻을 알 수 있기에 낯선 개념을 만날 기회가 없다. 타성에 젖은 언어로 패스트푸드 먹듯 정보를 소비한다.

대량 소비의 물결 속에서 개별성은 집단 동질성에 묻혀버린다. 조금이라도 다르게 생각하는 사람은 소외되기 일쑤다. 세계를 단순하게 유지하려는 관성의 바퀴는 갈수록 빨리 돈다. 타성에 젖은 언어가 우리를 포위하고 어제와 다른 언어, 낯선 생각을 드러내는 사람은 외계인 취급을 받는다. 새로운 언어와 이로써 매개되는 사유는 저마다의 방식으로 해석을 요구하기에 동일성의 세계를 흔들기 때문이다. 지금의 사회는 상황에 따라 달라지는 해답보다 어떤 상황에서든 하나의 뜻으로 전달되는 정답을 강압적으로 요구한다.

자기만의 언어를 버리고 벼른 사람은 기존 커뮤니티에 적응하기 어렵다. 같은 걸 보고 다르게 느끼는 사람, 같은 대상을 다른 언어로 표현하는 사람은 유행에 동조하지 않는 걸로 간주되거나 사회적 낙오자 취급을 받는다. 아도르노는 이와 관련하여《미니마 모랄리아》[70]라는 책에서 "전체는 비진리다"라고 천명한다. 여기서 '전체'는 체계, 독재 행정, 파시즘, 이윤 경제, 야만성의 다른 이름이다. '전체'는 개별적 특수성이나 구체성, 단독성이나 고유함, 또는 상황적 맥락성이나 부분성을 인정하지 않는다. 다름과 차이를 하나의 틀이나 체계 속에 집어넣으려는 발상은 개별적 주체를 인정하지 않으려는 전체주의적 사고라는 것이다. 이런 세계에 사는 사람은 다름을 인정받지 못하고 하나의 보편적인 기준이나 틀에 비추어 판단하고 행동해야 한다. 체계가 요구하는 규율을 따르면서 순응하라는 압박을 받아들여야 한다.

낯선 사건이 요구하는 낯선 사고

세계는 광대하고 우리가 아는 것은 극히 일부분이다. 안다고 생각하는 영역도 실상은 기존 지식으로 재단해버린 결과일 수 있다. 관점과 시각만 바꾸면 우리가 몸담은 일상조차 전혀 낯선 장소가 된다. 세상은 결코 보편의 잣대로 획일화시킬 수 없다. 고유하고 특수하며 구체적인 상황은 언제든 나타난다. 아무리 많은 데이터로 결괏값을 도출한다 해도 늘 여기에서 벗어나는 독특한 영역이 존재하기 마련이다. 미지의 세계는 우리 가까이에 있다. 다만 틀에 박힌 생각이 그것들을 평범하게 만들 뿐이다. 한병철은 《타자의 추방》[71]에서 진정한 사유는 사건적이라고 했다. 대체 불가능한 단독적인 사건은 동일하게 재현되지 않는다. 어제와 다른 해석을 요구하는 낯선 사건의 출현은 어제와 다른 생각을 발동시킨다. 하지만 '디지털 감옥'에서는 이런 일이 불가능하다. 새로운 사유를 요구하는 사건 대신 일시적인 정보가 우리를 단순함 속에 가둘 뿐이다.

'사건'은 기존의 사고방식으로 해석되지 않는 낯선 현상이다. 사건은 낯선 기호로 우리 앞에 선다. 과거와 다른 방식으로 사유하지 않으면 사건은 사고(事故)가 된다. 사건이 낯선 사고(思考)가 되려면 이전과 다른 언어로 해석해내야 한다. 이 과정은 익숙함에서 벗어나 사고를 전환할 것을 우리에게 요구한다. 사건은 그동안 집단적으로 공유되던 보편적 잣대로 해석될 수 없다. 이때 절실한 것이 바로 날 선 언어다. 그래야 새로운 생각이 태어날 수 있다. 타성에 젖은 언어를 폐기 처분하는 데는 결단과 용기가 필요하다. 평범한 언어는 평범한 사유를 전달할 뿐이다. 마찬가지로 틀에 박힌 언어는 타성에 젖은 고루한 사고방식을 양산한다.

낯선 경험을 날 선 언어로 벼리기

'어제와 다른 생각'을 창의적으로 표현하거나 전달하려면 두 가지가 필요하다. 우선 어제와 다른 경험이다. 경험은 깨달음의 원천이자 타성에 물들어가는 몸을 흔들어 깨우는 각성제다. 다만 과거의 경험으로 미래의 경험을 해석하려는 '경험의 덫'은 피해야 한다. 경험은 배움의 원천이지만 새롭게 축적하지 않으면 어느 순간 배움을 가로막는 장애물로 돌변하기도 한다. 그다음이, 경험을 어제와 다르게 번역하는 데 필요한 언어다. 언어가 부실하거나 부족하면 낯선 경험을 새롭게 개념화할 수 없다. 타성에 젖은 언어로는 그 의미를 온전히 이해할 수 없다. 감동을 주는 작가는 낯선 경험을 의도적으로 반복하면서 날 선 언어를 벼리고 벼려서 새로운 사유를 부르는 문장을 건축한다.

갈수록 경험을 통해 배움을 얻을 기회가 줄고 있다. 우리 삶에서 디지털 공간이 차지하는 비중이 커지면서 생긴 현상이다. 아날로그 공간에서는 의도와 달리 뜻밖의 사건이 발생하면 고통을 수반하는 깨달음이 새롭게 생긴다. 예기치 못한 사고(事故)가 생각지도 못한 사고(思考)를 낳는다. 고통이 클수록 자신이 겪었던 느낌과 생각을 최대한 표현하려고 노력한다. 이럴 때 마음을 파고드는 언어가 탄생한다. 롤랑 바르트는 《사랑의 단상》[72]에서 언어를 피부에 비유했다. 언어를 통해 느끼고 그 느낌이 다시 언어를 통해 전해진다.

마음을 울리는 언어는 남다르다. 생각과 감정을 전하면서 상대의 마음을 울린다. 어떤 언어는 전율하는 감동을 부르고 어떤 언어는 골머리를 아프게 하며 두통을 유발한다. 우리가 부단히 언어를 벼리고 벼려서 날 선 언어를 만들어야 하는 이유다.

소설가 배수아의 작품 《당나귀들》[73]에 '언어의 틈새'라는 말이 나온다. 언어는 불완전하다. 어떤 사람의 생각과 느낌을 전부 다 담을 수 없다. 또한 같은 말도 말하는 사람, 받아들이는 사람에 따라 다르다. 언어와 현실 사이에는 언제나 틈새가 존재한다. 그래서 작가들은 일상에서 느끼는 생각과 감정 그리고 적확한 언어 사이에서 분투한다. 치열하게 언어를 벼리고 벼려서 날 선 언어로 만들고자 애쓴다. 타성의 언어로는 드러낼 수 없는 진실 앞에 최대한 다가서고자 애쓴다. 그렇게 빚어낸 언어는 읽는 이의 상상력을 자극하고 심장을 뛰게 한다. 번뜩이는 깨달음을 주고 마침내 감동을 선사한다.

한계 속에서 진실을 담을 언어를 찾아 나서는 안간힘 속에서 '틈
새'는 서서히 메꿔진다. 새로운 언어를 창조하려는 몸부림 속에서
세계와 나의 간격은 조금씩 좁혀진다. 이제 언어는 우리의 세계를
재구성하는 강력한 도구가 된다. 언어의 쓸모는 타성적인 언어에서
오지 않는다. 기성의 언어를 버리고 새롭게 갈고닦은 언어를 적확
하게 표현하는 순간에 생긴다. 기존 언어로는 설명할 수 없는 상황
에 직면했을 때, 우리는 새로운 언어를 만날 기회를 얻는다.

언어가 부족하면 좋은 어른이 될 수 없다

타성에 젖어 살아가는 사람에게는 기성의 언어로도 충분하다. 사는
데 불편함이 없다. 하지만 낯선 세계를 탐험하는 사람들은 경이로
운 순간을 만날 때마다 언어의 부족을 느낀다. 현실과 언어의 간극
을 메꾸기 위해 새로운 언어를 찾아 나서는 노력을 게을리하지 않
는다. 생각을 정련(精鍊)하고 매 순간 성찰하며 일상을 숙고한다. 언
어는 늘 같은 모습으로 존재하지 않는다. 상황과 대상에 따라 탈바
꿈한다. 살아 움직이는 언어를 배우는 시간, 새로운 언어 습득에 투
자한 시간만큼 언어의 쓸모는 달라진다. 그래서 색다른 문장을 건
축하려는 작가는 오늘도 모험을 떠난다.

평범한 일상을 사는 대부분 사람은 언어를 버리지 않고 기존 언
어를 습관적으로 반복하면서 살아간다. 일상다반사(日常茶飯事)에서

우리는 매일 소소한 깨달음을 얻고 살아간다. 자기만의 언어로 이를 나눌 때 우리 삶은 타성에서 벗어나 새로운 세계를 열 수 있다. 우리는 한 사람 한 사람 모두 가능성을 잉태한 존재다.

일상다반사와 시한부 운명 사이에 우리는 '무불경(毋不敬)'의 삶을 살아간다. 무불경은 존경하지 않을 만한 존재는 아무것도 없다는 의미, 즉 모든 존재는 그 자체가 기적이며 경이라는 뜻이다. 매일매일 모든 존재가 저마다의 방식으로 떨림의 신호를 보내면 또 다른 존재는 울림으로 반응하면서 공명현상이 발생한다고 물리학자 김상욱 박사는 《떨림과 울림》[74]에서 주장한다. 결국 우리는 일상다반사를 시한부로 살면서 소통하는 존재들이다.

감각적 깨달음 앞에서 고뇌하는 언어

나는 운동을 좋아한다. 긴장된 근육이 전하는 느낌, 고통을 극복했을 때의 성취감은 말할 수 없는 희열로 다가온다. 100kg의 무게를 들었다 났다 반복하는 데드 리프트, 숨을 최대한 들이마신 다음 아랫배에 힘을 주고 기립근에 힘을 준다. 숨을 참고 바벨을 무릎 아래로 내렸다 다시 들어 올리면 온몸에 전율이 흐른다. 마치 우주를 들었다 났다 하는 기분이다. 우리 몸의 근육은 고통받으며 성장한다. 무게를 견디는 근육은 근육에 가해진 힘이 만들어낸 결과다. 몸이 부딪힌 상처와 아픔의 흔적이다. 인간의 언어는 상처를 어루만질

수는 있지만 상처를 대변할 수 없다.

　스쿼트 운동을 할 때도 호흡법과 힘을 주는 동작은 비슷하다. 다만 이번에는 무거운 바벨을 어깨에 둘러메고 허벅지가 땅과 수평이 될 때까지 자세를 낮춰야 한다. 다시 허리와 허벅지 힘으로 무게를 견디는 일을 반복한다. 몸을 짓누르는 무게를 밀어 올릴 때의 고통은 강풍에 맞서는 새나 급류를 거스르는 물고기가 느끼는 그것과 비슷하리라.

　육체성은 아날로그적이다. 내게 이러한 경험들은 느낄 수 있으나 여전히 언어로 표현하기 어려운 대상이다. 그것을 표현하려 할 때마다 내가 가진 언어의 한계를 느낀다. 김훈이《라면을 끓이며》[75]에서 언어의 반대말로 '살'을 꼽은 이유와 흡사하다. '살의 아날로그'는 몸이 느끼는 감촉이다. 대상에 대한 가장 정직한 느낌은 언어로 표현할 수 없다. 특정한 상황에서 느끼는 직관이나 찰나의 순간에 문득 드는 생각, 시행착오를 겪으면서 깨달았던 교훈이나 체험적 노하우를 고스란히 언어로 전환하거나 번역할 수 없다. 여전히 몸에 남아 있는 깨달음의 흔적은 언어화를 거부한 잔여물이다.

　지하철을 타면 빈자리가 있는지 확인한다. 만약 빈자리가 없으면 금방 내릴 거 같은 사람 앞에 선다. 어떻게 금방 내릴지 아는가? 머리로 앎이 오기 전에 가슴으로 느낌이 온다. 느낌은 언제나 앎보다 먼저 온다. 그리고 느낌은 앎을 능가하는 정확성을 지닌다. 물론 느낌은 다양한 정보를 토대로 한다. 두리번거리며 노선도를 확인한다든지, 가방을 싼다든지 아니면 기타 행동거지나 표정이 불안한 상대의 모습을 종합적으로 보았을 때 다음 역에서 내릴지도 모른다는 느낌을 받는다. 언어로 표현할 수 없는 느낌의 세계가 앎의 세계를 이끌어간다. 다만 오늘 용케 빈자리를 잡은 노하우는 수정되어야 한다. 다음에는 또 다른 상황에 놓일 것이기 때문이다.

경기도 파주에 세계적으로 유명한 금고회사가 있다. 선일금고라는 회사다. 이 회사의 설립자이자 대표이사였던 김용호 회장님은 생전에 금고 열기의 달인이었다. 이분은 어떤 금고를 갖다 줘도 다 열어버린다. 어떻게 그럴 수 있느냐고 물어보면 "요렇게 조렇게, 이렇게 저렇게?" 하면서 손을 돌리는 모습만 보여줄 뿐이다. 김용호 회장은 금고 여는 법을 책상머리에서 배우지 않았다. 수십 년 세월을 거치면서 온몸으로 익힌 것이다. 모양과 재질이 다른 금고들을 접하고 무수한 실험과 모색 끝에 깨달은 것이다. 손에 와 닿는 미묘한 감각과 조작법은 언어로 표현할 수 없고 말로 가르칠 수 없다. 오로지 당사자만이 몸으로 알고 있을 뿐이다. 몸이 기억하는 체험적 느낌은 언어를 넘어선다.

신라호텔에 근무하다 독립해서 서울 청담동에 초밥집을 낸 안효주 대표, 그분은 초밥을 만들 때 정확히 350개를 밥알을 집는다고 한다. 첫 번째 초밥도 두 번째 초밥도 어김없이 350개의 밥알로 만들어진다. 보통 사람들은 따를 수 없는 이 방법을 언어로 표현할 수 없다. 설명할 수 없으니 가르칠 수도 없다. 이분처럼 하려면 오로지 반복해서 연습하는 방법밖에 없다. 머리로 배울 수 없는 암묵적 노하우를 얻으려면 정성과 수고, 몰입과 집중을 통해 몸이 기억하도록 반복하는 수밖에 없다. 몸으로 깨달은 지혜는 오로지 타자의 몸을 통해서만이 익힐 수 있다.

뼈저린 아픔이 언어를 만나지 못할 때

김훈은《자전거 여행 2》[76]에서 논리를 능가하는 몸의 기억을 말한다. 몸에는 감각적 체험의 흔적이 남아 있다. 이를 논리적으로 설명하기는 어렵다. 뭔가 '느낌'이 왔지만 이걸 말로 설명할 수 없다. 우리는 살면서 그런 순간을 자주 마주한다.

사랑에 빠진 사람에게 첫눈에 반한 이유를 대라면 설명하기 어려워한다. 느낌은 앎을 능가하는 심오한 직관과 통찰을 내포하고 있기 때문이다. 몸의 입증과 논리적 증명 간에는 커다란 간극이 있다. 몸은 이미 감각적으로 알고 있으나 언어로 구성되는 논리는 이를 따라가지 못한다. 뼈저린 아픔이 언어를 만나지 못하고 한탄을 거듭하는 까닭이다.

언어로 설명할 수 없는 앎의 본질은《장자》[77]에도 언급된다. 제(齊)나라 환공(桓公)이 당상(堂上)에서 책을 읽고 있었다. 목수 윤편(輪扁)이 당하(堂下)에서 수레바퀴를 깎고 있다가 망치와 끌을 놓고 환공에게 물었다.

"감히 한 말씀 여쭙겠습니다만 전하께서 읽고 계시는 책은 무슨 말(을 쓴 책)입니까?"

"성인(聖人)의 말씀이다." 환공이 대답했다.

"그 성인이 지금 살아 계십니까?"

"벌써 돌아가신 분이다."

"그렇다면 전하께서 읽고 계신 책은 옛사람이 남긴 찌꺼기군요."

"내가 책을 읽고 있는데 목수 따위가 감히 시비를 건단 말이냐. 합당한 설명을 한다면 괜찮겠지만 그러지 못한다면 죽음을 면치 못할 것이다." 환공이 말했다.

그러자 윤편이 다음과 같이 말했다.

"신은 신의 일(목수 일)로 미루어 말씀드리는 것입니다만, 수레바퀴를 깎을 때 많이 깎으면 (축軸, 즉 굴대가) 헐거워서 튼튼하지 못하고 덜 깎으면 빡빡하여 (굴대가) 들어가지 않습니다. 더도 덜도 아닌 정확한 깎음은 손짐작으로 터득하고 마음으로 느낄 뿐 입으로 말할 수 없습니다. (물론 더 깎고 덜 깎는) 그 중간에 정확한 치수가 있기는 있을 것입니다만, 신이 제 자식에게 그것을 말로 깨우쳐줄 수가 없고 제 자식 역시 신으로부터 그것을 전수받을 수가 없습니다. 그래서 일흔 살 노인임에도 불구하고 손수 수레를 깎고 있습니다. 옛사람도 그와 마찬가지로 (가장 핵심적인 것은) 전하지 못하고 (글로 남기지 못하고) 세상을 떠났을 것입니다. 그렇기 때문에 전하께서 읽고 계시는 것은 옛사람들이 남긴 찌꺼기일 뿐이라고 하는 것입니다."

《장자》(외편) 제13편, 천도(天道)에 나오는 말이다. "더도 덜도 아닌 정확한 깎음은 손짐작으로 터득하고 마음으로 느낄 뿐 입으로 말할 수 없습니다"라는 윤편의 말은 언어의 한계를 다시 한번 환기시켜 준다.

니시오카 쓰네카즈의 《나무에게 배운다》[78]에 따르면 궁궐을 전문적으로 짓는 궁목수는 나뭇결만 보고도 그 나무가 어디서 자랐는지를 분별해내는 지혜를 갖고 있다고 한다. 이러한 지혜 역시 책상머리가 아닌 무수한 경험에서 얻은 것이다. 나뭇결의 미세한 차이를 반복해서 감지한 손의 느낌이 나무의 성질을 알아차린다. 머리로 판단하는 앎이기 전에 손에 느껴지는 감촉을 통해 알아낸 경험지는 언어적 표현을 거부한다. 오로지 느낄 수 있을 뿐이다. 몸으로 체득한 앎은 계량화를 거부한다. 목수의 지혜는 모르는 사람에게는 눈대중으로 대강 알아맞히는 것처럼 보이지만, 오감각이 통합적으로 작용하면서 단숨에 깨닫는 체화된 앎의 산물이다.

김훈은 《바다의 기별》[79]에서 언어를 몸의 리듬을 표현하는 악보에 빗댄다. 전율하는 몸의 감동이나 아픔 또는 슬픔이 주는 충격을 적확한 언어로 포착해내는 글쓰기야말로 평생 숙제다. 오늘도 많은 작가가 몸의 기억을 언어로 번역해내기 위해 분투를 거듭한다. 그런 의미에서 모든 글쓰기는 애쓰기다.

체험의 언어로 여는 공감의 가능성

조지 오웰은 《위건 부두로 가는 길》[80]에서 광부들의 실상을 생생하게 전해준다. 그는 대공황 시기 이들의 열악한 생활상을 알고자 직접 탄광으로 갔다. 깊은 땅속에서 고된 노동에 시달리는 비참한 노동 현장을 목격했으나 그 자신이 광부 노동자는 아니었다. 스스로 《파리와 런던의 밑바닥 생활》[81]에서 고백했듯이 어쩔 수 없는 관찰자였던 것이다.

조지 오웰의 작업은 석탄가루를 마셔가며 허리 한 번 제대로 펼 수 없는 최악의 근무 조건에서 일하는 광부의 삶을 언어로 그리는 데 한계가 있음을 알려준다. 그렇지만 현장으로 달려가 직접 그들의 삶을 경험하려고 했던 노력은 깊은 공감과 깨달음을 불러온다. 김훈은 《자전거 여행 1》[82]에서 염전 노동자의 삶을 묘사한다. 열악한 환경에서 일하는 사람들의 고역을 우리는 알지 못한다. 그럼에도 작가는 조금이라도 그들의 삶과 교감하고자 부지런히 언어를 찾고 여행을 하는 중이다.

문학평론가 신형철 역시 《슬픔을 공부하는 슬픔》[83]에서 이런 한계와 공감의 문제를 이야기한다. 어떤 사람의 아픔도 똑같이 느낄 수 없다. 당사자가 아닌 이상 짐작할 뿐이다. 그럼에도 작가나 사진가는 책이나 사진을 통해 아픔을 전달하고자 애쓴다. 불가능한 경험의 공유를 위해 언어를 버리고 사진을 찍는다.

니코스 카잔차키스는 《그리스인 조르바》[84]에서 아무리 머리로 이해한들 몸이 침묵하고 있다면 소용없다며 관념적 체험의 위선을 통렬히 비판한다. 책상머리에서는 밑바닥 인생을 살아가는 사람들의 아픔을 가슴으로 느낄 수 없다. 기껏해야 연민이나 동정을 가질 뿐이다. 작가로서 막연한 감상으로 이들의 고통에 접근한다면 공감의 가능성은 더욱 낮아진다. 사람들 귀에 그저 다른 나라 이야기처럼 들릴 것이다.

번역되지 않는 경험과 언어의 탐험

내가 살아온 삶만큼 읽고 쓸 수 있다. 자기 삶을 능가하는 글은 읽을 수도 없고 쓸 수도 없다. 조르바는 파란만장한 삶을 관념적으로 재단하려는 지식인을 비웃는다. 밑바닥 인생을 살아본 사람들의 언어에는 허위와 가식이 없다. 그들의 언어는 곧 그들의 삶이다. 논리가 부족하고 말이 어눌하다 해도 꾸밈이 없다. 몸으로 체득한 언어는 심장을 뛰게 한다. 이런 언어에는 관념의 거품이 낄 자리가 없다. 화려한 수사와 난해한 개념 대신 삶에서 겪은 고통의 흔적이 배어 있다. 조지 오웰 역시 이러한 사실을 잘 알고 있었다. 그는 《파리와 런던의 밑바닥 생활》에서 최하층민들의 삶을 목격하면서 작가적 문제의식을 배운다. 작가 스스로 밑바닥 인생을 살아보면서 그동안 관념적인 언어로 묘사되던 이들의 삶에 직접 다가선다. 그리고 무엇이 과연 진실인지 온몸으로 확인한다.

세상이 말하는 진리나 신념을 검증하는 단 하나의 방법은 직접 겪어보는 것이다. 황현산은 《밤이 선생이다》[85]에서 몸이 체득하는 진실에 관해 말한다. 밑바닥 인생을 살아본 사람은 거추장스러운 관념의 언어를 쓰지 않는다. 간명한 몸의 언어가 그 자리를 대신한다.

체험적 깨달음은 타인의 언어로 번역되는 순간 휘발될 수 있다. 그럼에도 작가들은 끊임없이 이를 반복한다. 어떻게든 거리를 좁혀 조금이라도 더 적확한 언어로 포착해내려고 안간힘을 쓴다. 체험적 각성에서 나오는 언어는 사람들에게 깊은 감동과 깨달음을 전할 수 있다. 그래서 지금도 여전히 언어는 꿈을 포기하지 않는다. 삶과 소통을 위한 사투를 벌인다.

디지털 기술 혁명과 함께 인공지능 기술이 발전하면서 우리가 언어를 사용하는 방식에도 큰 변화가 일고 있다. 오늘날 인공지능은 번역은 물론 내용을 요약하고 핵심 논점을 일러주는 언어 코칭도 한다. 글쓰기도 인공지능의 몫이다. 누군가 글의 내용과 대상을 알려주면 쉽고 빠르게 해당 외국어로 작성해준다. 물론 아직은 한계가 있다. 인공지능은 말 그대로 '지능'이다. 여기에는 상대방 입장을 헤아리는 역지사지의 감성이 없다. 예를 들어 애도의 글을 쓴다고 할 때, 사람이 쓸 때와 인공지능이 쓸 때 문맥은 확연히 차이가 날 수밖에 없다.

사람이 쓴다면 먼저 상대방과 맺었던 깊은 인간관계를 떠올릴 것이다. 그와 함께했던 일들의 이면과 그 배경을 들여다보고 반추하면서 희로애락의 기억을 소환할 언어를 탐색할 것이다. 어떤 말을 어떻게 해야 마음을 전할 수 있을지 고민할 것이다. 효율성을 중시하는 인공지능이라면 잠깐의 데이터 처리로 만들어낼 문장조차 우리는 쉽게 쓰지 못하고 망설인다.

《괴델, 에셔, 바흐》[86]로 퓰리처상을 받은 물리학자 더글러스 호프스태터는 '언어의 에베레스트'라는 비유를 썼다. 산 정상에 오르는 방법은 많다. 그중 헬리콥터를 타고 단숨에 오르는 방법도 있지만, 사람들은 그러지 않는다. 단지 오르는 게 목적이 아니기 때문이다. 악천후와 살을 에는 추위 속에서 악전고투하며 정상을 밟는 기쁨은 직접 경험하지 못하면 알 수 없다. 그는 글쓰기도 이와 같다고 본다. 누가 선택해준 언어는 나의 언어가 아니다. 고투 끝에 찾아낸 최적의 문장은 정상 정복만큼이나 큰 기쁨이다. 작가들은 누구보다도 그 점을 잘 알고 있다. 많은 사람이 안락한 현실에 만족할 때 작가들이 열악한 노동 현실을 찾는 데는 이유가 있다. 그들은 진실을 드러낼 언어를 원한다.

웃자람은
헛자람이다

웃자란 개념어 버리기

어떤 식물이 너무 빨리 자란 나머지 키는 큰데 실속은 없을 때 '웃자랐다'는 표현을 쓴다. 식물은 광합성을 하면서 영양분을 만들어야 자랄 수 있다. 그래서 해를 향해 줄기를 뻗는 속성이 있다. 그러다 줄기만 길어지고 영양분을 제대로 공급받지 못하면 금세 시들어 버린다. 생명을 유지하는 본능이 그만, 성장 실패로 이어지는 경우다. 부족한 햇빛은 식물을 웃자라게 한다.

물을 너무 많이 줘도 웃자란다. 광합성의 조건은 햇빛과 물 그리고 이산화탄소다. 이들의 밸런스가 맞지 않을 때, 장마철처럼 햇빛이 부족한 상태에서 물만 공급되면 식물은 급히 자란다. 웃자란 식물은 커진 몸에 영양을 공급하기 위해 필사적으로 햇빛을 찾는다. 이럴 때는 가지를 잘라준다. 과감한 가지치기로 웃자람의 피해를 줄일 수 있다.

생명체는 저마다 자기에게 맞는 속도가 있다. 적당한 영양분과 환경 속에서 바르게 성장할 수 있다. 사람도 그렇다. 그래서 예로부터 성공했으나 자기밖에 모르는 헛똑똑이들을 웃자란 식물에 비유했다. 웃자람은 헛자람이다. 키는 크지만 안으로 시드는 식물처럼 헛자람은 오래가지 못한다. 헛자람은 무의미한 헛고생이나 헛수고의 산물이자 헛살아서 생긴 결과다.

여기 소나무 씨앗이 있다. 운이 좋아 비옥한 땅에 떨어진 씨앗은 별다른 고생 없이 튼튼하게 잘 자란다. 반면에 바위틈에 떨어진 씨앗은 갖은 고생을 해가며 자라 뒤틀린 줄기와 가지를 지닌 키 작은 나무가 된다. 이들의 운명은 어떻게 될까? 쑥쑥 자란 소나무는 벌목꾼을 만나 가구로 쓰일 목재로 생을 마감한다. 반면 키 작은 나무는 우여곡절의 시간을 보내다 채집가의 눈에 뜨인다. 분재가 되어 양지 바른 곳에서 평생 극진한 대접을 받으며 장수를 누린다.

인생은 아이러니다. 남보다 훨씬 빠르게 성공한 사람이 마지막까지 행복한 삶을 살 것이라고 장담할 수 없다. 웃자란 식물이 일찌감치 생을 마감하듯이, 안락한 환경에서 튼튼하게 자란 소나무가 잘려나가듯이, 우리 삶에도 반전은 있다. 지금 당장 힘들고 지쳤다 해서 결말도 그렇다고 단정할 수 없는 이유도 그렇다.

가장 아름다운 춤은 엉거주춤

삶은 그 어떤 이론으로도 완벽하게 설명해낼 수 없다. 그런 만큼 수많은 입장이나 주장이 난무하며 각축전을 벌인다. 세상을 지배하던 강력한 논리도 시간이 흐르면 저물고 새로운 논리가 득세한다. 저마다 옳다고 주장하지만 어느 하나 완벽하다고 말할 수 없다.

우리가 사는 세계는 언제 무슨 일이 벌어질지 알 수 없는 불확실성의 세계다. 사람들은 혼란 속에서 불안을 느낀다. 가본 길이 아니면 움직이지 않으려고 한다. 그러나 우리 삶은 도전하는 자에게만 성취를 허락한다. 살얼음판 위를 걷는 것처럼 아슬아슬하지만 그 길 끝에는 뜻밖의 결실이 기다리고 있다. 복잡하고 혼란한 세상을 현명하게 살아갈 방법은 무엇일까? 풀기 어려운 숙제지만 하나만큼은 확실하다. 바로 그런 세상을 있는 그대로 받아들이는 것이다.

우리나라는 과일가게에서 "서너 개만 주세요" 하면 알아서 그만큼을 준다. 외국에서는 이런 일이 드물다. 미국 마트에서 "사과 서너 개 주세요."(Apple, three or four please)라고 말하면 주인이 바로 되물어 본다. "당신이 원하는 사과가 세 개입니까, 네 개입니까?"

우리말에는 양자택일(兩者擇一)을 포용하는 양단불락(兩端不落)이나 양자병합(兩者竝合)적 사고가 배어 있다. 반면 서구의 언어는 둘 중 하나(A or B)다. 이것일 수도 있고 저것일 수도 있는 한국인의 사고방식은 그들 눈에 애매하고 모호하게 비칠 것이다. 'both A and

B', 즉 '엉거주춤'은 극단에 치우치지 않은 '중간의 세계'에서 추는 춤이다. 흑백논리의 세계에서 벗어난 '희끄무레한' 춤이다.

삶은 논리에서 자주 벗어난다. 살다 보면 극단 중 어느 하나로 판단할 수 없을 때가 훨씬 더 많다. 이러지도 저러지도 못하는 엉거주춤 지대는 복수의 정답을 허용하는 세계다. 양자택일의 세계는 중간을 허락하지 않는다. 극단만 남기고 모든 것을 배제하기 때문이다. 서구의 세계관이 대개 그렇다. 동양에서는 흑백논리의 압박에서 벗어나 모순을 끌어안는 화이부동(和而不同)의 원칙을 개발해왔다. 이어령의 《기업과 문화의 충격》[87]에 따르면 우리 문화는 '중간항 문화'이자 '매개적 문화(intermediate culture)'의 특성이 강하다. 양자택일 상황에서는 하나의 선택이 곧 다른 것의 포기를 의미한다. 이는 남의 손해는 곧 나의 이익이라는 극단적 사고로 이어진다. 내가 살려면 남을 밟고 올라가야 한다는 이야기다. 이런 사고가 지배하는 사회에서는 모두가 승리하는 윈윈 게임이 불가능하다.

우리말에는 중간을 확장하여 극단에서 벗어나려는 사고가 깊이 반영되어 있다. "오르락내리락"하는 승강기, 그리고 문을 "열고 닫는" 여닫이, "밀고 닫는" 미닫이, "나갔다 들어오는" 나들이와 같은 말이 그렇다. 할 둥 말 둥, 먹는 둥 마는 둥, 가는 둥 마는 둥, 보일락 말락, 들락날락 같은 말도 이항 대립의 구도에서 벗어나 있다. 이분법적 사고에 길들여진 서구의 언어로서는 도저히 이해할 수 없는 표현이다. 한국의 독특한 포용 문화에는 승자와 패자를 고루 아우르려는 상생의 정신이 깃들어 있다. 이어령은《기업과 문화의 충격》에서 이를 절대적인 승자도 패자도 없는 가위바위보 게임에 비유했다. 구본형은《그대, 스스로를 고용하라》[88]에서 이러한 상생의 문화가 주는 힘에 대해 강조했다. 서로를 끌어안는 포용과 관용의 문화는 극단의 논리가 득세하는 오늘날 시사하는 바가 크다.

삶이라는 중간지대와 극단의 언어

비교적 안정된 삶의 기반 위에서 여유로운 시간을 보내는 사람이 있는가 하면 언제 추락할지 모른다는 극심한 위기감 속에서 절박한 하루를 보내는 사람도 있다. SNS와 신문·방송을 통해 보는 우리 삶은 마치 행복과 불행이라는 두 개의 결과만 있는 것처럼 보인다. 하지만 삶에는 늘 그렇듯 다양한 중간지대가 있다. 문제는 이러한 삶을 포착해내지 못하는 극단의 언어다. 삶은 과정이고 모든 순간은 동일한 언어로 드러날 수 없다. 한 사람의 삶을 규정할 보편적인 개념은 없다. 삶은 대체 불가능한 사건의 연속이다. 이를 언어로 포착해내지 못하면 모든 삶이 불행하거나 행복하다. 작가들이 삶을 있는 그대로 표현하고자 절치부심하며 언어를 벼리고 벼리는 이유다.

　적확한 단어는 신체적으로 결정된다. 현실에 대한 울분과 분노, 적개심과 도덕적 판단은 몸 안에서 울분(鬱憤)을 삭이다 어느 순간 몸 밖으로 터져 나온다. 이를 온전히 담아내는 말은 개념이 아닌 육체의 언어다. 관념은 언어를 웃자라게 한다. 웃자란 언어는 이내 시들고 만다. 삶이 파란만장한 만큼 파란을 일으키는 문장이 나오는 이유다. 우리 몸은 언어의 각축장이나 다름없다. 한 문장 안에는 한 사람의 일생이 담겨 있고 땀과 눈물이 빚은 무늬가 새겨져 있다.

사랑을 추상명사로만 이해하는 사람은 사랑을 모른다. 나는 2012년에 사막을 뛰면서 사랑이 관념이 아님을, 타인의 고통을 받아들이는 지극한 배려가 만들어내는 동사임을 알게 되었다. 추상은 몸과 만나지 않으면 금세 관념으로 전락한다. 몸을 관통한 개념만이 쉽게 흔들리지 않는 신념이 된다. 땀으로 뒤범벅된 사막 한가운데에서 관념의 언어는 들어설 자리가 없다. 당장 모래사장에 빠진 발을 빼 앞으로 내디뎌야 하기 때문이다. 뜨거워진 체온, 땀에 젖은 얼굴만이 그때의 체험을 설명할 수 있다. 우리를 뜨거운 열정에 빠뜨리는 사랑의 순간도 이와 같다. 세상의 모든 사랑은 언어화되는 순간 희석되고 증발된다. 그 어떤 관념으로도 몸의 진정성을 고스란히 전달할 수 없다.

경험적 깨달음보다 관념만으로 사유를 구축하는 경우가 많다. 그래서 몸을 관통하는 체험적 언어로 뒷받침하지 않으면 쉽게 무너질 위험이 있다. 웃자란 언어들로 가득한 관념은 상투적이다. 아무도 감동시킬 수 없다. 현장에서 몸으로 실천하는 '몸부림'의 과정을 거쳐야 한다. 그제야 관념의 거품이 사라지고 정수만 남는다. 하나의 개념은 어떤 상황에서도 동일하게 적용되지 않는다. 글을 쓰는 사람이라면 이러한 한계를 받아들이고 늘 촉각을 곤두세워야 한다. 맥락이 요구하는 바를 예민하게 깨닫고 언어를 정련해야 한다. 극단이 아닌 중간지대일수록 추상적인 정의가 힘을 쓰지 못한다. 우리가 사는 현실은 대부분이 하나의 정답이 존재하지 않는 회색 지대로 이루어져 있다. 시공간을 초월해서 통용될 수 있는 만고불변의 신념이나 진리는 애초에 불가능하다. 모든 관념은 맥락 속에서 움직이는 동사다.

견해는 진부하지만 사실은 진부하지 않다

시인 정현종은 산문 〈시를 찾아서〉[89]에서 감각의 중요성을 역설한다. 체험적 자극이 없다면, 그 위에 쌓은 이념의 건축은 사상누각이나 다름없다. 촉각 없는 시각은 착각으로 전락할 수 있고 시각 없는 촉각은 맹목적 감각으로 남을 수 있다. 몸으로 느끼는 감각적 각성은 사유의 토대를 굳건히 한다.

이기철 시인은 〈이념이라는 추상〉[90]이라는 시에서 이념보다 사랑을, 말보다는 눈물을 말한다. 시인의 말처럼 어떤 이념적 논리도 몸의 감각만큼 직접적이지 않다. 현실이 직면하는 문제나 이슈는 이념으로 해결되지 않는다. 내 몸을 던져 타자의 아픔이 머무는 그곳에 직접 개입하지 않고서는 나아지지 않는다. 관념을 먹고 웃자란 이념은 현실을 재단하고 평가하는 공허한 담론으로 남을 뿐이다.

신념은 의견을 먹고 자라지만 사실은 객관적인 증거를 요구한다. 의견(意見)은 주관적 가치관을 반영하기에 의심해볼 만한 의견(疑見)이다. 사실에 입각한 의견은 설득력을 얻을 수 있으나, 사실이 빠진 의견은 주관적 편견이 된다. '사실'은 현실을 기반으로 지금 여기의 삶이 만들어낸 결과물이다. 사실은 오로지 현장에서 몸으로만 얻을 수 있는 진실의 재료다.

강 건너 불이 났으면 강을 건너야 한다. 현장의 아우성을 몸으로 느껴야 사실을 확인할 수 있다. 하지만 많은 사람이 "강 건너 불구경"을 하며 사실을 관망하고 평가한다. 현장에서 감각적 각성으로 앎을 만드는 게 아니라 거꾸로 관념으로 현실을 본다. 삶을 재단하고 평가하는 공부를 반복하다 보면 현실과 멀어지기 마련이다. 알량한 앎이나 관념적 지식으로 다른 사람의 삶을 재단하는 일이 벌어지는 이유다. 현장의 고통을 몸으로 느끼면서 걷어 올린 지혜만이 세상을 있는 그대로 보게 한다. 신념은 자기가 옳다고 믿는 것만 선별적으로 받아들이면서 길러진다. 그 위에 세워진 논리는 근거 없는 낭설이 될 위험성이 크다. 현장에 뿌리박지 못한 사유와 편견에 사로잡힌 논리가 웃자라다 금세 시드는 이유다.

기정사실은 낯선 시작(詩作)의 적(賊)

관념에 기반한 신념은 공감을 얻지 못한다. 아무리 옳다고 주장해도 사람들이 귀 기울이지 않는다. 당위론적 주장이 관념의 늪에 거주하며 구체적 현실을 외면하기 때문이다. 예를 들면 노동은 신성한 행위이고 직업에는 귀천이 없다는 주장은 관념과 달리 현실이 아니다. 이런 주장이 삶의 현장에서 얼마나 설득력을 가질까? 법 앞에 평등하다는 주장도 그렇다. 이에 동의하는 사람은 과연 몇 사람이나 될까?

법(法)은 한자로 풀어쓰면 물(氵)이 낮은 곳에 멈춘다(去)는 뜻이다. 그러나 안타깝게도 우리 사회의 법은 그렇지 않다는 걸 모두가 알고 있다. 낮은 곳으로 흐르기는커녕 수증기가 되어 높이 비상하는 꿈만 꾼다. 낮은 곳에 사는 사람들에게 법은 먼 나라 이야기다. 법대로 살라는 말은 외려 이들이 처한 현실을 외면한다. 낮은 곳일수록 사회적 관심을 비껴가기 쉽다. 함성을 지르고 절규를 해도 들리지 않는다. 수많은 방음벽이 이들의 목소리를 가둔다. 우리의 고정관념은 이러한 방음벽을 더욱 견고하게 한다.

고정관념은 기정사실과 결탁해서 만들어진 치유 불가능한 통념이다. 기정사실은 고착화된 편향적 관점의 산물이다. 김수영은 《시여, 침을 뱉어라》[91]에서 기정사실을 적으로 간주한다. 시인을 '영원한 배반자'로 보는 김수영에게 기정사실이야말로 극복 대상이다. 기정사실은 죽은 생각이다. 이를 깨고 부수는 사람이 시인이다. 시인의 눈은 익숙한 일상을 바꾸어놓는다. 시선을 바꾸면 시야가 달라지고 관점을 바꾸면 일상은 상상력의 텃밭이 된다. 세상은 언제나 해석을 기다리는 텍스트다. 사람도 사물도 그리고 사건이나 사고도 저마다 의미를 품고 있다. 시각과 관점에서 따라 동일한 텍스트도 전혀 다른 의미로 읽힌다. 그런 의미에서 삶은 다양한 해석이 빚어내는 드라마이자 파노라마다. 삶의 각본은 누가 어떤 관점에서 해석하느냐에 따라 전혀 다른 텍스트가 된다.

인간은 삶이라는 씨줄과 날줄로 직조(織造)된 텍스트다. 텍스트는 해석을 기다린다. 해석은 정답을 말해주기보다 해답을 찾아준다. 정답은 남이 제기한 문제에 남이 내놓은 한 가지 답이다. 정답은 해석 금지 대상이다. 해석할수록 정답은 정답이 아니라 오답이 될 수 있기 때문이다. 자기만의 본성을 살려 자신의 존재 자체를 지속시키며 욕망대로 살아가는 사람, 즉 코나투스를 기반으로 스스로 자기답게 살아가려는 사람은 정답에 얽매이지 않고 자기 방식으로 해석해낸다.

오스트리아 작가 슈테판 츠바이크는 《감정의 혼란》[92]에서 시인의 말은 분석하는 대신 가슴으로 느껴야 한다고 역설한다. 모든 언어에는 그 사람의 열정과 철학이 담겨 있다. 한 사람이 사용하는 단어는 국어사전에 나오는 단어와는 다르다. 여기에는 그 사람의 언어 사용 방식은 물론 말하는 사람의 단호한 입장이 뜨겁게 녹아 있다. 문학 작품을 이해하려면 이러한 열정을 온몸으로 맞이해야 한다. 문법적 분석과 문학적 해석은 그다음이다. 분석과 해석이 앞서면 작품은 분해된다. 수전 손택이 《해석에 반대한다》[93]에서 했던 주장처럼 해석은 예술을 올바로 이해하는 방식이 아니다. 오히려 창작 의도와 무관한 관념적인 해석이야말로 해당 작품을 온전히 감상하는 데 걸림돌이 된다.

　과도한 해석은 웃자람을 넘어 헛자람을 유도한다. 어떤 삶도 사회가 정해놓은 보편적 기준이나 잣대로 일반화하여 해석할 수 없다. 웃자람을 막는 강력한 방법은 흔들림 없이 삶의 모든 순간에 충실히 하는 것이다. 지금 여기의 의미를 묻고 주어진 상황에서 교훈을 찾는 것이다. 자기를 알면 달라질 수 있다. 이들에게 해석은 세상을 바꿔보려는 안간힘이자 끝없는 변화로 가는 장기 레이스다. 해석 없이 해결 없다. 타인들의 해석에 휘둘리는 대신 자기 해석의 참조물로 삼는 지혜로운 사람만이 문제를 해결하고 미래로 나아갈 수 있다.

삶의 구체성을 추상화시키는 개념어는
폭력적이다

현재에서 지향하는 아름다운 미래(美來)

삶은 계획대로 흘러가지 않는다. 예기치 않은 변수를 만나 생각지도 못한 방향으로 가기 일쑤다. 마치 하늘에서 떨어진 빗방울이 어디로 흘러갈지 모르는 것처럼 우리는 불확실한 세계에 던져진 존재다. 우리는 세상의 변화와 불안한 일상을 견디며 살아간다. 필연적으로 지금 여기를 살면서 미래를 예측하는 담론이 생산된다. 여기에는 저마다의 신념과 주장이 담겨 있으나, 그 무엇도 미래를 약속하지 못한다. 불확실한 현실 앞에 모든 이론은 불완전하다. 다만 우리는 그 안에서 몇 가지 선택지를 얻을 뿐이다. 과거의 경험과 지식을 근간으로 지금의 위기를 극복하려고 노력할 수 있고, 일단 시간을 두고 힘을 기르며 미래를 기약할 수도 있다. 전자의 방식으로 노력하는 사람이 '현재 안의 과거형' 삶을 살아가는 사람이고 후자는

'현재 안의 미래형' 삶을 사는 사람이다.*

'현재 안의 미래형' 삶을 살아가는 사람은 지금의 삶에 안주하지 않고 어제와 나와 다른 나로 변신하기 위해 안간힘을 쓴다. 지금의 경험과 지식만으로는 역부족이지만 계속해서 변신을 꾀하려는 사람이야말로 니체가 말하는 '위버멘시(자기 명령적 존재)'다. 그에게는 '힘에의 의지'가 있다. 니체의 '힘에의 의지'는 개인적 욕망을 추구하는 스피노자의 코나투스를 발전적으로 계승한 개념이다. 니체는 개인은 물론 관계와 공동체의 생명력을 창조하려는 의지로 그 의미를 확장시켰다. '힘에의 의지'를 한마디로 말하면 창조적 에너지 혹은 생명력이다. 틀에 박힌 일상에서 어제와 다른 삶을 꿈꾸며 예술적 창작 욕망을 불태우는 사람에게는 이런 의지가 있다.

창조는 그 자체로 '힘에의 의지'라고 할 수 있다. 통념이나 관성이 구축한 해석의 세계를 창조적으로 파괴한다. 니체를 '전복의 철학자'나 '망치 철학자'라고 하는 이유다. 해석을 바꾸지 않으면 우리가 직면한 문제를 풀 수 없다. 해석을 바꾼다는 의미는 가치 판단의 기준은 물론 옳다고 믿는 가정이나 신념체계를 재정립한다는 뜻이다. 따라서 기존 해석을 고수하는 사람들의 저항에 부딪힐 수밖에 없다.

니체의 '힘에의 의지'와 맥을 같이하는 개념이 바로 베르그송의

---

* '현재 안의 과거형'과 '현재 안의 미래형' 구분 아이디어는 2023년 발간된 김재인의 책《AI 빅뱅》에서 얻었음을 밝혀둔다.

《창조적 진화》[94]에 나오는 '엘랑비탈(Elan Vital)'이다. '엘랑'은 도약과 약동을, '비탈'은 '생명'을 의미하는 프랑스어다. 엘랑비탈은 '생명을 도약시키는 근원적 힘'이다. 극한의 조건에서도 살아남아 진화와 창조를 이루어내는 생명의 역동적인 힘이다. 인간의 엘랑비탈은 인류의 역사를 도전과 성취로 이끌었다. 개인과 기업도 마찬가지다. 어렵고 힘든 상황을 극복하는 에너지야말로 성장의 동력이 된다.

'현재 안의 과거형'은 과거의 답습이자 관성의 삶이 될 위험이 있다. 몸은 현재에 있으나 머리는 과거에 있기 때문이다. 이런 상황에서는 진정한 창조를 기대하기 어렵다. 기계적 알고리즘을 따라 만들어내는 공산품처럼 될 가능성이 높다. 이들에게 창작은 전통과 과거의 유산 속에 머물며 정보를 재가공하는 수준을 넘지 못한다. '현재 안의 과거형'에는 창조적 변혁 의지가 없다. 반면에 '현재 안의 미래형'은 경계를 넘어서는 사고의 변혁을 추구하는 사람들이다.

변화는 변방에서 일어난다

변혁을 추구하는 사람들은 신영복 교수의 《변방을 찾아서》[95]에 나오는 이방인에 가깝다. 이 책의 핵심은 진정한 변화는 변방에서 일어나고 중심에서는 동화가 일어난다는 주장이다. 중심부는 변화보다 동화(同化)가 목적이다. 중심부는 자기 생각에 주변부가 동조(同調)하기를 강권하는 데 중점을 둔다. 중심부의 생각은 그래서 '보자기형 사고'라기보다 '가방형 사고'에 가깝다. 보자기는 다른 사람의 생각을 유연하게 포용하고 수용한다. 반면에 가방은 크기와 모양이 맞지 않으면 받아들이지 못한다. 다른 사람의 생각을 욱여넣어야 하는 것이다. 보자기는 변화무쌍한 현실을 인정하지만 획일화·표준화를 원하는 가방은 무조건 따를 것을 요구한다. 이처럼 가방은 변화보다는 동화를 원한다.

변방은 정해진 시스템이나 제도적 틀에서 벗어난 지역이다. 따라서 변화에 익숙하지만 중심부는 그렇지 않다. 시스템과 제도가 고착되어 있기에 경직될 수밖에 없다. 중심부는 평가 기준이 엄격해서 여기에 맞지 않으면 실패자나 낙오자로 규정한다. 반면에 변방은 독창적인 스타일을 발휘할 가능성이 열려 있다. 신영복의《변방을 찾아서》에 따르면 연암 박지원의 독특한 문체야말로 변방의 무대에서 탄생한 창조적 작품이다. 변화를 이끌 가능성이 잉태되는 곳은 바로 변방이다. 밖에 있어 봐야 안을 들여다볼 수 있고, 주변부에 있어 봐야 중심부의 한계를 관찰할 수 있다.

외부적 자극은 중심부의 변화를 일으킨다. 바깥의 소용돌이는 안주(安住)를 밀어내고 요동치는 자극을 통해 변화를 촉발시킨다. 중심부는 안에 머무르려 하고 주변부는 밖으로 나가려고 한다. 안에서 밖으로 뛰쳐나가려면 대단한 결단이 필요하지만, 밖에서 더 밖으로 나가려면 단지 결심만 하면 된다. 밖에는 아직 경험해보지 못한 미지의 세계가 많다. 여기서 발생하는 낯선 마주침은 변화를 일으키는 추동력이다. 한 시대를 주름잡던 정치, 경제, 사회 및 문화와 예술적 담론도 그렇다. 외부의 소용돌이가 중심부를 바꾸면서 오늘날 우리가 아는 창조적 변화가 발생했다.

'현재 안의 미래형' 삶을 살려면 변방의 '바닥'으로 내려가야 한다. 보통은 성공한 사람을 '잘 올라'간 사람으로 여기지만 사실은 '잘 내려간' 사람이다. 올라가기보다 내려가는 게 더 어렵다. 비행기도 이륙보다 착륙할 때 사고가 자주 난다. 등산도 마찬가지다. 성공에 이르려면 '바닥'으로 내려가서 원점에서 '다시' 시작해야 한다. 늑대도 사냥에 실패하면 원점으로 돌아가 '다시' 시작한다. '바닥'은 희망의 터전이다. '바닥'은 실패한 사람들이 절망과 울분을 토로하는 장소가 아니라 비약(飛躍)을 꿈꾸는 사람들이 비련(悲戀)을 삭이고 꿈과 희망을 싹틔우는 터전이다. '바닥'은 인생을 새롭게 세울수 있는 튼실한 기반이다. '바닥'은 지금과는 다른 방법으로 '다시' 시작하기 위한 출발점이다. 우리 삶이 자유를 누리려면 살아가는 이유를 바닥에서 성찰해봐야 한다. 밑바닥부터 '다시' 뜻을 세우는 것이다. 중심부 담론에 휩쓸려 우왕좌왕하면서 정신없는 소비 욕망에 물들기 전에 변방에서 자기를 갈고닦는 성숙의 시간을 가져야한다. 성숙해지는 지름길은 나를 지탱하는 바닥을 흔드는 것이다. 바닥은 신념이다. 바닥의 신념을 흔들어야 내가 바뀐다.

변방은 아무것도 없는 밑바닥이다. 밑바닥의 크기가 성장 잠재력의 크기다. 밑바닥의 고난은 마침내 역경을 이겨낼 힘을 만들어준다. 언젠가는 정상에 오르리라는 불굴의 의지를 불태우는 사람들이 세상을 이끌어간다. 중심부에 대한 막연한 환상에 젖어서는 그럴 수 없다. 언젠가는 세상을 뒤집을 기회가 온다. 변방에서 내공을 닦고 저변에서 저력을 키울 때 그 기회를 잡을 수 있다.

성공한 재일교포 사업가 손정의는 무일푼으로 시작했다. 시한부에 가까운 만성간염 진단을 받고도 필사적으로 책과 논문을 읽으며 포기하지 않는 투지를 보인다. 그러다 변방에 있는 무명의 대체 의학자를 만나 기사회생한다. 목숨을 걸면 길을 찾을 수 있다. 가슴에 손을 얹고 생각해보자. 내 전부를 걸고 도전해본 적이 있는가? 변방의 바닥은 좌절한 사람들의 피난처가 아니다. 오히려 실패한 사람들이 새로운 가능성과 희망의 싹을 틔울 수 있는 터전이다. 바닥을 알아야 인생의 진수를 알 수 있고, 올라갈 수 있는 기반을 다질 수 있다.

서광원은《시작하라 그들처럼》[96]에서 가슴 절절한 아픔이야말로 성공의 자원이라고 말한다. 서러움에 복받쳐 나오는 눈물은 뜨거운 삶의 욕구가 꿈틀거리는 눈물이자 미래를 지향하는 의지의 산물이다. 앞으로는 이렇게 살지 않겠다는 비장한 각오가 서린 눈물이다. 그 '눈물'이 어두운 세상을 밝힐 수 있다. 그는 같은 책에서 비장한 생존 의지를 북돋운다. 세상에는 마음이 따뜻한 독종이 많다. 삶을 바꿀 수 있는 열정 에너지로 가득한 독종은 쓰라린 밑바닥 체험에서 시련과 역경을 이길 수 있는 긍정의 힘을 기른다. 인생을 관조하는 여유로움을 배운 것이다. 바닥에서 축적한 생존 지혜는 어느 순간 만나게 될 비약적인 발전을 준비한다. 그날은 반드시 온다.

관념으로 얼룩진 문장 극복하기

변방의 경험과 '힘에의 의지'는 언어를 매개로 한다. 독특한 경험이라 해도 기성 언어를 쓰면 그 안의 생명력을 온전히 전달할 수 없다. 누군가 정의한 언어적 의미를 그대로 수용하면 나만의 고유한 사유체계를 만들기 어렵다. 각종 사전에 등장하는 개념적 정의는 거대한 동어반복이다. 예를 들면 국어사전에 '사랑'은 "어떤 사람이나 존재를 몹시 아끼고 귀중히 여기는 마음"으로 정의되어 있다. 그렇다면 여기서 '마음'이란 무엇일까? 마음은 "사람이 본래부터 지닌 성격이나 품성"이다. 품성은 "품격과 성질을 아울러 이르는 말"이라고 뜻풀이가 되어 있다. 사랑은 마음이고, 마음은 품성이며, 품성은 품격과 성질을 아우르는 말이라는, 동어반복의 수레바퀴가 계속 굴러간다. 결국 남는 것은 관념이다. 이런 언어는 낯선 생각의 탄생을 방해한다. 언어 사용 방식을 바꾸지 않는 한 새로운 생각은 멀어질 뿐이다.

우리의 일상은 다양하고 복잡한 사건의 연속이다. 삶이 복잡하다는 것은 한두 개념으로는 설명할 수 없으며 예기치 못한 방향으로 창발(emergent)한다는 뜻이다. '창발'은 삶을 구성하는 다양한 요소들이 상호작용하면서 만드는 예측 불허의 상황이다. 이런 모든 상황을 매뉴얼로 정리해놓을 수는 없다. 지름길도 없고 만병통치 처방전도 없다. 우리가 어떤 특별한 상황에 처했을 때 몸의 반응이나 감각적 각성을 모두 언어로 담아내기는 불가능하다. 사전의 뜻풀이는 보편성을 확보하려는 어쩔 수 없는 추상화 과정의 산물이다. 언어는 삶의 구체성을 충분히 담아내는 데 한계가 있다. 기성의 언어는 다만 공통점을 찾아 '명명(命名)'한 결과다.

개념어는 그걸 만든 사람의 의도가 반영된다. 삶의 모든 구체성을 다 담아낼 수 없다 보니 추상화 과정을 거칠 수밖에 없으며 그 와중에 생략되는 것들이 너무도 많다. 선택을 포기당하는 구체성은 추상성의 위력 앞에 속수무책이다. 니체도 《인간적인 너무나 인간적인 II》[97]에서 모든 단어는 하나의 편견이라고 했다. 개념은 신념의 산물이기 때문이다. 고유의 경험이 언어로 번역되는 과정에는 주관성이 개입될 수밖에 없다.

통념을 먹고 사는, 관념의 파편으로 얼룩진 문장을 극복하는 일은 어떻게 가능한가. 내 두 눈으로 목격하고 몸으로 실감한 현장의 구체성을 포착하는 언어를 찾기란 쉬운 일이 아니다. 주위를 아무리 둘러보아도 깜깜하기만 하다. 온몸으로 감각한 느낌을 표현하기에 자기 언어가 부실하거나 부재하다는 통렬한 깨달음은 치열한 탐색으로 이어진다. 글쓰기는 이렇듯, 나를 드러낼 날 선 언어를 벼리는 치열한 과정이다. 이러한 작업은 개인적 차원에서만 이루어지지 않는다.

　현실을 반영하지 못하는 관념의 언어는 많은 이에게 상처를 준다. 해결해야 할 문제를 엉뚱한 방향의 논쟁으로 이끌어 상황을 오히려 악화시킨다. 예컨대, 지금도 건설 현장에서는 사고가 빈번하다. 공사장 비계에서 발을 헛디뎌 추락하는 일이 발생했을 때 우리는 이를 '중대재해'라는 관념으로 받아들인다. 모든 언론이 그렇게 표현하기 때문이다. 여기에는 아슬아슬하게 위험을 감수하다 언제 추락사로 삶을 마감할지 모르는 현실이 빠져 있다. 그래서 지금도 중대재해를 둘러싼 갈등은 관념적이다. 사람들은 누구에게 이익이 될지 손익계산을 하느라 바쁘다. 인간의 생명을 계량화시켜 숫자로 바꾸어놓는 관념적 언어가 아닌 엄연한 아픔을 드러낼 생생한 언어는 과연 없는 걸까?

몸은 방황하는 언어들의 임시 거처

예술적 창작물은 정신노동이 아닌 육체노동의 산물이다. 좋은 글은 살아 숨 쉬는 글을 쓰려는 애쓰기로 태어난다. 머리로 쓰는 글은 그저 추상적인 관념으로 지어진 사상누각이나 다름없다. 건축은 주춧돌에서 지붕까지, 땅에서 하늘을 향하는 육체노동이다. 집을 지어보지 않은 사람은 지붕부터 집을 그리지만, 집을 지어본 사람은 실제로는 그 반대라는 것을 안다. 집 '짓기'와 집 '그리기' 사이에는 차이가 없어야 한다. 집짓기와 집 그리기는 모두 육체노동이다. 육체성을 가진 노동의 산물에는 관념이 개입될 여지가 없다.

오로지 육체만이 삶의 구체성을 담아낼 유일한 수단이자 매체다. 동일한 사건이 두 번 다시 반복되지 않는다. 동일한 사건조차 같은 언어로 말하여질 수 없다. 똑같은 장소에서 똑같은 경험을 해도 사람마다 느끼는 감정이나 받아들이는 의미가 다르기 때문이다. 언어는 삶의 모든 장면을 담을 수 없다. 몸에 담긴 기억의 창고에서 부단히 의미를 찾아 헤맬 뿐이다. 우리 일상에 의미를 부여하고 고유한 가치를 창조하려는 노력은 한계를 알면서도 꾸역꾸역 한 걸음을 내딛는 처절한 도전이다.

"언어는 존재의 집"이라고 했던 마르틴 하이데거의 말은 어쩌면 완전히 틀렸을지도 모른다. 존재는 100% 언어로 번역되지 않기 때문이다. 언어는 기껏해야 감각된 경험의 일부를 재현(representation)하거나 표현(expression)할 뿐이다. 김재인은 《AI 빅뱅》[98]에서 언어의 불완전성에 관해 말한다. 예를 들어 한 예술가가 특정한 순간을 포착하여 이를 예술 작품으로 만들었다고 가정해보자. 이때의 감각과 느낌 그리고 의미를 온전히 언어로 설명해낼 수 있을까?

언어는 불완전하다. 현실의 일부만을 담아낼 뿐 진실을 비추기에는 역부족이다. 어쩌면 현실이라는 구체성을 언어적 추상성으로 담아내려는 시도 자체가 무모한지도 모른다. 그럼에도 작가들은 포기하지 않는다. 현실의 아픔과 기쁨을 전하고 그 안에서 통념에 도전하는 낯선 생각을 탄생시키고자 오늘도 안간힘을 쓸 뿐이다.

글쓰기는 어두운 밤 오로지 별빛에 의지한 채 걸어가는 여행과도 같다. 고행의 어느 순간 서광이 비치다가도 이내 어두워지고 영감은 사라진다. 걸음을 멈출 수는 없다. 빛은 찰나(刹那)다. 단지 어제보다 나아지기 위해 미지의 세계로 나간다. 절대 고독과 고뇌 속에서 깊은 사유의 샘물로 목을 적시며 길을 재촉한다. 언어는 방황을 거듭한다. 늘 미진하고 부진해서 방향을 알지 못한 채 서성인다. 그래도 간신히 읽어내고 겨우 쓴다. 흐릿하고 모호한 경계를 넘나들며 미지(味知)의 세계를 기지(旣知)의 세계로 돌리려고 몸부림친다. 보통과 정상, 당연과 물론의 사이에서 사유를 거듭하며 '원래'의 자리에 '미래'를 올려놓는다. 지루한 반복이 이어지지만 찰나의 깨달음이 앞길을 환히 비추는 순간, 나는 잠시 웃을 것이다. 그리고 또다시 삶의 진실을 찾아 나설 것이다.

언어는 스타일과 컬러를
드러내는 광고판이다

자기만의 언어로 타성의 언어에 저항하기

아도르노는 《부정 변증법》[99]에서 개념 찾기를 금고 열기에 비유한다. 이 금고는 상황에 따라 비밀번호가 바뀐다. 또한 금고마다 비밀번호가 다르다. 하나의 비밀번호로 해결되지 않기에 그때그때 지혜롭게 번호를 재배치해서 열어야 한다. 언어도 이와 같다. 어제의 지식과 경험으로 해결되었던 일도 시간이 지나면 달라지듯이 언어는 늘 갱신되어야 한다. 기존 언어를 재배치하거나 새로운 언어를 창조해야 하는 운명인 것이다. 오늘따라 잘 써지지 않는 것은 언어가 마음을 닫았기 때문이다. 그 문을 열고자 작가들은 새로운 언어의 열쇠를 찾아 나선다.

사람들은 성공을 원하면서 예전 비밀번호만 누른다. 간절한 마음과 달리 습관이라는 타성의 늪에 빠져 있기 때문이다. 성공 비법이라는 비밀번호로 그 문을 열고 싶지만 열리지 않는다. 타인의 비법은 내게 맞지 않는 열쇠나 마찬가지다. 배울 수는 있지만 직접 그 문을 열지는 못한다. 다른 사람이 개발한 매뉴얼에 의존할수록 매너리즘에 빠지게 된다. 틀에 박힌 언어와 통념이라는 틀에 갇힌다.

장상호는《교육학의 재건》[100]에서 삶을 바꾸는 언어를 말한다. 언어는 나도 모르게 내 생각을 지배한다. 세상을 바라보는 방식에 영향을 미쳐 낯선 세상을 탐색할 가능성을 차단한다. 프랑스 철학자 알랭 바디우는 일상적으로 사용하는 언어가 하나의 관행적 습관으로 굳어지는 이유를 설명하면서 여기에 미치는 세 가지 힘을 언급한다. 첫째는 어떤 것의 이름 짓게 만드는 권위이자 그 이름이 일상적으로 사용되도록 강제하는 힘이다. 이른바 '주인의 힘'이다. 특정 개념이 권력이 되는 이유는 이를 만든 사람의 의도대로 세상을 보게 만드는 암묵적 힘이 작용하기 때문이다. 예를 들면 누군가 'educational technology'를 '교육기술'이 아니라 '교육공학'으로 번역한 이후, 이 말은 'educational engineering'과 구분되지 않는 모호한 학문적 개념으로 자리 잡았다. 둘째는 모든 사물이나 현상에 굳이 이름을 붙일 필요가 없다는 주장이다. 그러한 행위 자체가 오류를 만들어내기 때문이라는 게 그 이유다. 언어는 존재를 생생하게 표현하는 힘이 되기도 하지만 거꾸로 그 존재를 규정한다. 바디우는 이를 '신비가'의 힘으로 표현했다. 셋째로 언어적 힘은 '신경증자'에서 유래된다. 신경증자는 주인처럼 이름을 짓거나 신비가처럼 이름을 거부하지 않는다. 신경증자는 주인이 붙인 이름에 숨겨진 의도를 비판적으로 숙고하면서 문제 삼는 일종의 비판자다.

이러한 비유를 통해 알랭 바디우가 우리게 말하고 싶은 바는 한마디로 주인과 신비가처럼 살지 말고 신경증자처럼 살라는 것이다. 주인의 힘에 따르면 언어적 횡포에 굴복하고 타자의 의도를 무조건적으로 믿고 따르는 언어적 노예가 될 수 있다. 그렇다고 신비가처럼 모든 이름 짓기를 거부하고 방종의 자유를 구가하다가는 소통 자체가 불가능해질 수 있다. 우리에겐 비판적인 수용이 필요하다. 주인의 권위나 권력에 맹목적으로 따르거나 신비가의 허무주의에 빠지는 대신 타성에 젖은 언어를 비판하고 갱신하는 신경증자의 자세가 필요하다.

깨달음의 세계를 명징한 언어로 번역하고 갈고닦을 때 소통은 원활해지고 사유체계도 공고해질 것이다. 고유의 언어를 창조하는 사람은 소유권을 주장하지 않는다. 다른 이들에게 맹목적인 동조를 구하는 대신 그들도 새로운 언어를 만들라고 권유한다. 이들은 타성에 젖은 언어 속 숨은 권력을 파괴함으로써 언어의 고유성을 회복하고 세상을 바라보는 안목과 식견을 넓혀나간다.

타인의 언어는 대안이 아니다

어떤 언어가 내 경험적 통찰을 번역해낼 수 있는지를 알아야 한다.

새로운 사물이나 현상이 나와 감응하는 순간 이를 포착할 적확한 언어가 떠오른다면 금상첨화겠지만 보통은 그렇지 못하다. 현실과 언어에는 여전히 격차가 존재한다. 이 간격을 채우고자 하는 부단한 노력이 자기 언어를 한층 더 향상시킨다. 작가는 '언어의 틈새'를 메꾸기 위해 평생 언어를 벼리는 작업을 하는 사람이다. 똑같은 경험을 하지만 누군가는 어제와 다른 언어로 생각을 담아낸다. 남다른 삶도 타인의 언어로 채색되는 순간 생기를 잃고 만다. 내 삶의 고유함을 드러낼 언어를 찾아야 한다.

김지수는 《위대한 대화》[101]에서 누군가의 떨림을 독자가 울림으로 받을 때 그 사이에 '언어의 다리'가 생긴다고 말했다. '언어의 다리'는 나와 타자 사이를 잇는 교감의 다리다. 부단히 언어를 벼리는 사람에게는 서로의 고유성을 인정받고 이해하는 희열의 순간이 온다. 언어를 벼리는 과정이 곧 자기 발견의 출발점이 되는 이유다. 관성의 늪에서 나와 개성 가득하고 비범한 사유를 담아낼 언어를 찾아 나서야 한다. 이러한 노력을 멈추지 않을 때 언어는 자기를 실현하고 세상과 나를 잇는 다리가 된다.

타인의 언어로 내 고민의 답을 찾아낼 수 없다. 책을 많이 읽어도 자기 언어로 생각을 정리하지 않는 이상, 파편적인 지식이나 느낌으로 남을 뿐이다. 몰입하여 읽되 독서가 끝났을 때는 온전히 내 삶으로 돌아와 나만의 언어로 재구축해야 한다. 아름다운 시를 쓰려면 내 안에 시를 해석하는 고유의 언어를 갖고 있어야 한다.

삶의 무게가 실린 자기만의 언어

언어는 신체적 경험과 무관하게 머릿속에서 처리-가공된 산물이 아니다. 고유의 경험을 해석하려는 애쓰기의 산물이다. 언어는 개념적 의미를 전달하는 단순한 기호가 아니라 신체적 경험과 결부된 몸의 반응이다. 어떤 문장을 읽으면 머리로 이해되기 전에 몸이 먼저 반응한다. 이런 문장에는 작가의 감각적 체험이나 깨달음이 강하게 배어 있다. 자기만의 언어는 관념적 사유의 산물이 아니다. 고통이나 상처, 성취의 즐거움이나 좌절을 담으려 애쓰는 가운데 비로소 그 모습을 드러내는 몸의 언어다.

몸의 언어는 살을 파고드는 언어이자 심장을 뛰게 하는 언어다. 자신이 직접 겪은 경험을 개념의 옷으로 갈아입히는 와중에 탄생하는 언어다. 몸의 언어는 체중이 실린 언어다. 파편화된 생각을 논리로 편집하고 가공해서 만들어낸 언어가 아니라 신념과 철학은 물론 치열한 문제의식과 열정이 담긴 언어다. 이런 언어에는 몸이 먼저 반응한다. 머리의 언어는 타인의 생각을 설명하는 인용의 언어지만 몸의 언어는 자기 경험에 기반함으로써 설득력을 얻는다. 여기에는 진심이 담겨 있기 때문이다.

막힌 사유를 뚫어주는 불쏘시개

이탈리아의 물리학자 조르조 파리시는 과학에서 진보를 불러오는 혁명적인 사고의 탄생 과정에 주목했다. 연구를 거듭한 결과 이러한 사고는 거창한 발상이 아닌 일상의 작은 아이디어에서 나온다는 사실을 알아냈다. 이런저런 실험과 시행착오 끝에 위대한 생각이 탄생한다는 것이다. 조르조 파리시는 고심 끝에 이를 '미시적 창의력(microcreativity)'[102]이라는 개념으로 설명했다. '창의력'은 우리에게도 익숙한 개념이다. 그런데 왜 '미시적'일까? 말 그대로 작은 깨달음에서 시작하기 때문이다. 이를 무리하게 관념적 사유체계에 편입시키기보다는 작은 실험을 반복함으로써 경험적으로 한 걸음씩 나아간다. 시행착오를 통해 난관을 해결하다가 뜻밖에 위대한 발견에 이르게 되는 경우가 많다. 이때 자기만의 언어는 성공으로 이끄는 불쏘시개와도 같다. 꺼져가는 사유의 불씨를 되살려 돌파구를 찾는 데 큰 힘을 보탠다.

재독 철학자 한병철의 저작들이 대표적 사례다. 그는 《서사의 위기》에서 '서사적 실천'의 중요성을 말한다. 그는 독특한 문제의식으로 우리 현실을 진단한다. 여기에는 새로운 언어가 동원된다. 철학적 관점의 한계와 문제점을 비판적으로 분석하면서 얻은 새로운 개념어가 그것이다. 그는 서사의 개념과 장력, 실천, 성찰이라는 개념을 연결시켜 현재를 바라보는 새로운 시각을 열어나간다. 그럼으로써 현재를 낯설게 비추며 각성을 불러온다. 문제 해결은 그동안 보지 못했던 현실을 새로운 언어로 포착하는 데서 시작한다.

자기만의 언어는 우발적 마주침의 산물

아니 에르노는《세월》[103]에서 자기 언어의 중요성을 강조한다. 진실을 향한 작가들의 유일한 무기는 언어다. 그들은 적확한 단어로 놀라운 사유를 담아내는 창의적인 문장을 쓰고 싶어 하지만 생각만큼 쉬운 일이 아니다. 기성 언어와 사투를 벌이며 자기 언어를 벼리지만, 때로 한숨만 나올 뿐 한 글자도 못 쓰고 애간장만 태우는 경우가 많다. 문학은 그렇게 애써 찾아낸 문장들로 이룩한 건축물이다.

사유 속에서 무수한 단어들이 목적을 상실한 채 방황한다. 혼돈 속에서 단어들은 문장이 되기를 기다린다. 수많은 익숙한 단어들은 우발적 만남을 통해 철학자 들뢰즈가 말하는 리좀의 원리를 따라간다. 리좀은 뿌리줄기가 뻗어나가다 우연히 다른 뿌리줄기와 접속하면서 새로운 가능성을 여는 것과 같다. 각각의 단어들이 우발적 마주침을 통해 새로운 깨우침을 선사하는 낯선 개념이 잉태되는 경이로운 기적이 탄생한다.

《우치다 선생이 읽는 법》의 우치다 타츠루가 말하는 '지성의 폐활량', 같은 저자의《소통하는 신체》[104]라는 책에 나오는 '언어의 해상도'라는 개념이 그렇다. 책을 많이 읽은 사람과 그렇지 않은 사람은 복잡한 문제를 만났을 때 대응 방식이 다르다. 아마추어는 당황한 나머지 문제의 본질을 깊이 따져볼 여유를 갖지 못한다. 해결책을 찾아 동분서주하지만 집중을 못 하니 방법을 찾기 어렵다. 반면에 프로는 여유 있게 그동안 축적한 경험 하나하나를 문제 상황에 대입하면서 최선의 대안을 모색한다. 우치다 타츠루는 이런 상황을 '지성의 폐활량'이라는 새로운 개념으로 설명한다. 사유를 단련한 사람에게는 보통 사람보다 더 멀리 힘차게 달릴 수 있는 역량이 있다는 뜻이다. 그가 말한 '언어의 해상도'라는 개념은 어떨까? 해상도는 보통 전자제품 화면의 선명도를 따질 때 쓰는 개념이다. 타츠루는 이를 글쓰기에 적용함으로써 좋은 글이란 무엇인가 하는 문제를 고찰한다. 작가로서 그는 감동을 주는 글과 그렇지 못한 글의 차이점이 무엇인지, 그 차이는 어디서 유래하는 것인지를 오랫동안 고민한다. 그리고 좋은 글은 이미지가 선명한 글이라는 결론에 이른다.

시간이 쌓여 만들어지는 의미의 중력

나 역시 새로운 언어를 찾는 데 큰 노력을 기울인다. 이는 타성에 젖은 언어에서 벗어나는 일에서 시작된다. 명절이 다가오면 SNS로 비슷한 이미지를 담은 메시지들이 도착한다. "풍성한 한가위, 가족과 함께 건강하게 보내세요." "소중한 분들과 넉넉하고 건강한 시간 보내세요." "몸도 마음도 넉넉한 추석, 풍성한 한가위 되세요." "풍요로운 한가위 보내시고 가정에 웃음이 가득하길 기원합니다." "즐거운 귀향길 안전하게 다녀오세요." 등등.

왜 한결같이 똑같은 인사말뿐일까? 누군가에게는 가족과 함께 보내지 못하는 외로운 날일 테고 또 누군가에게는 풍성하지 않고 서글픈 시간일 수도 있는데 말이다. 천편일률적인 말의 잔치가 오히려 이런 사람들에게는 상처가 될 수도 있겠다 싶었다. 식상한 메시지에 일일이 답을 하기도 뭐해서 다음과 같은 삼행시로 응답했다.

한눈에 반했어도 숨길 수 없는 설렘
가랑잎 흩날리듯 가눌 수 없는 그리움
위장해도 감출 길 없는 아련함

한가위의 설렘과 그리움과 아련함을 드립니다.

지식생태학자 유영만 드림

연말연시 또는 명절마다 주고받는 메시지에는 상대가 행복하게 그 시간을 보냈으면 하는 좋은 뜻이 담겨 있다. 그렇다면 그 마음을 드러낼 개성 있는 표현이 많지 않을까, 식상한 언어로 과연 그 마음이 제대로 전달될까 하는 의문이 생겼다. 엇비슷한 메시지의 홍수 속에서 조금이나마 타성에서 벗어나고자 이런저런 노력을 한다. 저마다 새로운 연말연시를 맞이하자는 취지로 이런 연하장 메시지를 만들었다.

"올해의 '발걸음'이 내년의 '밑거름'으로 쓰이고, 오늘의 평범한 '보행'이 내일의 비범한 '행보'로 역전되는 앓음다운 시간으로 충전되기를 간절히 기원합니다. 늦기 전에 더 늦기 전에 인생 반전을 일으키는 절반(1/2)의 철학자 유영만 교수 드림." 새해 복 많이 받으라는, 수십 년 넘게 들어왔을 말보다 낫지 않은가? 한 해를 정리하고 새해를 맞이하는 사람들에게 반성과 성찰, 다짐과 각오의 계기가 되는 메시지를 주고 싶었다. 마음을 담은 메시지가 기억에도 오래 남는다.

타성의 언어에는 고민이 빠져 있다. 고민하는 시간이 많을수록 그 단어에 담긴 마음과 의미도 깊어진다. SNS에서 주고받는 메시지들도 예외는 아니다. 한 번 더 생각했을 때 메시지는 순간적으로 지나가는 의례적인 말이 아니라 살아 있는 말이 된다. SNS가 범람하는 요즘일수록 멈추어 서서 곱씹는 시간이 필요하다. 이는 자기만의 언어를 만드는 데도 큰 도움이 된다. 시간의 두께가 의미에 무게를 더한다. 자기만의 언어는 그 사람의 시공간이 만들어낸 합작품이다. 인간적 고뇌, 공간적 의미, 시간적 추억이라는 삼중주가 빚어내는 작품이다.

파란만장한 삶이 남기는 파란의 문장

우리는 특히 문학에서 이러한 언어를 자주 만난다. 장석주 시인은 《지금은 시가 필요한 시간》[105]이라는 책에서 '상상력의 촉수'라는 표현을 사용한다. '실패의 광휘'가 숨 쉬는 '고백의 건축술'이며, '존재의 내출혈'이라고 한다. '상상력'과 '촉수', '실패'와 '광휘', '고백'과 '건축술', '존재'와 '내출혈'이라는 말들은 우리가 일상에서도 충분히 들을 수 있는 말이다. 그러나 시인은 이러한 타성의 언어를 새롭게 배치하고 연결 지음으로써 낯선 개념을 탄생시킨다. '상상력'이 '촉수'와 만나 '상상력의 촉수'라는 말로 재탄생하는 순간 허공에 떠 있던 공허한 담론이 오감으로 생생하게 느껴진다. '실패'가 '광휘'와 만나 '실패의 광휘'라는 말로 조합되는 순간, 부끄러웠던 실패의 기억이 새롭게 재해석되는 전환의 순간을 맞는다.

파란을 일으키는 자기만의 언어는 파란만장한 삶의 산물이다. 소설가 김연수의 《너무나 많은 여름이》[106]에 나오는 "이유 없는 다정함", 카뮈의 《결혼·여름》[107]에 나오는 "불모의 장엄함", 박정대 시인의 〈언제나 무엇인가 남아 있다〉[108]에 나오는 "고독의 영유권"이라는 표현이 대표적이다. 이들 표현은 모두 치열한 고뇌 끝에 탄생한 고유의 언어들이다.

소설가 김연수에 따르면 창조는 '이유 없는 다정함'에서 나온다고 한다. '이유 없이' 상대나 대상에 관심과 애정을 갖고 다가갈 때 보이지 않던 것도 보인다. 카뮈가 말하는 '불모의 장엄함'은 어떤가? 우리가 불모지로 여기는 것들에 사실은 커다란 가능성이 잠재해 있음을 말해준다. 시인 박정대가 말하는 '고독의 영유권'이라는 개념은 고독이 결코 소외가 아님을 말해준다.

우리는 언어로 구축한 개념이라는 렌즈를 통해 세상을 본다. 이때의 렌즈는 세상을 좀 더 자세히 보여주기도 하고 가리기도 한다. 세상이 변하면 렌즈도 달라져야 한다. 부지런히 갈아 끼우지 않으면 자기만의 선입견에 갇힐 수 있다. 그래서 개념은 권력적이고 폭력적이다. 개념을 만든 사람의 의도를 관철시킨다. 나아가 세상을 읽는 방법을 규제하고 한정한다. 개념이 권력적이고 폭력적인 이유는 신체성이나 구체성을 생략하기 때문이다. 살아 숨 쉬던 현장의 생어(生語)가 관념적 개념으로 규정되면서 사어(死語)가 되는 경우가 많다. 육체성을 되살리고 일상의 구체성을 좀 더 생생한 언어로 담아내려는 노력을 멈추지 않아야 한다. 그러지 않으면 개념이 휘두른 힘에 압도되어 타성에 젖은 사유에 길들여질 위험이 있다. 고유의 사유체계를 갖춰 나가려면 특정 개념을 무비판적으로 받아들이는 대신 실제 상황에 적용하면서 그 느낌을 몸에 새겨야 한다. 이때의 신체적 질감은 자기만의 언어로 고유한 사유체계를 건축하는 데 소중한 자산이 된다.

자기만의 언어는 몸을 장악하는
하나의 사건이다

음악과 검도에서 배우는 자기 언어 개발의 교훈

현상학자 메를로 퐁티에 따르면 개념은 몸을 장악하는 하나의 사건이다. 퐁티에게 뭔가를 안다는 것은 관념적으로 깨닫는 게 아니다. 언제나 신체가 개입된다. 그래서 하나의 개념을 담은 단어는 사람마다 다른 의미로 읽힌다. 사연과 배경, 기쁨과 슬픔, 아픔과 즐거움을 비롯하여 인간이 느끼는 감정의 굴곡은 천차만별이다. 자기만의 언어를 개발하려면 자기 표현 욕구와 문제의식이 있어야 한다. 문제의식이 경험과 개념에 융복합되어 내 몸을 장악할 때 자기만의 언어가 탄생한다.

17세기 이탈리아 음악가들은 위대한 연주에는 다음 세 가지 요소가 필요하다고 보았다. 데코로(decoro), 스프레차투라(sprezzatura), 그라지아(grazia). 이들은 검도에서 말하는 수파리(守破離)의 원리와 비슷하다. 수(守)란 기본기를 연마하는 단계로 스승의 가르침을 따라 수련하는 단계다. 파(破)는 주특기를 연마하는 단계로 기존의 가르침에서 벗어나 자유자재로 익힌다. 마지막 리(離)는 필살기를 연마하는 단계로 자기만의 검법을 완성한다. 음악에서 데코로는 수(守), 스프레차투라는 파(破), 그라지아는 리(離)에 해당된다.

1. 데코로, 기본기를 연마하는 수(守)의 단계: 남다름

데코로는 비교적 오랜 기간 반복을 통해 기본기를 닦는 고된 노동과 치열한 노력을 의미한다. 반복을 통해 반전을 준비하는 단계로 검도의 수(守)처럼 원칙과 규칙에 따라 수련한다. 다양한 시행착오를 통해 전문성을 '제대로' 익히며 이는 부단한 연습으로 실패를 성공으로 승화시키는 과정이다. 남달라지려고 노력하지만 아직 갈 길이 멀다. 부지런히 남의 글을 인용(引用)하면서 생각을 다듬어야 한다. 남의 문장을 읽으면서 마음 깊이 그 느낌과 경험성을 새긴다. 이는 타인의 고유한 개념을 근간으로 자기 사유체계를 건축하는 과정으로 이때의 인용은 창의성의 기반이 된다. 개념의 양적 축적이 신념과 만나 질적 비약을 준비하는 시기이기도 하다.

2. 스프레차투라, 주특기를 연마하는 파(破)의 단계: 색다름

스프레차투라는 데코로를 기반으로 연마된 기술을 발전시켜 보다 어렵고 복잡한 일을 자신이 '원하는 대로' 해내는 재능과 유능함이다. 다양한 기본기를 바탕으로 자기만의 색다른 주특기를 개발하는 단계로 연습을 거듭하다 보면 응용 능력이 생겨 독자성을 갖추게 된다. 검도의 수파리(守破離) 단계 중에서 파(破)에 해당한다. 스승의 가르침에서 한 걸음 더 나아가 독자적인 행보를 연습하는 단계로 지루한 반복이 어느 순간 질적인 상승으로 이어진다. 들뢰즈와 가타리의 '리좀(Rhizome)'은 이러한 질적 발전에 참고할 만한 개념이다. 우발적 마주침이 새로운 개념을 창출하듯이, 반복 속의 우연한 사건이 질적 발전을 이끌어낸다. 이로써 지금껏 존재하지 않았던 새로운 경지가 탄생한다.

3. 그라지아, 필살기를 연마하는 리(離)의 단계: 나다움

데코로의 기본기와 스프레차투라의 시도가 숙성을 거쳐 마침내 이르는 단계가 바로 그라지아다. 그라지아는 독창적인 스타일과 컬러로 아름다운 감동을 선사하는 지고(至高)의 경지다. 이 단계가 되면 독보적인 창의성으로 대체 불가능한 전문성을 보유할 수 있다. 검도의 리(離)에 해당하는 단계다. 이때가 되면 스승의 가르침을 벗어나 독창적인 필살기를 연마한다. 청출어람(靑出於藍)의 질적 비약을 이루는 단계다. 스승이 이룩한 학문적 업적이나 전문성을 토대로 자기 한계를 극복하고자 노력한다. 이 시기에는 기존의 사고방식을 뛰어넘어 시대가 요구하는 대안을 모색하는 데 주력한다. 이를 자기계발에 적용하면, 남들의 성공 방정식이나 투자 이론을 따르는 대신 비판적으로 분석한 다음, 자기 방식을 개발하는 것으로 볼 수 있다.

자기 언어 개발의 몇 가지 사례

자기 언어는 기성의 언어에서 배움을 터득하고 대안을 모색하며 마침내 고유한 언어를 완성하는 과정으로 만들어진다. 여기 몇 가지 사례를 통해 그 과정을 알아보고자 한다.

1. 차이를 전공하는 사이 전문가

2007년 4월 11일 맞은 심각한 교통사고는 온몸의 뼈에 상처를 냈다. 입원 중에 여러 전문의를 만나 다행히 회복은 되었지만, 이 과정에서 '사이'의 중요성을 깨닫게 되었다. 자기 분야만 알고 다른 분야에 문외한인 전문가들이 진정한 전문가라 할 수 있을지, 회의가 느껴졌다. 전문의들은 협진을 통해 환자의 상태를 공유하지 않았다. 자기가 진찰한 부분에 이상이 없으면 문제의식조차 느끼지 않았다. 하지만 환자인 나로서는 답답할 노릇이 아닐 수 없다. '사이 전문가'는 그때 내 머릿속에서 나온 개념이다.

전문가들 간의 차이를 존중하고 배려하되, 그 틈을 메워 시너지를 창출하는 전문성은 없을까 하는 문제의식이었다. 기성의 언어로는 도저히 표현할 길이 없었기에 이런저런 언어적 탐색을 계속했다. 그러다 생각해낸 개념이 바로 '사이 전문가'다. 전문가와 전문가 '사이'를 연구하는 사람이다. 생각하는 인간을 '호모 사피엔스'라고 하듯, 사이 전문가도 '호모'라는 접두사를 붙여보았다. 그때 떠오른 개념이 프랑스 철학자 데리다가 창안한 차연(différance) 개념이다. 그는 '차이' 대신에 공간적으로 다르고(differ) 시간적으로 연기(defer)한다는 의미의 '차연' 개념으로 현상을 설명했다. 이에 착안해 나는 사이 전문가를 '호모 디페랑스'로 명명했다. 남다른 병상 체험이 새로운 언어를 탄생시킨 것이다. 더불어 전문가가 갖추어야 할 미덕이나 자질을 새롭게 바라볼 수 있는 사유가 생겼다.

2. 즐거운 학습과 건강한 지식을 위한 학습건강 전문의사

'학습건강 전문의사'는 학습과 건강, 전문의사를 융합하여 새롭게 만든 개념이다. 이 개념은 건강한 음식이 건강한 몸을 만들듯이 건강한 학습활동으로 건강한 지식을 창조할 수 있지 않을까 하는 생각에서 출발했다. 학습을 임상병리학적 관점으로 재해석함으로써 학습 지체 원인 규명과 예방 및 치유를 위한 새로운 접근이 가능해졌다. '학습건강(Learning Health)'이란 "공동체가 요구하는 사회적 규범과 문화적 전통을 습득하는 데 필요한 학습 자질과 역량의 체득 정도"를 의미한다. 오늘날 학습 능력은 개인 생존뿐만 아니라 조직의 명운에도 큰 영향을 끼친다. 정보의 홍수 속에서 자기주도 학습을 통해 스스로 지식을 창출하고자 하는 노력과 의지는 실종되고 있다. 한편 남의 지식을 훔치거나 여기에 무임승차하려는 시도가 급증하면서 사회문제가 되고 있다.

지식기반사회에서 학습건강을 지키려는 노력과 대안은 매우 중요하다. 특히 디지털 사회로 전환하는 현 시기는 과거 아날로그 사회와는 다른 새로운 학습법이 필요하며 이를 전담할 전문가가 필요하다. 학습건강 전문의사는 부분에 집중하는 양의학적 접근이 아닌 유기적인 전체를 중요시하는 한의학적 접근에 기반한다. 한의학이 마음과 몸, 신체 각 부분을 전체적 시각에서 보듯이, 학습질환(Learning Diseases)과 학습건강 회복을 총체적이고 종합적으로 진단, 치료한다.

서양 의학의 치명적인 약점은 앞서 '사이 전문가'에서 언급했듯이, 파편화되어 있다는 점이다. 사람의 몸을 부분으로 나누어 진료하고 평가한다. 그래서 한쪽은 나았지만 다른 쪽은 여전히 아픈 상태가 계속된다. 전공과 전공의 경계, 즉 사이를 간과했기 때문이다. 한의학은 우리 몸을 하나의 전체로 보고 병을 흐름이 막힌 상태, 즉 불통의 상태로 본다. 치료는 이를 해소하는 쪽으로 이루어진다. 통즉불통(通卽不痛), 통하면 아프지 않고 불통즉통(不通卽痛), 통하지 않으면 아프다. 학습건강 전문의사는 학습의 불통 상태를 진단하고 해결하는 사람이다. 상태에 따라 병명을 찾고 이를 예방하고 치유할 수 있는 진료 시스템과 치료법 개발에 주력한다.

학습건강 개념에 비추어 볼 때, 우리나라 대부분 학습자는 오랜 기간 수동적인 입장에 처해 있었다. 가르쳐주는 대로 배우고 암기하는 게 학습의 전부였다. 이런 방식은 우리를 학습질환에 취약하게 만들었다. 이들 질환은 대부분 적합한 처방으로 개선될 수 있으나 심각할 경우 중장기적인 재활 프로그램을 병행해야 한다. 이를 위해서는 학습건강 상태를 정확히 진단하고 증상에 따라 분류하는 작업이 필요하다. 예를 들어 직접 경험이 아닌 마우스 클릭만으로 지식을 얻는 마우스 수전증 환자, 디지털화된 정보를 씹지 않고 삼키는 바람에 걸리는 정보과다 섭취증이나 정보 변비와 같이 세분화하여 처방해야 한다.

학습건강 전문의사는 학습질환 예방에도 노력해야 한다. 이를 위한 세미나와 학습대회를 개최하고 학습건강학 원론, 학습질환 유형론, 학습질환 예방법, 학습질환 진단 세미나, 학습질환 임상실습, 학습건강 강화 각론, 학습질환 유형별 치료법 각론 등을 연구한다. 한편 이러한 연구개발 활동의 성과를 일반인들과 공유하면서 공동체의 학습건강에 기여한다. 이 밖에 신약 개발을 위한 연구소 설립 및 운영, 학습건강 전문의사 재교육 및 자격증 관리도 이들의 몫이다.

3. 건강한 지식의 임신과 출산을 돕는 지식산부인과 의사

건강한 출산은 임산부 개인의 노력만으로는 불가능하다. 생명의 탄생에는 환경적이고 생태적인 배경이 작용한다. 임산부의 건강은 그가 몸담은 환경과 사회의 건강과 직결된다. 예컨대 자동차가 다니지 않는 산골이 아니고서야 오염된 공기에서 자유로울 수 없다. 마찬가지로 개인을 둘러싼 사회적 환경도 고려하지 않을 수 없다. 이처럼 지식산부인과 의사는 지식 탄생을 둘러싼 요인들을 연구하고 통제하여 건강한 지식 출산을 유도한다. 지식산부인과연구소는 이를 전문적으로 연구하는 기관이다.

먼저 연구소는 건강한 지식 임신을 위한 조건과 생태학적 원리를 연구한다. 이를 통해 건강한 지식 탄생을 위한 태내 교육법, 자연분만법, 지식 수유법 등을 제안한다. 건강한 아이가 출산되려면 건강한 남녀의 만남이 필요하므로 이 과정을 점검하고 필요한 것들을 조언한다. 이로써 건강한 지식의 탄생과 성장에 기여하고자 하는 것이 연구소의 목적이다.

지식산부인과학은 시대적 요청인 학문적 경계 넘나들기의 일환으로 유관 분야와의 융합과 소통을 통해 탄생한 새로운 학문 분야다. 특히 개인의 몸보다는 개인을 둘러싼 환경에 주목함으로써 생태학적 관점으로 생명의 탄생을 해석하고자 한다. 산모의 건강을 책임지는 건강한 사회야말로 건강한 생명 탄생의 조건임을 인지하고 건강한 지식 생태를 구현하는 데 매진함으로써 건강한 생명의 순환을 돕는다.

4. 생명체의 생존 방식과 원리를 탐구하는 지식생태학자

내 명함에는 지식생태학자라는 브랜드 네임이 이름 앞에 붙어 있다. 지식생태학자는 '지식'이라는 개념과 '생태학자'라는 개념을 융합해서 창조한 신조어다. '지식'과 '생태학자'라는 말은 익히 들어 알고 있을 것이다. 하지만 지식생태학자라는 개념은 지금도 여전히 낯설기만 하다. 사람들이 명함을 받고 나서 던지는 첫 번째 질문은 당연히 '지식생태학자'의 정체에 관한 것이다. 그때마다 반복하는 대답이 있다. 지식생태학자는 자연에 살아가는 다양한 생명체들을 유심히 관찰하면서 얻은 통찰로 지식을 바라보는 사람이다. 지식생태학자는 관찰-고찰-통찰-성찰의 순환적 사고를 통해 지식의 창조와 공유를 연구한다. 지식생태학자는 현상을 관찰함으로써 그 안에서 일정한 패턴이나 관계를 발견한다. 체험과 지식을 통해 얻은 통찰은 부단한 성찰을 통해 지식이 우리 삶의 질을 높이는 데 기여한다.

개념 없는 인간에서 벗어나는
열 가지 방법

대화에 생명력과 설득력을 불어넣는 어휘 습득법

한 사람이 사용하는 개념은 인격과 품격을 가늠하는 척도다. 개념은 상대적이다. 말하는 사람과 듣는 사람의 해석이 반드시 일치하지 않는다. 개념은 변화를 싫어한다. 한 사람의 개념은 의도적인 극복 노력 없이는 쉽게 바뀌지 않는다. 비슷한 개념을 반복해서 사용하는 사람은 그만큼 사유도 판에 박혀 있을 가능성이 크다.

새로운 개념을 얻는 좋은 방법 중 하나는 메모다. 인상적인 표현이나 개념을 듣거나 읽었다면 적어둔다. 그러지 않으면 금세 잊어버린다. 나중에 이를 인용하면서 생각이 한층 더 명료해졌다면, 한 번 더 기억해두자. 명확한 개념은 글에 생명력과 설득력을 부여한다. 미국 작가 윌리엄 진서는 《공부가 되는 글쓰기》[109]에서 개념적 글쓰기에 대해 말한다. 머릿속을 떠돌던 개념이 글쓰기를 통해서 비로소 선명해진다. 개념 있는 사람이 되려면 이런 과정을 지속적으로 경험해야 한다. 우리가 책과 사람을 통해 얻는 수많은 개념은 글쓰기를 통해 자기 것이 된다.

대화하다 보면 어휘력이 뛰어난 사람들이 있다. 글도 마찬가지다. 그런데 이러한 어휘는 단지 국어사전을 읽고 외우는 데서 얻어지지 않는다. 어휘력을 늘리는 가장 좋은 방법 역시 글쓰기다.《어휘력이 교양이다》[110]를 쓴 사이토 다카시에 의하면 어휘력은 단기간에 효과를 내는 양약 처방으로 길러지지 않는다. 한방약처럼 시간을 두고 서서히 효과가 나온다. 어휘력은 많은 단어의 뜻을 아는 것이기도 하지만 맥락에 걸맞은 언어를 찾아내는 능력이기도 하다. 단순히 외우고 있는 단어 양이 중요한 것이 아니라는 뜻이다. 최적의 어휘를 적재적소에 구사하는 능력은 암기로 길러지지 않는다. 이를 위해서는 이런저런 맥락 속에서 단어를 써봐야 한다. 맥락은 때와 장소에 따라 바뀐다. 그래서 어느 때는 '학부형'이지만 어느 때는 '학부모'다. 노동자들은 '노동자의 날'이라는 말을 쓰지만, 사용자는 '근로자의 날'이라고 한다. 여기에는 저마다의 사회 역사적 문제의식이 반영되어 있다. 어떤 개념을 적절하게 사용한다는 말은 이처럼 때와 장소에 따라 달라지는 맥락을 이해한다는 말이다.

개념은 맥락과 함께 익혀야 한다. 맥락 없는 개념은 관념이다. 우리 속담에 "같은 말도 아 다르고 어 다르다"는 말이 있다. 그만큼 미묘하고 유동적인 것이 바로 개념이다. 그래서 개념을 잘 습득한다는 말은 문맥을 잘 파악한다는 뜻이다. 개념은 문맥을 떠나면 숙맥이 될 수 있다. 모호했던 개념을 다양한 수사법, 예를 들면 은유법을 통해서 표현하는 책을 읽으면 쉽게 이해가 간다. 맥락에 맞는 적절한 말의 사용은 감동을 준다. 아무리 좋은 책이라도 읽는 이가 공감하지 못하면 종이 묶음에 불과하다. 그렇다면 어떻게 어휘력을 기를 것인가? 여기 '개념 있는' 인간으로 거듭나는 열 가지 방법을 알아본다.

1. 시집을 읽고 시인이 사용하는 단어의 쓰임새를 관찰하라

시인들은 놀라운 상상력으로 일상적인 단어를 낯선 개념어로 재탄생시킨다. 그래서 시를 읽을수록 무심코 지나친 일상이 상상력의 텃밭으로 변신한다. 이러한 언어적 사유를 깊이 느끼고 자기 것으로 삼을 필요가 있다. 역설이나 비유, 운율의 반복 등은 시인들이 자주 사용하는 기법이다. 이를 통해 우리는 익숙한 세계의 이면을 경험한다.

2. 동서양의 고전을 읽고 문장의 의미를 포착하라

고전을 통해 개념을 축적하는 사람들은 공통점이 있다. 고전과 소통하면서 지금의 나를 돌아본다는 점이다. 이들은 고전에 담긴 지식과 지혜를 현재적 맥락에서 재정의한다. 이 과정이 생략되면 고전에서 새로운 개념을 얻지 못한다. 개념을 모르면 책을 읽지 못하고,

읽지 않으니 개념이 부실해지는 악순환에 빠진다. 예를 들어 밀란 쿤데라의《참을 수 없는 존재의 가벼움》[111]을 읽으려면 니체의 영원 회귀 개념을 알아야 한다. 의미를 모른 채 대충 넘어가다 보면 책을 덮어버릴 지경에 이를 수밖에 없다. 개념이 개념을 부른다. 고전 읽기를 통한 개념 획득이 또 다른 고전 읽기의 조건이 되는 셈이다.

3. 다양한 분야의 철학자가 말하는 색다른 개념을 익혀라

철학자는 개념은 단순한 어휘가 아니라 그들 사유의 과정이 담긴 사고의 결정체다. 철학자는 자신이 천착한 철학적 문제를 해결하고자 새로운 개념을 끊임없이 창조하는 사람이다. 철학의 역사가 곧 개념 창조의 역사라고 해도 과언이 아닐 정도다. 예를 들면 인류학자 레비스트로스는《야생의 사고》[112]에서 새로운 전문가상을 제시했다. 그에게 있어 진정한 전문가는 '브리꼴레르'다. 이러한 개념 익히기는 사유의 폭을 넓혀주고 자기만의 개념을 형성하는 데 큰 도움이 된다.

4. 에세이나 평론집 등에서 작가 특유의 개념 사용법을 익혀라

글쓰기를 통해 일상 속 사물의 이면을 탐구하는 에세이(수필)를 참고해도 좋다. 예를 들어《황현산의 사소한 부탁》[113]에는 '문학적 시간'이라는 개념이 나온다. 문학을 통해 익숙했던 세상이 낯설게 보이기 시작할 때 우리는 '문학적 시간'에 진입한다. 세상에 질문을 던지는 문학적 시간은 당대의 사회적 주체와 만나면서 역사적 시간으로 발전한다. 이는 깨달음을 얻는 미학적 시간이자 각성하는 은혜의 시간이다. 우리는 문학 작품을 읽으며 이러한 시간 속에 흠뻑 빠질 수 있다. 좋은 에세이를 읽다 보면 일상에서 얻는 소소한 깨달음을 나누게 된다. 한편 평론 읽기는 에세이보다는 전문적인 평가가 좀 더 많이 개입된 글이다. 좋은 평론에서도 우리는 뛰어난 통찰과 새로운 개념을 만날 수 있다.

5. 우리말의 묘미를 알려주는 책에서 한글의 마력을 배워라

새로운 개념을 획득하는 데는 어휘력 늘리기와 기존 어휘 새롭게 이해하기가 도움이 된다. 우리는 외국어를 공부할 때 어휘부터 외운다. 우리말로 쓰인 개념도 마찬가지다. 여러 말을 알아두면 나중에 새로운 개념을 만들기 좋다.

《국어 실력이 밥 먹여준다 낱말 편 1[114], 2[115]》에는 다양한 우리말이 등장한다. 방망이와 몽둥이, 마개와 뚜껑, 엉덩이와 궁둥이처럼 무의식적으로 사용하는 우리말의 미묘한 차이를 다양한 사례를 들어 설명한다. 자주 쓰는 말인데도 새롭다. 때로 혼동하여 사용하는 단어도 바로잡아 준다. 예를 들면 '껍데기'와 '껍질'의 차이, '마치다'와 '끝내다'의 차이를 읽는 순간 고개를 끄덕이게 된다. 이러한 어휘들을 적재적소에 활용하면 시들했던 문장이 생동감 있게 변할 것이다.

6. 개념을 비판적으로 정의하는 사전을 애용하라

개념을 공부하는 데는 여러 가지 목적이 있다. 그중 하나는 그 뜻을 정확히 하여 오남용을 막는 것이다. 플로베르의 《통상 관념 사전》[116]은 우리가 잘못 사용하는 말이 얼마나 많은지 알려준다. 예를 들어 '바보'는 국어사전에 '지능이 부족한 사람'으로 정의되지만 여기서는 "나와 같이 생각하지 않는 모든 사람"으로 정의한다. 다른 생각을 용납하지 않는 문화를 비판하고 있는 것이다. 여기 등장하는 '정의'는 국어사전이나 개론서에 나오는 것들과 다르다. 사회비판적 시각에서 재정의하려는 노력은 편견에 젖은 우리의 사유를 해체한다. 기존 개념을 흔듦으로써 새롭게 세상을 보게 한다.

맥락 없이 존재하는 단어는 없다. 누가 어떤 목적으로 어디에서 어떻게 사용하는지에 따라서 각각 다르게 다가온다. 문제는 단어가 품고 있는 본뜻을 왜곡하여 특정 이데올로기를 주입하려는 의도다. 차별과 비민주적 표현이 담긴 언어를 습관적으로 쓰다 보면 우리 생각도 거기에 끌려다니게 된다. 이러한 작업은 그동안 알고 있던 개념을 재정의하여 자기만의 언어를 정립하는 데 큰 도움이 된다.

7. 고사성어나 속담을 적절하게 활용하라

고사성어(故事成語) 또는 사자성어(四字成語)를 잘 쓰면 전달하고자 하는 바를 더 잘 표현할 수 있다. 거꾸로 이러한 어휘들을 많이 알고 있어야 이러한 표현이 포함된 문장을 올바로 이해할 수 있다. 알다시피 우리말의 상당수가 한자어이기에 이를 알면 그 뜻을 분명하게 이해할 수 있다. 특히 동음이의어일 경우가 그렇다. 우리말로 '의사'는 여러 가지 뜻으로 쓰인다. 의사(醫師)는 병을 진찰하고 치료하는 사람이고 의사(義士)는 윤봉길 의사처럼 불의에 도전하는 절개 있는 사람이다. 한자를 알면 혼동하지 않을 말들이다.

한편 속담이나 명구를 적재적소에 활용하면 복잡한 생각을 명쾌하게, 때론 유쾌하게 전달할 수 있다. "오른손이 하는 일을 왼손이 모르게 하라"는 말이나 "달도 차면 기운다"라는 속담 하나만으로 구구절절 설명해야 할 내용을 전할 수 있다. 속담과 사자성어 같은 관용적 표현은 그 사람의 언어를 효과적이고도 풍요롭게 한다.

8. 간판이나 광고, 신문과 잡지의 제목에 주목하라

거리를 걷다가 우연히 한 간판 앞에서 발길이 멈춘다. '가게'는 마음이 '가게' 만드는 곳이다. 그래야 사람을 많이 오게 할 수 있으니까. 흥미로운 가게 이름은 시선을 사로잡으며 호기심을 불러일으킨다. 기억에 남는 이름들이 많다.

순우리말이나 영어나 한자를 섞어 개성 있는 생각과 느낌을 담은 작명은 기존의 개념을 헤집고 일상을 새롭게 보게 한다. "치킨은 살 안 쪄요. 살은 내가 쪄요." 한 배달앱 회사의 광고 문구다. 광고는 짧은 시간 안에 사람들의 뇌리에 각인될 만큼 강렬한 개념을 전파해야 한다. 잘된 작명과 광고의 공통점은 기존 개념의 발전적 해체와 낯설게 보기다. 자기 언어를 만들어갈 사람으로서 배울 점이 많다.

9. 영화 속의 주인공이 던지는 명대사를 놓치지 마라

영화는 영상과 언어로 메시지를 전하는 예술 장르다. 아름다운 영상은 우리의 눈을 사로잡고 사건을 진행시킨다. 등장인물들이 주고받는 대사도 무척 중요하다. 특히 심금을 울리는 명대사는 오랫동안 우리 기억에 남아 당시의 감동을 상기시킨다.

명대사를 주의 깊게 살펴보면 우리 언어를 더욱 풍부하게 할 요건들을 발견할 수 있다. 영국 록 그룹 '퀸'의 멤버 프레디 머큐리가 주인공으로 등장하는 영화 〈보헤미안 랩소디〉에 이런 대사가 나온다. "나는 스타가 되지 않을 것이다. 전설이 될 것이다." 스타는 한때 반짝하다가 사라지지만 전설은 세대를 이어 전해진다. 사람들의 마음속에 길이 남을 노래를 하고자 했던 주인공의 의지가 배인 명대사다.

영화에 등장하는 수많은 대사에는 삶의 진면목을 담으려는 노력이 담겨 있다. 그런 의미에서 영화는 다양한 개념 습득의 보고(寶庫)가 아닐 수 없다.

10. 사람과 대화할 때 신조어에 귀를 기울여라

트렌디한 최신 어휘를 사용하는 사람도 있고 기존 개념을 재활용하는 사람도 있다. 한번은 요즘 소비를 '파이 세대'가 주도한다는 말을 들었다. 처음에는 무슨 말인가 싶었다. 알고 보니 상대가 쓴 '파이'는 'personality', 'invest in myself', 'experience'의 첫 글자를 모아 만든 'PIE'라는 신조어였다. 즉 파이 세대는 개성을 중시하고, 자기 투자에 아낌이 없으며 당장 멋진 체험을 즐긴다는 뜻이다. 이런 사람들이 소비를 주도한다.

직업과 나이, 사는 곳에 따라 즐겨 사용하는 어휘가 다르다. 같은 말도 다르게 사용한다. 대화는 이런 차이를 경험할 좋은 기회가 된다. 그래서 자기만의 언어를 구축하고 싶은 사람이라면 다양한 사람들과 만나야 한다. 특히 나이가 어린 사람들과 만나면 새롭고 재미있는 말을 자주 듣는다. 낯설지만 설명을 듣다 보면 고개가 끄덕여진다. 그 뜻을 다시 한번 생각해보게 하는 신개념의 언어들이다. 이처럼 나와 다른 사람과의 대화는 새로운 개념을 배울 좋은 기회가 된다.

CONATUS

4

: 스스로 코나투스를 정의하라

A stream of instinctive
desire to
continue one's existence

당장 변하지 않으면 당신의 삶은 위태로워진다고 세상은 말한다. 한 편에서는 평범한 일상을 성공으로 바꿔주겠다고 유혹한다. 불안과 기대, 때로는 착각이 뇌리를 습격하고 폐부를 찌른다. 이대로 멈춰 있을 수는 없다. 불안한 마음에 부자가 되었다는 사람들의 강좌나 세미나를 보면서 주먹을 불끈 쥐어보지만 작심삼일이다. 시간이 가면서 실천은 실종되고 이에 대한 보상심리로 더 강력한 비법을 찾아 헤맨다. 자기계발서를 찾아 읽고 열심히 메모하고 더 의지를 자극할 영상을 보며 감탄하지만 여전히 몸은 움직이지 않고 손가락으로 클릭만 반복한다.

많은 현대인이 그렇게 자극적 콘텐츠로 채워진 '디지털 동굴'에서 산다. '가공된 데이터'에 길들여진 이들에게 성공은 머나먼 이상향에 불과하다. 디지털 동굴에서 탈출하려면 현실 감각을 키워야 한다. 왜 자기계발을 추구할수록 공허함만 쌓이는지 되돌아보아야 한다. 성공이나 성취가 온전히 개인의 노력에 따라 좌우되는 것이 아님을 알아야 한다. 성공이 개인의 노력과 사회적 상호작용이 빚어낸 합작품임을 깨달을 때 비로소 진정한 의미의 자기계발이 시작될 수 있다.

일반화된 자기계발서 읽기는
자아 탕진이다

어디서나 통용되는 성공 방정식은 없다

삶은 하나의 원인으로 어떤 결과를 설명할 수 없는 복수의 인연이 만들어가는 복잡한 관계망의 산물이다. 그럼에도 사람들은 '단순하게' 보기를 좋아한다. 우연한 사건조차 필연적인 원인을 찾아 결론을 내리고 싶어 한다. 원인을 찾아야 문제를 해결할 수 있다고 믿기 때문이다. 상황이 불안할수록 이런 단순한 결론 내기는 위력을 발휘한다.

단선적 인과론으로 사람을 선동하는 경우가 의외로 많다. 누군가 주식에 투자해서 돈을 많이 벌었다. 그 사람은 이러한 성공을 단순화하여 하나의 법칙이나 방정식으로 만들고 이를 다른 사람들에게 권한다. 이런 책이나 영상이 넘쳐난다. 특수한 자기 경험이 보편적인 법칙으로 둔갑하여 유포된다. 그런데 성공에 이르는 마법의 공식이 정말 있기는 한 걸까? 누구나 따라 하면 성공할 수 있다는 강력한 신념과 논리의 근거는 무엇일까?

자기계발서의 역사적 변천 과정

자기계발서가 출판 시장에 등장해 인기를 얻은 건 1980년대 후반부터다. 1세대 자기계발서랄 수 있는 이 시기 책들의 주제는 자기반성, 즉 '현실을 똑바로 보고 정신을 차려야 한다'는 얘기다. 한마디로 '이대로 살다 죽을래, 새롭게 태어날래?' 하는 메시지다. 성공한 사람이 직접 혹은 사례를 인용하여 독자들의 각성과 성찰을 요구한다.

2000년대 초반에 쏟아져나온 2세대 자기계발서는 '할 수 있어!' 같은 자신감 심어주기나 '나 이렇게 해서 성공했어!' 같은 성공담이 주를 이룬다. 순간의 만족에 빠져 있지 말고 긴 안목으로 세상을 바라봐야 인생의 승자가 될 수 있다고 말한다. 또 진정한 성공과 행복을 꿈꾼다면 지금의 안락함에서 빠져나와 인고의 시간을 보내야 한다는 메시지를 담고 있다. 다른 축으로는 의지만 있으면 원하는 것을 이룰 수 있다는 내용들이 쏟아졌다. 이 시기 자기계발서들은 도전 정신과 용기를 북돋우고 몰입과 열정을 통해 누구나 성공할 수 있다는 메시지를 전하는 데 중점을 두었다.

2010년대 극초반의 3세대 자기계발서는 앞서 1, 2세대 자기계발서를 보고 실제로 열심히 노력했던 사람들을 위로하는 책이 많다. 흔들려도, 실패해도, 모자라도 괜찮다고 위로하고 격려를 보낸다. 열심히 노력했지만 성공의 꿈을 이루지 못한 청춘들에게 희망의 메시지를 전하는데 이후 위로를 담은 책들이 자기계발서 시장에서 주류를 형성한다.

2010년대에 들어 자기계발서의 변화는 더욱 빨라진다. 2010년대 초반(2012~2013년) 4세대 자기계발서는 성공과 성과, 속도와 효율보다 느림과 여유, 비움과 나눔을 화두로 삼는다. 성공에 대한 집착, 강박을 내려놓고 더불어 살아가자는 메시지다. 이 시기에는 승자 독식의 사회에서 지나친 경쟁에 지친 사람들에게 작은 일에 감사하고 남을 위해 봉사하면서 살아가는 미덕과 덕망을 강조하는 책들이 인기를 얻는다. 더불어 살아가는 삶을 통해 힘든 현실을 이겨내자는 게 이 시기 자기계발서의 흐름이었다.

2015~2020년의 5세대 자기계발서는 초점이 나, 즉 자아로 좀 더 옮겨온다. 이때의 자기계발서는 성공을 위해 삶을 탕진당하지 말고 네가 하고 싶은 일을 하며 인생을 즐기라는 메시지를 담고 있다. 이런 책들이 과거 인기를 얻었던 '노력하면 성공할 수 있다' 식의 자기계발서에 식상한 독자들의 선택을 받았다.

이후 자기계발서는 일시적으로 침체기를 겪다가 최근 경기 불황이 계속되고 미래가 불확실해지면서 다시 인기를 얻는다. 특히 열악한 환경에서 자력갱생으로 부를 이룬 사람들의 이야기가 주목받으며 베스트셀러에 오른다. 경제적 자립을 이룬 조기 은퇴자를 일컫는 '파이어족'의 등장과 재테크 분야 등에 이목이 쏠리며 관련 책들이 유튜브 영상과 함께 자기계발 도서를 주도하고 있다.

자기는 계발되지 않고 자아만 탕진된다

지금까지 한 시대를 풍미했던 자기계발서 트렌드를 분석해보았다. 지은이는 다르지만 핵심 메시지는 같다. 지금 이대로는 변화에 적응할 수 없으니 어떻게든 변신해서 성공하면 지금보다 행복한 삶을 누릴 수 있다는 것이다. 그러나 여기에는 '단순화'라는 함정이 있다. 한 사람의 성공의 뒤안길에는 무수한 인연들이 복잡한 상호작용으로 얽혀 있다. 하지만 성공을 보장한다는 자기계발서들은 우연성이라는 중대한 변수를 외면한 채 삶을 지나치게 단순화시켜 설명한다. 실제의 삶은 책과는 달리 생각지도 못한 방향으로 움직이는 불확실한 세계다. 지금껏 입증된 온갖 과학적 법칙과 원리들을 동원해도 단순한 인과관계로 설명할 수 없다. 심지어 이 모든 걸 혼자서 해냈다고 믿는 것도 실상은 오해에 불과할 수 있다.

《자기계발의 덫》[117]을 쓴 미키 맥기는 사람이 혼자서 가꾸고 실현할 수 있다는 관념은 근본적으로 오해라고 주장한다. 이러한 견해는 자신의 근본인 사회적 위치로부터, 그리고 자신의 발전을 도와준 사람들로부터 스스로를 멀어지고 소원하게 만드는 심각한 잘못을 저지르게 한다고 비판한다.

　사회는 빠르게 변한다. 어제와 다른 세상이 눈앞으로 시시각각 펼쳐지면서 불안이 엄습한다. 변하지 않으면 도태될 수밖에 없다는 이야기가 사방에서 들려온다. 속수무책으로 내몰린 경쟁가도에서 살아남으려고 애쓰지만 더 나은 스펙만으로 미래를 보장받지는 못한다. 열심히 노력해도 미래는 여전히 암담하고 불확실하다. 그럴 때면 험난한 세상에서 시련과 역경을 이겨내고 마침내 성공했다는 확신에 찬 목소리가 더욱 유혹적이다. 그들은 더 강력한 무기로 경쟁력을 기르고 남들은 모르는 '성공의 지름길'로 오라고 손짓한다. 한편에선 삶의 의미와 가치를 탐구하는 대신 앞만 보고 달리라는, 무한경쟁 시대의 신자유주의 경제체제 담론만이 나를 채찍질한다. 사람들은 지치고 불안하다. 위로를 받아도, 새로운 비법을 계속해서 전수받아도 현실은 달라지지 않는다. 오히려 삶은 더욱 팍팍해지고 의욕은 점점 사라진다.

　'자기계발'이 가속화할수록 '자기'는 '계발'되지 않고 오히려 '자아'가 '탕진'되는 악순환은 왜 생기는 걸까? 뭔가 잘못되었다는 생각이 들지 않는가? 수많은 자기계발서의 메시지는 공통적으로 탈맥락적이다. 누구에게나 적용되는 보편적인 성공 법칙이 아니라는 뜻이다. 책에 담긴 내용을 나의 상황에 비추어 재해석하지 않는 한 악순환은 끊을 수 없다. 불안은 조급함을 낳고 이는 타인의 성공 비법에 매달리게 한다. 그러나 나와 맞지 않는 방법은 오히려 자아 상실로 이어진다. 꿈꾸던 미래는 더 멀어지고 불안은 더 커진다. 이런 자기계발을 계속할수록 결핍감을 채우려고 더 강한 자극을 찾게 된다. 악순환이다.

시공간을 초월한 보편적 성공 법칙

빅데이터가 유행이다. 엄청난 디지털 자료를 분석하여 의미 있는 결과를 도출한다. 응용 분야도 다양해서 앞으로 소비자가 어떤 선택을 할지, 기후 위기가 어떤 식으로 진행될지 예상할 수 있다. 빅데이터는 우리가 사는 세상을 더 잘 알게 해준다. 그러나 한계도 있다. 현상을 보여줄 뿐 그 이유는 설명하지 못한다.

　아침형 인간이 자기계발 시장을 석권했던 시기가 있었다. 지금까지 성공한 사람들의 사례를 분석해보니 주로 저녁에 일찍 자고 아침에 일찍 일어나더라는 근거가 제시된다. 실제로 아침 일찍 시작하는 사람이 성공할 수도 있다. 하지만 둘 사이의 인과관계는 분명하지 않다. 어떤 사람은 아침에 일찍 하루를 시작하지만 가난에 시달린다. '성공 사례'는 원인과 결과 사이에 필연적으로 개입했을 조건들을 간과한다. 아침 일찍 일어나서 무엇을 어떻게 하는지에 따라서 성공할 수도 있고 그렇지 못할 수도 있다는 사실을 간과하거나 무시한다. 수집한 개별 데이터를 곡해하여 '아침형 인간은 무조건 성공한다'는 일반화의 오류를 범한 것이다.

나는 아침형 인간과는 거리가 멀다. 오히려 '올빼미형 인간'에 속한다. 약 10년간 새벽 5시에 자고 아침 9시에 일어나서 공부하는 습관으로 박사학위를 받았다. 그후 삼성에 입사해서는 거꾸로 아침 5시에 일어나 출근하고 밤에는 늦어도 12시 전에 잠자리에 드는 아침형 인간으로 살았다. 강단에 서고 나서도 예전의 습관을 고수하다 얼마 전부터는 아침형도 아니고 심야형도 아닌 중간형으로 생활하고 있다. 주어진 조건과 상황마다 최적의 생활 습관이 있을 것이다. 근무 방식이나 업무 형태, 생활 리듬 등을 고려해야 한다. 모두에게 잘 들어맞는 생활 습관이 과연 있을까? '아침형 인간'은 죄가 없다. 구체성을 간과하고 지나치게 일반화한 성공 방정식을 강요하는 게 문제다. 또 하나, 성공은 결코 개인의 문제만이 아니다. 모든 성공과 실패의 원인을 개인의 생활 습관, 판단에 귀결시키는 자기계발은 복잡한 사회 관계망을 간과한다는 점에서 단순화의 오류를 범하고 있다.

성공하려면 중심을 잘 잡아야 한다. 삶의 목적과 소명이 정립되어 있지 않은 상태에서 남의 성공 이야기는 무의미하다. 무엇이 성공인지 모르는데 어떻게 성공을 이룰 수 있을까? '진정한 자기계발'을 하려면 '자기계발'이라는 한계를 넘어서야 한다. 한 번도 되어본 적이 없는 자기가 되어야 한다. 그렇다면 이러한 '자아 재창조'는 어떻게 가능할까? 진정한 자기 변신과 재창조는 현재적 삶에서 나온다. 매일 경험하는 일상을 삶의 경전으로 삼아, 자기만의 언어로 번역하는 순간 나만의 세계관이 열린다. 그 안에서 일생이론을 구축할 때 비로소 성공의 길은 나타날 것이다.

시선을 내 안으로 돌려야 한다. 가치 기준을 밖에 두는 대신 진정한 자기다움은 무엇인지, 나만의 언어와 스타일은 무엇인지, 어떻게 나만의 세계관을 구축할지 고민해야 한다. 남이 아닌 나로서 삶을 살아가는 것이다. 질문과 실험, 모색과 도전이 필요하다. 신념과 철학을 녹이는 인두 같은 문장을 만들어나가야 한다. 나를 세상의 중심에 세우는 일생이론은 그렇게 만들어진다. 치밀하면서도 치열한 문제의식으로 정련할 필요가 있다. 남들의 시선에 흔들리지 말고 지금 당장 '나다움'을 찾아 나서야 한다. 이것이야말로 성공으로 가는 길이자 진정한 행복으로 가는 길이다. 《몰입》[118]의 작가 칙센트미하이에 따르면 사람은 난이도가 약간 높은 과제를 어제와 다른 방법으로 몰입하면서 해결해나갈 때 행복한 성취감을 맛본다.

타인의 성공담은 참조 자료일 뿐이다. 베스트셀러 《성공하는 사람들의 7가지 습관》[119]의 저자로 유명한 스티븐 코비는 파산 경험이 있다. 누구보다도 성공을 역설했던 그가 왜 이런 일을 겪었을까? 성공의 법칙이라는 게 그때그때 다르기 때문이다. 그동안은 익숙한 방식으로 성공에 이를 수 있었다. 하지만 시대가 변하고 상황이 다르다면 거기에 걸맞은 방법으로 대응해야 한다. 게다가 개인이 아무리 노력한다 해도 실패를 피할 수 없을 때가 훨씬 많다. 삶은 개인의 뜻대로 흘러가기에는 너무도 복잡하고 불확실하다. 한 사람이 자기 경험으로 일궈낸 '자기계발 법칙'은 사회적 맥락을 결코 벗어날 수 없다.

지금은 감점(感點)과 세계감(世界感)이 필요한 때

지금 독자들이 읽고 있는 이 책도 마찬가지다. 나는 사회적 맥락과 관계없이 일반화시킬 수 있는 성공 법칙은 없다고 본다. 또한 성공이 개인의 외로운 노력의 산물이 아니라 환경과 제도, 타자와의 복잡한 상호작용의 결과라고 생각한다. 남의 성공 방정식은 내 삶의 무대에는 통용될 수 없음을 인정하면서 이 책은 출발한다. 성공은 단선적 인과관계로 일반화한 보편적인 법칙이 아니다.

삶은 계획대로 풀리지 않는, 예측 불허의 사건이 수시로 일어나는 격변의 현장이다. 그 치열한 현장에 몸을 던지지 않고서는 어떤 성취도 이룰 수 없다. 그런 의미에서 시련과 역경, 위기와 난국이야말로 성공의 재료다. 우리 삶은 하나의 정답으로 설명되지 않는 전쟁터나 다름없다. 어제와 다른 방법으로 모색하고 도전하며 시행착오를 거듭할수록 성공 가능성은 커진다. 우리 몸에 아로새겨지는 진한 감각적 얼룩과 무늬야말로 그 증거나 다름없다.

성공하려면 삶을 계획하는 만큼 느껴야 한다. 이문재 시인은《지금 여기가 맨 앞》[120]이라는 시집에서 지금 우리에게 필요한 것은 세계관(世界觀)이 아니라 '세계감(世界感)'이라고 말한다. 이성에 압도당한 감성을 회복해야 한다는 뜻이다. 몸으로 느끼는 감점(感點)이 없는 관점은 맹점(盲點)이고, 관점이 없는 감점(感點)은 결점(缺點)이다.

감점은 관점을 지배하고 통제하며 규제한다. 몸으로 느끼는 감점이 시점(視點)의 강도와 각도를 결정하고 관점의 깊이와 넓이를 통제한다. 기존의 자기계발서 상당수는 감점 대신 남의 관점만을 강조한다. 타인의 세계관에 종속되어서는 성공할 수 없다. 먼저 내 삶을 이끌어갈 존재 이유와 소명의식을 몸으로 느껴보는 일이 필요하다.

세계관은 세계감의 산물이다. 모든 관점에는 논리 이전의 감각적 느낌이 스며들어 있다. 사람은 이성과 논리로 살지 않는다. 논리만으로는 내 몸을 미지의 세계로 던지지 못한다. 경험이 많은 사람은 성공으로 가는 문과 길이 어디 있는지를 직감적으로 안다. 앎은 느낌 위에서 발현되는 부산물일 뿐이다.

'나만의 이야기'는 인공지능인 챗GPT가 흉내 낼 수 없다. 인공지능은 수집한 남의 글을 편집해서 순식간에 자기주장이라며 내놓지만 그에게는 몸이 만든 기억이 없다. 어딘가에서 흘렸던 눈물, 땀으로 뒤범벅된 열정적 깨달음으로 빚어낸 문장이 없다. 몸이 개입되지 않고 데이터를 편집한 문장에는 시간성과 공간성이 없다. 이런 글은 삶의 터전에 뿌리박은 체험적 지혜를 능가하지 못한다. 니체는 《즐거운 학문》[121]에서 '폭발적 전망'을 말한다. 이는 논리적 이해의 대상이 아니라 감각적 느낌의 대상이다. 머리가 아닌 가슴으로 느낄 때 위대한 혁명은 시작된다. 상황이 다급할 때 외려 검토하고 분석하는 논리적 이해는 과감한 결단과 실천을 방해하는 걸림돌일 뿐이다. 지금 내 몸으로 겪어보는 경험을 자기만의 언어로 창조하는 순간이다. 이렇게 빚어진 언어는 자기만의 성공 이론이라는 건축물의 재료가 된다.

감각적 체험은 논리적 이해에 선행한다. 내 몸을 관통한 깨달음은 앎의 소중한 원천이 된다. 몰입의 순간은 이를 잘 보여준다. 사랑하는 사람이 눈앞에 있다고 가정해보자. 지금 나는 어떤 상태인가. 이 감정은 어디에서 오는가. 누군가 쓴 연애 이론을 분석해서 얻은 감정인지, 아니면 사랑하는 대상에서 느껴지는 직관적 감각에서 오는지 우리는 안다. 이성적 판단 이전에 몸이 먼저 감각한다. 이성은 오히려 이러한 감각을 숨기려는 데 동원될 뿐이다.

진정한 자기계발은 이러한 우리 존재의 속성을 감안해야 한다. 남의 성공담을 이성적으로 분석하기보다, 내 몸에 축적된 느낌의 얼룩과 무늬를 돌아보아야 한다. 그랬을 때 결국 자기 철학과 신념이 담긴 이론을 구축해나갈 수 있다.

우리는 언제 감동을 느끼는가? 우리 사회는 점차 감동을 잃어가고 있는 것은 아닐까? 감동 없는 삶이 우리를 지배하는 이유는 무엇일까?

감동은 새로움에서 온다. 비슷한 일이 반복될 때 우리는 권태를 느낀다. 비슷비슷한 공산품 같은 선택지 앞에서는 감동을 느끼지 않는다. 감동은 고유함에서 온다. 어디서도 만날 수 없는 차이를 가진 예술 작품에 감탄하는 이유다. 고유한 개성을 지닌 대체 불가능한 아름다움은 우리에게 감동을 준다.

작은 커피집에서 만난 행복은 지점마다 맛의 차이가 거의 없는 프랜차이즈 커피를 마실 때와는 차원이 다르다. 뻔히 결말이 보일 때, 비슷한 일이 반복되리라는 예측이 확실할 때, 사람은 감동받지 않는다. 박제화된 타인의 경험에는 심장을 뛰게 하는 예측 불허의 가능성이 없다. 우리를 감동하게 하는 것은 다시는 찾아오지 않을 몰입과 집중의 순간이다.

우리가 인공지능이 만들어낸 결과물에 감탄하지만 감동하지 않는 이유다. 감동은 전대미문(前代未聞)의 독특한 경험을 금시초문(今始初聞)의 언어로 벼리는 가운데 찾아온다. 유일무이(唯一無二)한 깨달음의 교훈을 온몸으로 느낄 때 찾아오는 파토스다. 내 육신으로 건져 올린 깨달음을 고뇌를 거듭하며 벼린 언어로 번역할 때 일생이론이 탄생한다. 이렇게 만들어진 이야기는 다른 사람에게도 감동을 선사한다.

충동적 체험만 제공하는 정보가
위험한 까닭은?

디지털 수인(囚人) 관찰기

경험이나 체험은 감각적 변화를 일으킨다. 다만 경험이 좀 더 오래
지속한다는 차이가 있겠다. 안상순의 《우리말 어감 사전》[122]에 따르
면 체험은 비일상적이고 충격적이거나 단속적이어서 주로 일회성
으로 끝나는 의도적 계획의 산물이다. 예를 들면, 주말농장은 '체험'
이다. 일상적이지 않고 단시간 농사를 지어보는 것이니 주말농장
'경험'이라는 말이 어울리지 않는다. 기업에서 개발한 신제품을 출
시하기 전에 고객 '체험'단을 모집한다. 의도적으로 계획된 행사로
일회성에 그친다. 일회성이지만 예외적으로 '경험'이라는 말을 붙
일 때도 있다. 짜릿한 첫 키스의 추억이나 난생처음 번지점프를 해
본 사람들은 이를 첫 '경험'이라고 부른다.

체험이 과정에 중점을 둔 개념이라면, 경험은 지속되는 체험 속

에서 체득하는 지식이나 기술, 색다른 깨달음을 의미한다. 따라서 이후에 통찰이나 각성을 얻지 못했다면 이는 경험보다 체험에 가깝다.

벤야민은 경험과 체험을 구별하는 기준으로 '전통'과 '기억'을 든다. 그는 〈보들레르의 몇 가지 모티브에 관하여(Über einige Motive bei Baudelaire)〉[123]에서 경험을 이전의 전통에 비추어 재해석되는 기억으로 이해한다. 벤야민에게 '경험'은 하나의 사건이나 사고에 대한 단편적 추억의 파편이 아니다. 이전에 겪었던 다양한 작은 기억들이 하나의 체계로 구조화되면서 이전의 경험적 전통에 비추어 지금 겪고 있는 것들의 의미를 반복해서 재해석하는 작업이다. 그 결과 경험으로 축적되는 새로운 지혜는 새로운 전통을 구축하는 기반으로 작용한다. 반면에 체험은 경험과 달리 전승되거나 새로운 전통을 만드는 데 쓰이지 않는다.

충동적 체험이 경험을 대체하면서 생기는 위기

벤야민의 지적은 파편화된 정보나 이미지 자극이 순간적으로 출몰하는 디지털 사회에서 경청할 만하다. 디지털 플랫폼의 세계에서 우리는 충동적이고 단편적인 체험을 할 뿐이다. 정보는 다른 정보로 이어지고 때로 뒤섞이고 왜곡되면서 사용자들을 혼란에 빠뜨린다. 곳곳에 도사린 링크와 자극들은 하나의 정보를 온전히 이해하기 어렵게 한다. 갑자기 끼어드는 광고는 또 어떤가. 클릭을 유도하는 현란한 자극을 무시하고 오로지 애초에 목표한 정보에 집중하기란 쉽지 않다. 이런 상황에서 정보들은 하나의 의미체계로 정리되지 않은 채 분절화된다. 사용자들은 끝없이 쏟아지는 정보의 파도 속에 익사당할 지경이다. 운좋게 살아남았다 해도 '알고리즘'이라는 그물은 우리를 쉽게 놓아주지 않는다. 습관적인 클릭이 낳은 나의 취향과 기호는 계속해서 엇비슷한 정보들을 펼쳐놓는다. 이러한 경험은 우리를 지혜롭게 하기는커녕 기존에 가진 정보의 의미조차 제대로 파악하지 못하게 만든다.

한국교육방송공사(EBS)의 〈지식채널e〉라는 프로그램에서 이와 같은 문제를 탐구한 적이 있다. '우리의 뇌가 멍청해지는 이유―숏폼 콘텐츠의 위험성'이라는 제목으로 방영된 '몰입'은 동영상 등 이미지 중심의 정보를 소비하는 지금, 우리가 잃어버리고 있는 것들에 대해 질문을 던진다.

2012년에 53%였던 스마트폰 이용률은 10년 뒤 97%를 넘었다. 이제 거의 모든 사람이 SNS에서 정보를 접한다. 기술의 발달은 정보의 형태를 텍스트에서 자극적인 이미지나 짧은 영상(숏폼)으로 바꾸었다. 또한 EBS의 조사 결과에 따르면 숏폼 플랫폼의 1인당 월평균 사용 시간은 46시간 29분이며 유튜브 시청자 뷰의 88.2%가 60초 이내의 짧은 동영상인 '쇼츠'에서 발생했다고 한다. 유튜브 쇼츠 출시 이후, 영상 한 개를 시청하는 시간은 2분에서 1분으로 감소했으나 채널별 시청 시간은 2.3배 증가한 것으로 나타났다. 짧은 동영상을 더 많이 더 오래 본다는 뜻이다. 이러한 정보 소비 습관은 책 읽기에 영향을 미친다. 점점 두꺼운 책 읽기를 힘들어하는 사람들이 늘어나고 있다. 심지어 영화도 러닝 타임이 길다고 외면받는다고 한다.

사람들이 짧은 동영상 정보를 소비하면서 '생각하기'를 멈추고 있다. 비유적으로 말하면 어려우니 직설법으로 풀어달라고 요구한다. 표면적인 의미의 뒤안길에서 사색하고 상상하는 시간을 견디지 못한다. 언어의 껍데기를 깨고 파고들어 갈 여유가 없다. 심연에서 잠자고 있는 생각을 건져 올릴 기회가 없다. 왜 그런 결론이 났는지, 그 과정에서 무슨 갈등과 충돌이 일어났으며, 어떻게 해결되었는지를 고민하기보다 이러한 것들을 뭉뚱그려 짧게 요약해주기를 원한다. 맥락(context)은 사라지고 단편적인 지식만 남은 것이다. 눈을 통해 들어오는 정보를 무비판적으로 받아들이는 데 익숙해진 나머지 외부의 정보를 재가공하여 내 생각으로 전환시키는 '사색 노동'을 꺼린다.

정보에는 의미가 있다. 이들을 연결하여 새로운 정보를 만들어내는 일이 갈수록 어려워진다. 파편화된 정보를 일시적으로 '체험'하는 일이 반복될 뿐이다. 사유 없는 체험은 아무리 반복되어도 체험으로 남을 뿐이다. 경험이 되려면 필연적으로 자기 주관이라는 필터를 통과해야 한다. 알고리즘에 사로잡힌 디지털 세계에서 우리는 사유 자체를 박탈당했는지도 모른다.

자본주의 사회는 기본적으로 소비를 요구한다. 디지털 세계도 마찬가지다. 더 오랫동안 해당 플랫폼에 머물게 하려고 첨단 기법을 동원한다. 한편 오프라인과 마찬가지로 소비자들의 구매욕을 자극한다. 소비자가 망설이는 시간을 줄이려는 시도들이 계속된다. 이러한 정보들은 더 강렬하고 짜릿할수록 실제 구매로 이어진다. 그 안에서 능동적 소비 주체로 살아가기란 무척이나 어려운 일이다. 욕망을 건드리는 수많은 자극, 화려한 삶을 자랑하는 무수한 이미지와 각종 리뷰 앞에서 초연할 수 있는 사람은 많지 않다.

지그문트 바우만도 발터 벤야민처럼 체험과 경험을 구분한다. 《새로운 빈곤》[124]에서 바우만이 보는 체험은 난반사적이고 예측 불가능하며 즉흥적이고 충동적이다. 따라서 체험으로부터 배우는 교훈이나 깨달음은 없다. 반면에 경험은 일상에서 비교적 오랫동안 반복해서 이어진 활동이기에 깨우침과 교훈을 담고 있다. 벤야민과 바우만이 공통적으로 지적하고 있는 점은 '찰나적 체험'이 지속적 경험을 대체할 때의 위험성이다. 찰나적 체험은 자기만의 고유한 서사나 통찰을 구축하지 못한다. 이러한 통찰은 디지털 시대를 살아가는 우리에게 경종을 울린다. 자극적이고 파편화된 정보나 소비욕에 둘러싸이다 보면 자기 삶을 돌아보고 스스로 고유한 서사를 만들어가기란 매우 어렵다. 이를 현대인들이 겪고 있는 가장 심각한 삶의 위기로 보는 것이다.

소셜 미디어는 24시간 예배와 성찬식이 이루어지는 교회

기술이 발전하고 시공간을 초월한 연결이 실현되면서 역설적으로 사람들은 점점 경험을 통해 배울 기회를 잃어가고 있다. 배움은 지속적이고 반복적인 경험에서 나온다. 디지털 시대가 도래하면서 긴 호흡으로 자기만의 경험을 깊은 사색과 폭넓은 관점에서 재해석하는 시간이 사라지고 있다. 벤야민의 표현을 빌리면 "경험의 빈곤(Erfahrungsarmut)"이다[125]. 이때의 빈곤은 역설적으로 넘치는 정보에 기인한다. 매 순간 나를 유혹하는 정보에 시달리면서 정작 필요한 경험을 하지 못한다. 알고리즘은 정보의 늪에서 빠져나가지 못하게 우리를 옭아맨다. 결국 우리는 정보 중독에 걸린 채 의미 있는 경험을 구축할 가능성을 잃게 된다.

한병철의 《서사의 위기》에서 이러한 현대인의 처지를 개탄하며 "더 이상 꿈의 새가 살 둥지가 없다"고 말한다. 꿈의 새는 '정보 사냥꾼들'에 의해 모두 사냥당했다. 그 결과 우리는 '깊은 정신적 이완 상태'에 도달하지 못한다. 파편화된 정보들은 우리를 산만하게 만든다. 이완된 상태에서 무언가를 사색하고 관조하는 경험을 막는다. 주체적이고 자유로운 의지로 소통하는 대신 의도된 알고리즘을 따라 '참을 수 없는 체험의 가벼움'에 빠진다. 그럼에도 우리는 디지털 세계에서 자유롭다고 '착각'한다. 지금의 디지털 세계에서 정보를 통제하고 조정하는 주체는 사용자가 아니다. 오히려 그 반대다. 정보에 의해 사용자의 사고가 통제된다. 이런 상황에서 사용자는 '클릭하는 기계'로 전락하고 만다.

남은 것은 철저하게 계산된 알고리즘을 따라 그들이 요구하는 정보를 선택할 자유뿐이다. 온몸으로 도전하고 실패하며 배우는 실천과 행위로서의 자유가 아니다. '장바구니에 담기', '좋아요' 누르기조차 어쩌면 시스템에 의해 유도된 것일 수 있다. 그래서 한병철은 《정보의 지배》[126]에서 소셜 미디어는 교회와 같다고 했다. 그는 '좋아요'를 '아멘'으로, '공유'를 성찬식, 소비는 구원으로 표현한다. 플랫폼 관리자들은 이런 행위들이 어디서 얼마나 이루어지는지를 알고 있다. 실시간으로 검토하면서 조직화한다. 사용자는 그저 이 모든 '보이지 않는 손'을 알아채지 못한 채 수시로 스마트폰을 들여다볼 뿐이다.

찰나적 체험으로 지속되는 무의미한 소비

기억되지 않은 찰나적 자극은 시간적 흐름과 함께 날아가 버린다. SNS의 무수한 사진과 글, 유튜브의 동영상들은 순식간에 지나가는, 저장되지 않은 체험일 뿐이다. 한병철의 표현을 빌리자면 깊이 있는 의미가 담길 시간의 두께가 한없이 얇아지는 '시간적 위축증'에 걸린다. 이는 적은 노력으로 빠른 결과를 내려는 효율 중심주의, 과정적 사유보다 결과를 우선으로 하는 성과 제일주의를 양산해왔다.

깊이 생각하는 대신 빨리빨리 효과적으로 처리하는 데 몰두하느라 경험의 시간을 희생했다. 순간적 판단과 찰나적 연결이라는 인스턴트 기반 소통과 관계를 기반으로 생산성을 늘리려는 공장과 기계식 담론만 양산해왔다.

숙고와 성찰은 간데없고 담론과 논쟁은 사라졌으며 그 자리는 충동과 자극으로 채워졌다. 사고 혁명이나 패러다임 전환의 밑거름이 되어야 할 정보가 단순한 소비재로 전락한 것이다. 지금 이 순간도 '정보의 바다'에는 낯선 마주침보다 당장 구매나 참여로 이어질 선택의 순간으로 채워져 있다. 사용자는 시간의 주인이 아닌 단순 소비자가 된다. 끊임없이 출몰하는 자극적 정보에 사로잡혀 무의식적으로 클릭을 반복한다. 여기에는 경험이 구축한 과거나 미래의 전망이 빠져 있다. 오로지 무의미한 현재가 지속될 뿐이다.

벤야민의 지적대로 현대인은 심각한 '경험의 빈곤'에 허덕인다. 과거와 현재를 통찰하여 미래와 함께 일련의 연속선상에서 성찰해볼 기회가 점점 줄어들고 있다. 한 사람의 희로애락은 경험 속에서 씨줄과 날줄로 직조되면서 강력한 '서사적 장력'을 갖는다. 이는 과거 경험으로 현재를 재해석하고 미래를 상상하는 힘으로 작용한다.

시어도어 젤딘은 《인생의 발견》[127]에서 기억이야말로 미래를 구축하는 요소라고 했다. 기억이 빈약할수록 미래의 전망도 밝지 않다는 뜻이다. 우리가 경험으로 직조한 서사적 장력이야말로 과거의 경험이 추억으로 끝나지 않고 현재를 넘어 미래로 이어지게 한다.

데이터의 세계에는 서사가 없다

'서사적 장력'이 작용하는 긴 이야기에는 깊은 사유가 필요하다. 인생의 경험을 잘 곱씹어보고 그 안에서 감각적 깨달음이나 감성적 느낌을 되새겨보는 여유가 필요하다. 이때의 시간은 찰나적이지 않다. 디지털 세계에는 서사가 없다. 떠도는 정보들로 구성된 순간의 세계이기 때문이다. 접속하는 순간 사용자는 맥락에서 떨어져 나와 고립된다. 이야기는 자신이 속한 세계, 관계를 조망하는 통찰에서 나온다. 파편적인 정보로는 이야기를 구성할 수 없다. 한병철은《서사의 위기》에서 바로 이러한 점을 지적한다. 그에게 우리가 만나는 디지털 세계의 "정보는 그것을 감싸는 껍질이 없다"며 이를 '포르노적'이라고 비판한다. 곧바로 본론으로 들어가는 포르노에는 서사가 없다. 껍질이나 베일은 이야기의 본질이다.

'단도직입'은 우리에게 비판하고 사유할 시간을 주지 않는다. 곧바로 속살을 드러내는 그것들은 껍질을 벗겨내려는 노력을 허용하지 않는다. 행여라도 껍질이 보이면 사람들은 곧바로 다른 사이트로 이동한다. 원하는 것을 바로 얻는 데 익숙해진 탓이다. 속도와 효율이 중요한 디지털 세계에서는 해당 정보가 탄생한 사연과 배경 같은 맥락을 최대한 배제해야 한다. 시간은 더욱 빠른 속도로 흐르고 사용자들은 의미를 되새겨볼 여유가 없다. 여유가 없는 곳에는 사유도 없다.

한편에서는 이러한 사유야말로 쓸데없는 낭비로 여긴다. 실제로 IT 잡지 〈와이어드〉의 편집장 크리스 앤더슨은 〈이론의 종말〉에서 비슷한 주장을 펼친다. 그는 데이터로 세상의 복잡한 현상을 얼마든지 설명할 수 있다고 주장한다. 앞으로 더 데이터가 쌓이면 기존의 이론들은 완전히 쓸모없게 될지도 모른다고 전망한다(Wired Magazine, 2008년 7월 16일 기사). 향후 축적된 데이터가 그동안 인간이 구축한 그 어떤 이론보다 우리 사회를 더 잘 설명할 거라는 뜻이다. 하지만 앞서도 이야기했듯, 데이터는 과거를 기반으로 미래를 예측할 수는 있을지언정 우리가 원하는 답을 주지는 않는다. 도대체 왜 그런 현상이 발생하는지 설명하지 못한다. 그래서 한병철은 《정보의 지배》에서 빅데이터 기반 이론의 무용성을 주장한다. 그가 보기에 빅데이터에는 이야기가 없다. 흐름이나 성향을 반영할 뿐, 상황적 맥락과 문제의식이 없다. 당연히 의지나 열정 같은 우리 인간 삶을 더 나아지게 만드는 원동력이 될 요소들도 빠져 있다. 정보의 바다로 내몰린 사람들은 자기만의 이야기를 만들어갈 시간적 여유가 없다. 출몰하는 정보에 보다 발빠르게 반응하는 능력만이 중요하기 때문이다.

데이터가 쌓일수록 사유하는 능력은 점점 약해진다. 그런 의미에서 데이터는 이야기의 대척점에 있다. 이제 사람들은 자신이 어디에서 왔고 어디로 가고 있으며 어디로 갈 것인지를 데이터에 의지해야 한다. 사유하는 능력조차 빼앗길 처지다. 경험과 상상력이 이야기를 만든다. 하지만 디지털 세계에서는 그럴 시간은 물론 공간도 없다. 침묵하며 사색할 장소를 잃은 채 끊임없이 어디론가 흘러간다. 방향과 속도를 조절할 키와 노는 보이지 않는다.

현대인은 데이터 고기로 사육당하는 디지털 수인(囚人)

자극적인 정보들은 우리를 '디지털 동굴'에 가두어버린다(한병철, 2023).[128] 그곳에서 우리는 가공된 '데이터 고기'를 먹으며 사육당하는 '데이터 가축'이자 소비 동물이다. 무한정 주어지는 데이터 고기를 먹은 가축들은 초고속 성장을 거듭한다. 데이터 가축은 알고리즘으로 통제된다. 누군가 맞춤형 정보들로 좀 더 부드럽고 많은 양의 고기를 얻고자 한다는 사실을 모른 채 쾌락에 몸을 맡긴다. 동굴 밖에는 자신이 원하는 정보가 없다고 여긴다. 굳이 거센 눈보라와 비바람을 뚫고 험난한 세상으로 나갈 생각도 없다. 그렇게 '데이터 가축'은 평화롭고 안락한 동굴 안에서 살아간다. 이제 현대인들은 정보의 울타리에 갇혀 사는 데이터 수인(囚人)이나 다름없다.

현대인은 바쁘다. 해야 할 일도 많고 하지 않아야 할 일도 많다. 쉴 틈 없이 밀려드는 정보를 해석하고 저장하는 데만도 많은 시간이 든다. 현대인은 가던 길을 멈추고 진실된 이야기를 들어볼 여유가 없다. 출퇴근 시간, 우리를 목적지까지 데려다줄 운송 수단에 몸을 맡긴 채 스마트폰에서 눈을 떼지 못한다. 휴식을 취하는 것 같지만 자세히 보면 오히려 더 바쁜 시간을 보내고 있다. 스마트폰 속 시간은 초 단위로 흐른다. 그 짧은 순간에도 화면이 수십 번 바뀌고, 여기서 얻은 정보들은 하나의 의미로 엮일 시간도 없다. 토막 난 시간은 이어지지 않고 조각조각 흩어진다. 시시각각 발생하는 충동적인 정보와의 마주침은 곧 다른 마주침으로 대체된다.

시간이라는 점을 연결해서 선으로 만들어야 의미 있는 경험이 될 수 있다. 내가 살아오면서 직조한 지난 삶의 씨줄과 날줄이 하나의 경험이 되었을 때 이야기는 발생한다. 한 사람이 살아오면서 몸으로 겪은 이야기는 언제든 하나의 장편 서사가 될 수 있다. 디지털의 세계에서는 불가능한 일이다.

식사는 자기 삶을 돌보는 행위여야 한다. 우리는 정성껏 마련한 밥을 먹으며 또다시 내일을 맞이할 에너지와 힘을 얻는다. 머리를 맞대고 식사를 하며 소통하고 유대감을 높인다. 식사는 일상을 살아가는 사람들에게 즐거움이자 더불어 살아감을 느끼는 행복한 시간이다. 그러나 디지털 감옥에서 제공하는 '데이터 고기'는 식사라기보다 사료에 가깝다. 사료의 목적은 가축을 살찌우는 것이다. 디지털 세계에서 제공하는 사료는 마지못해서 때우는 한 끼의 음식에 불과하다. 디지털 세계에서 우리는 무엇을 찾고자 하는 걸까?

질주하는 정보와 정주하는 서사

촌음을 다투어가며 생성되었다가 소멸하는 정보는 원심력이 강하다. 그러다 보니 쉽게 중심을 잃고 바깥으로 밀려날 수 있다. 누군가 그 정보를 삶의 중심을 잡기 위한 구심력으로 삼으려 해도 쉽지 않다. 곧 중심축을 뒤흔들 만큼 강력한 정보의 폭풍이 휘몰아치기 시작한다. 원심력을 가속화하는 주범은 아날로그적 경험이 주는 물성보다 즉각적인 결과를 가져다주는 디지털 방식을 선호하는 효율 중심적 사고방식, 삶의 충만감을 가져오는 여백보다 속도감을 추구하려는 욕구, 불편함을 감수하고 보람을 느끼는 대신 편안하고 쉽게 목표를 달성하려는 성급함과 안이함이다. 여기에 익숙해지면 정보에 휩쓸려 자신이 누구인지조차 알 수 없게 된다. 아니, 알아보고자 하는 근성조차 잃어버린다. 잘 차려진 데이터 밥상 앞에서 알고리즘이 선택해주는 대로 숟가락질을 하며 살아간다. 사료는 먹고살려고 먹는 것이고 식사는 자기를 돌보기 위해 먹는 것이라고 했다. 이러한 '전략'은 우리가 거주하는 공간에도 영향을 미친다.

사료를 먹는 사람이 사는 곳은 당연히 집(home)일 수 없다. 이는 비와 바람을 막는 주택(house)에 가깝다. 이반 일리치는 '주택과 집'의 차이를 말한다. 주택이 사람이 짐과 가구를 보관하는 물리적인 장소라면, 집은 심리적으로 안정을 취하면서 내면의 힘을 길러줄 창의력의 터전이라고 했다. 그가 보기에 주택은 시멘트와 벽돌로

지어진, 가구나 기타 편의 시설이 들어선 상자에 불과하다. 반면에 집은 거주자의 따뜻한 온기가 흐르고 더불어 살아가는 희망의 연대를 생각하게 만드는 기억의 장소로 보았다. 일리치는《과거의 거울에 비추어》[129]에서 정주(定住)의 의미를 강조한다. 인간은 농경 시대 이후로 오랫동안 한곳에 머물러 살아왔다. 지금도 그렇다. 다만 양상이 바뀌어 어디나 마음대로 내 집으로 삼을 수는 없다. 대량 생산된 주택이나 건물에 대가를 지불하고 나서야 합법적인 정주자가 된다.

오늘날 사람들은 주택에 살고 있을까, 집에 살고 있을까? 저마다 생각이 다를 수 있지만, 아마도 많은 사람이 진정한 집의 의미가 퇴색되어 가고 있다는 데는 동감할 것이다. 일상이 바쁜 도시인들은 아침에 일어나면 급하게, 마치 사료를 먹듯 끼니를 해결하고 집을 나선다. 집에서 지내는 시간이 줄어들다 보니 집을 가꾸는 능력 또한 잃어버렸다. 편리함을 추구하여 가전제품과 전자기기를 채워 넣기에만 급급하다.

또한 한국인에게 집은 투자 대상이다. 경제적 가치를 먼저 생각하다 보니 끊임없이 이사를 다니며 온전히 정을 붙이고 살지 못한다. 이반 일리치가 말한 '정주(定住)'가 무색할 지경이다. 정주하지 못하는 사람은 삶을 온전한 하나의 서사로 만들어낼 수 없다. 자기만의 진실된 서사를 구축하려면 무엇보다도 '멈춤'이 필요하다. 정보는 질주하게 만들지만 서사는 정주하게 만든다. 서사는 정주한 인간이 자신의 삶을 경험으로 직조하면서 만들어낸 결과물이다. 서사는 본질적으로 아날로그적이다. 조각 난 정보를 짜깁기한 속성 가공물이 아니라 깊은 사유로 빚어낸 작품이다. 정주 속에서 창작된 서사야말로 한 사람을 삶의 주인공으로 재탄생시키는 예술 작품이다.

정보는 포르노지만 이야기는 에로틱하다

현대인의 시간은 연속성을 상실하고 있다. 원자화·파편화되면서 한 곳에 머무르지 못하고 그야말로 빛의 속도로 흘러간다. 선(線)이어야 할 시(時)가 점(點)으로 전락하는 것이다. 우리는 그 안에서 경험하고 사건을 맞으며 의미를 반추하고 사색할 시간을 잃었다. 홀로 덧없이 고독한 시간을 보내고 있을 뿐이다. 흐르는 시간을 붙잡고 멈춰 서서 무언가를 '맺음'으로써 의미를 생산해내고 싶지만, 마음과 달리 현실에 미끄러지고 떠밀려 어딘가로 흘러갈 뿐이다. 우리가 사는 사회의 시스템은 이를 더욱 강화한다. 확인 가능한 목표만을 가치 있게 여긴다. 그래서 매일 성과 달성을 외치며 행진곡을 틀어댄다. 그 안에서 살아남으려면 그저 앞만 보고 달릴 수밖에 없다. 유유자적 낯선 곳을 산책하는 방랑자의 마음과 태도를 잃은 지 오래다.

현대인들은 조급하고 불안하다. 신경과민과 막연한 두려움 속에서 안식을 찾아 신을 부르고 기도를 올린다. 파편적인 정보를 나누며 성찬식을 올리며, 소비를 통해 구원을 찾지만 뜻대로 되지는 않는다. 욕망이 커질수록 마음은 허전하고 지갑은 가벼워진다. 답답한 마음에 자기계발서에, 심지어 인공지능에 물어보아도 그럴듯한 답만 반복하니 위안은 잠시뿐이다. 진정 나를 감동시키는 이야기는 어디에도 없다.

속도를 강요하는 성과주의 사회

성과를 강요하는 사회에서 사람들은 자기 자신의 경영자, 자기 자신의 착취자일 뿐만 아니라, 자기 자신의 감시자로 살아간다. 자기를 착취하는 노동수용소를 몸에 달고 다니며 그 속에서 가해자인 동시에 피해자가 된다. 거대한 수용소의 감시탑인 파놉티콘의 눈을 피해 탈출을 꿈꾸지만 쉽지 않다. 멀리서 다시 붙들려온 사람들의 이야기가 들려온다.

가해자이자 피해자, 감시자이자 수감자인 현대인들은 그곳에서 모순된 역할을 동시에 수행하면서 목표 달성이라는 끝나지 않는 무한궤도 위를 질주한다. 그러다 언제 탈진할지 모르지만 아무도 인식하지 못한다. 예전에는 채찍을 동원했지만 오늘날은 당근으로 사람을 움직이는 탓이다. 강제성을 띤 규율 사회는 강력한 저항을 불러오지만 지금과 같은 성과 사회는 자발적인 투항을 가져온다. 우울증 환자와 낙오자를 대량 양산하면서도 멈추지 않는다. 사람들은 언젠가는 거기서 벗어나리라는 희망을 키우며 더 열심히 더 빨리 움직인다. 가끔 이제 그만 멈추고 여유를 갖자는 말이 들려오지만, 그 역시 더 빨리 더 오래 달리게 만들려는 다른 형태의 당근에 불과하다. 그 와중에 누군가의 성공담이 들려온다. 그들이 퍼뜨리는 성공 비책은 누구나 따라야 할 복음이 되어 더 많은 사람을 끌어들인다.

모든 것이 가속화되는 속도의 사회에서 효율이야말로 최고의 신이다. 더 빨리 더 많은 성과를 올려야 하기에 늘 시간이 부족하다. 그 안에서 우리는 자발적인 인질 혹은 지능적 노예로 전락하고 있다. 들뢰즈에 따르면 철학은 '바보처럼 굴기'에서 시작된다. 여기서 바보는 기존 체제에 대한 순응의 압박에서 벗어나 자유롭게 이탈할 용기를 가진 이단아다. 역설적으로 현대 사회에서 살아남으려면 지능이 아닌 '바보짓'을 개발해야 한다. 너무 똑똑해서 절대로 바보처럼 생각할 수 없는 인공지능보다 인간이 나은 점이기도 하다. 지능에 매달릴수록 우리는 종속된다.

'바보처럼 굴기'는 결국 자기만의 이야기를 만드는 것과 상통한다. 신체성을 통해, 땀으로 일궈낸 깨달음은 나만의 이야기를 엮어내는 재료가 된다. 여기에 서사적 상상력이 더해지면 이야기는 내 삶은 물론 세상을 밝히는 빛의 언어가 될 수 있다. 그것이 곧 자발적 성과주의 사회에서 소진되지 않고 살아갈 방법이 아닐까?

관계를 재창조하는 에로스의 가능성

데이터나 정보에 현혹당하지 말고 새로운 사물의 질서와 경이로운 일상의 신비를 발견하는 일에 뛰어들어야 한다. 이를 통해 어제와 다른 깨달음의 향연을 엮어내는 내러티브(서사, narrative) 탐구자가 되어야 한다. 나의 열정과 혼이 담긴 이야기, 땀과 눈물로 빚어낸 서사는 신뢰와 감동을 선사하는 작품이 된다. 오롯이 나와 대면하는 순간 눈앞의 장막이 걷히고 모든 것이 선명해진다. 파편적인 세상으로 유혹하는 손짓은 사라지고 토막 난 시간이 하나로 이어지면서 사유의 공간이 생긴다. 이제 비로소 우리는 디지털로 구축된 수용소에서 벗어날 수 있다. 탈출하고 나면 우리를 가둔 것이 무엇인지 보인다. 수용소에서는 욕망을 자극하는 각종 정보를 소비하느라 마음과 몸이 지쳐 있었다. 자기를 돌아볼 시간 없이 편리함에 길들여진 채 지루한 노동을 반복했을 뿐이다. 편리는 결국 불편을 불러온다. 편리는 삶의 본질과 진리로 향하는 길을 막아버린다.

일생이론은 수용소를 탈출하는, 외부의 힘에 끌려다니는 삶을 종식시키고 나와 주변의 관계 속에서 무게중심을 잡는 데 도움을 준다. 스스로 세상을 이끌어가는 '구심력' 인생을 살아가는 한 가지 방도(方道)다. 이를 실천하려면 결단이 필요하다. 우리 인생에서는 아무리 노력해도 뜻대로 되지 않는 일이 허다하다. 애초에 모든 걸 통제할 수 있다는 생각 자체가 무리다. 나와 세상을 바꾸는 것은 의지가 아니라 몸을 움직이며 만드는 구체적인 실천이다. 최대한 나를 힘들고 불편하게 해야 그 길을 갈 수 있다. 고생스럽지만 그 끝에는 어둠을 거두는 진리의 불빛이 기다리고 있다. 지금까지의 나를 극복하고 새로운 생각으로 거듭나는 순간이 찾아온다.

일생이론에서 구심력은 세상을 자기 위주로 꿰맞추려는 헛된 야망이 아니다. 나를 지키되 나를 내려놓는, 나의 본성과 타자의 이질성, 서로의 상처와 고통까지 녹여내어 융합하는 에로스적 사랑의 산물이다. 한병철이 《에로스의 종말》[130]에서 말하는 에로스란 나의 지배 영역에 포섭되지 않는 강한 타자다. 자본이 정한 상품이나 누군가 제시한 성공 처방전에 포섭당한 삶에서는 실현되지 않는 사랑이다. 같은 책에서 한병철은 사랑하는 사람 간의 관계를 자기 안에서는 죽지만 타자 속에서 다시 태어나는 것으로 설명한다. 에로스는 상호적이다. 늘 베일에 가려져 있고 내 뜻대로 움직일 수 없지만 타자와의 관계 속에서 그 정체를 온전히 드러낸다.

또한 에로스는 관계를 통해 나 자신을 변화시킨다. 사랑에 빠진 사람은 변화를 추구한다. 어제의 나와는 다른 새로운 모습으로 거듭나고 싶어 한다. 나와 다른 타자의 모습을 보면서 생각의 씨앗을 키우고 가꾸어나간다. 어쩌면 에로스는 개체로 있을 때는 실현 불가능한 일들을 현실화하는 마법과도 같은 힘인지도 모른다. 한계를 알면서도 불가능성을 포용하고, 나를 바꾸어 관계를 재창조하려는 욕망은 에로스만이 선사할 수 있는 신비의 선물이 아닐까?

깊이 읽지 않으면
기피 대상이 된다

상상력을 가로막는 영상의 한계

오늘날 우리는 이미지와 영상의 바다에서 표류하고 있다. 책을 읽지 않고 영상만 보는 사람이 많아졌다. 그게 확실히 편하기는 하다. 읽는 행위는 숨겨진 의도나 행간의 의미를 끄집어내려는 노력을 요구한다. 피곤한 일이다. 그래서 요즘은 긴 글을 잘 안 읽는다. 읽더라도 대충 읽는다. 깊이 있는 독서 경험이 없으니 타성에 젖은 생각에 휩싸이고, 쓰지 않으니 내 생각이 얼마나 허술한지 확인할 길이 없다. 동영상의 시대에 독서란 이미 지나간 얘기인지도 모른다. 언젠가는 사라질지도 모르겠다. 그럼에도 사람들은 늘 뭔가를 본다. 주의를 기울여 읽지 않고 그냥 관람한다. 유람하면서 바깥 풍경을 주마간산(走馬看山) 격으로 스쳐 지나가듯 본다. 대충 보니 사고가 깊어질 리 없다.

독서가 없으니 질문도 없다. 읽으면서 캐묻지 않으니 문제의식은 시류에 묻히거나 떠내려간다. 책을 읽는 사람은 줄어드는데 이상하게도 글을 쓰는 사람은 많아지고 있다. 그래서인지 최근 들어 글쓰기를 가르치는 책이 자주 눈에 들어온다. 펼쳐 보면 각종 비법이 실려 있다. 빨리 쓰는 법, 잘 팔리는 책 쓰는 법, 재미있게 쓰는 법…. 반가우면서도 한편으로는 걱정이 앞선다. 읽지 않는 문화 속에서 글을 쓴다는 건 무엇일까? 우후죽순(雨後竹筍)으로 글쓰기 비법을 담은 책들이 늘어나는 현상을 어떻게 바라봐야 할까?

고독한 독자(讀者)와 외로운 독자(獨者) 사이

하이데거는 《존재와 시간》[131]에서 불안을 인간의 운명으로 보았다. 그에 따르면 '진짜 나'는 시끌벅적한 만남이 아닌 불안하지만 혼자 있으면서 존재의 의미를 생각하고 성찰하는 고독(solitude)한 시간 속에서 만들어진다. 그러나 현대인은 하이데거의 이런 지적과는 다른 삶을 산다. 오늘날 사람들은 누군가와 연결돼 있지 않으면 불안하다. 그래서 틈나는 대로 SNS를 확인한다. 팔로워와 '좋아요'의 개수가 그날의 기분을 좌우한다.

현대인들은 외로움과 불안 속에서 살아간다. 내가 맺은 관계에서 소외당하지는 않을지, 거절당하지는 않을지 걱정이다. 홀로 있으면서 사색하고 성찰하는 게 아니라 불안한 마음에 관계를 확인하는 데 시간을 허비한다. 우리는 '소외'에 민감하다. 함께 있지 않으면 나만 떨어져 있다고 생각한다. 이런 상황에서 하이데거가 말한 복잡한 관계에서 스스로 벗어나기, 즉 '자발적인 자가 격리'를 실천하기란 불가능하다. 차분히 자기와 대면하고 대화하는 시간이 없으니 내가 누구인지도 모른 채 다른 사람과의 관계 속에서 방황하는 안타까운 현실이 반복될 뿐이다. 여기서 우리는 외로움과 고독을 나누어 생각해볼 필요가 있다.

외로움은 단절된 관계 속에서 느끼는 정신적 공허감이지만 고독은 스스로 관계 속에서 떨어져 나와 스스로를 다독이면서 만나는 감정이다. 고독의 시간은 자기를 성찰하며 보내는 적극적인 자아 발견의 시간이다. 외로움과 고독의 차이는 콜린스(Collins) 영어사전에 더욱 극명하게 드러난다. 외로움은 대화할 상대나 친구가 없어 느끼게 되는 불행한 감정이고 고독은 혼자 있어 특히 평화롭고 즐거운 상태를 뜻한다. 외로움이 관계의 단절에서 오는 부정적 감정이라면 고독은 자발적으로 느끼는 긍정적 감정이다.

정신분석학자 해리 스택 설리반도 두 개념을 나누어 설명했다. '관계로부터 격리된 부정적 혼자됨'을 외로움으로, '스스로 선택해 나다움을 찾는 긍정적 혼자됨'을 고독'으로 구분했다. 바우만은 《고독을 잃어버린 시간》[132]에서 외로움과 고독을 말한다. 그가 보기에 외로운 사람은 점점 더 외로움에 휩싸여 본래의 자기를 찾아가지 못하지만, 고독한 사람은 내면과의 대화를 통해 중심성을 잃지 않고 참된 나를 찾아가는 여행을 즐길 수 있다. 외로운 사람은 자기 감정에 휩싸여 타자와의 관계에서도 기쁨을 나눌 수 없다. 심지어 혼자 있는 시간에 책을 읽는 일도 피한다. 그렇게 외로운 자기를 대면할 기회조차 외면한다.

책 읽기는 고독한 행위다. 혼자만의 시간을 갖고 천천히 읽은 내용을 곱씹는 일은 누구와도 함께할 수 없다. 그러나 그만큼의 보람이 있기에 힘들더라도 고독을 벗 삼아 책상 앞에 앉는다. 외로운 사람은 책을 읽지 않는다. 대신 스마트폰을 끼고 산다. SNS에서 끝없이 이어지는 글을 읽는다. 아니 읽는다기보다는 '훑는다'에 가깝다. 집중하지 못하고 단지 마음이 끌리는 대로 배회하다가 어떤 구절이나 이미지에 잠시 머무를 뿐이다. 외로움이 온전히 의미를 읽어내기 어렵게 한다. 화려한 시각적 정보들이 눈앞에서 지나가지만 마음 깊이 들어오지 않는다. 뇌로 입력된 정보를 새롭게 구성하려면 약간의 노력이 필요하다. 텍스트의 껍질을 벗겨내고 표면의 안쪽으로 파고들어야 한다.

책을 제대로 읽으려면 글쓴이의 의도를 캐물어야 한다. 그래야 귀중한 보석을 캐낼 수 있다. 캐묻는 행위는 사유를 요구한다. 독자로서 철저하게 고독하지 않으면 안 되는 이유다. 고독(孤獨)한 독자만이 광맥에 다다를 수 있다. 고독이 의미를 해독하고 독해할 수 있는 길로 파고든다. 외로운 독자는 온전히 책 속으로 들어가지 못하고 겉을 맴돈다. 몸은 여기 있지만 생각은 딴 곳을 향한다. 반쯤 떠

있는 상태다. 몸이 정신을 통제하지 못하고 정신 또한 몸을 통제하지 못한다. 고독한 독자만이 저자의 깊은 사유 속으로 잠입해서 지적 유영을 즐길 수 있다. 그 시간을 지나 다시 내게로 돌아오면서 자기를 성찰하는 독서로 마무리한다. "영감은 오직 고독 속에서만 얻을 수 있다"는 괴테의 말도 이와 같은 맥락이리라.

읽고 쓰는 시대에서 보고 찍는 시대로

김성우·엄기호의《유튜브는 책을 집어삼킬 것인가》[133]에는 오늘날 정보 소비 방식에 관한 이야기가 나온다. 과거처럼 '읽고 쓰는' 게 아니라 '보고 찍는' 것이 대세라는 것이다. 그 결과 정보를 얻고 이야기를 구성하는 방식이 바뀌고 있다고 지적한다.

기술 발달의 결과로 생긴 새로운 미디어는 우리 삶의 모습을 바꾸어 놓았다. 종이에 인쇄된 문자를 해독하고 손으로 글씨를 쓰는 데 익숙했던 시대에서 어느새 화면을 보며 글을 읽고 문자를 입력하는 시대가 되었다. 이는 감각의 차이뿐만 아니라 읽기와 쓰기 자체의 차이를 만든다. 종이 위에 쓸 때와 키보드로 입력할 때 촉감은 물론 속도와 효율에서 차이가 난다. 후자의 경우 생각해서 글을 쓰기보다 글을 쓰면서 생각하는 측면이 강하다. 한 문장을 쓰면 그 문장이 생각을 낳고 그 생각이 또 다른 문장을 몰고 온다. 기술과 미디어의 발달로 이제 생각하기와 쓰기가 동시다발로 이루어지는 글쓰기가 가능해졌다.

독자의 측면에서도 큰 변화가 있었다. 스마트폰이 등장하면서 사람들은 점차 두꺼운 책을 멀리하고 SNS상에 끊임없이 흐르는 조각 글이나 짤막한 영상을 수시로 본다. 깊이 읽지 않고 대강 훑어본다. 책을 읽고 글을 쓰는 대신에 영상을 보고 찍고 올린다. 읽는 행위가 보는 행위로 바뀌고 쓰기가 '찍기'로 바뀌면서 인지 양식은 물론 사물이나 현상을 이해하는 방식에도 혁명적인 변화가 생겼다.

책을 읽을 때와 동영상을 볼 때 우리 뇌는 각각 다르게 반응한다. 독서는 적극적인 개입을 요구한다. 그러지 않고서는 의미 파악이 쉽지 않다. 예를 들면 니체의 《차라투스트라는 이렇게 말했다》에는 "일체의 글 가운데 나는 피로 쓴 것만을 사랑한다"[134]는 말이 나온다. '피로 쓴 글'은 어떤 글일까? 여기서 말하는 피는 무슨 함의가 있을까? 단어 그대로 '혈서'를 말하는 걸까? 우리 머릿속에 수많은 질문이 떠오른다. 답도 저마다 다르다. 해석하는 사람에 따라 각자 다른 의미로 받아들일 것이다. 하지만 웬만한 경험과 독서 이력을 가진 사람이라면 여기서 의미하는 '피'가 작가가 직접 몸으로 겪은 체험임을 감지했을 것이다. 결국 니체의 말은 남의 생각에 의지해서 관념적으로 쓴 글이 아닌 스스로 몸을 던져 산전수전 속에서 깨달은 '체험적 글쓰기'를 사랑하겠다는 선언이다. 사람마다 독서 경험이 다른 이유는 텍스트를 둘러싼 맥락에 대한 이해 차이 때문이다. 텍스트를 온전히 이해하려면 자기 사유가 적극적으로 개입할 수밖에 없다. 그러지 않으면 의미 파악이 불가능하다.

'보기'는 다르다. 눈을 통해 들어온 영상 이미지는 직관적이다. 가만히 있어도 그것이 전하려는 의도가 무엇인지를 볼 수 있다. 물론 어떤 영상 이미지는 직접적이지 않아서 저마다 다른 상상을 불러오기도 한다. 영화가 그렇다. 예술로서 영화가 전하는 이미지는 관객으로 하여금 많은 상상을 하게 한다. 하지만 요즘 유행하는 짧은 영상은 그 목적이 '이해'가 아닌 '자극'에 있다. 구독자 수에 집착한 자극적인 영상들이 난무한다. 여기에는 별다른 해석의 여지가 없다. 단도직입적이라 보는 순간 바로 알아챌 수 있다. 그러니 굳이 이면을 파고들 필요가 없다.

참을 수 없는 영상 메시지의 가벼움

김성호와 엄기호의 《유튜브는 책을 집어삼킬 것인가》에 따르면 텍스트 매체의 경우 추상적인 의미를 담고 있는 수많은 텍스트를 모으고 변형해서 새로운 텍스트를 생산하기가 비교적 수월하다고 한다. 그러나 구체적인 방법이나 예시를 보여주는 영상은 아무리 재구성해도 새로운 영상으로 만들기가 쉽지 않다. 추상성이 높을수록 텍스트가 효과적이고 구체적인 메시지는 동영상이 편하다. 글로 설명하기보다 동영상을 보며 따라 하는 게 낫다. 반면에 감정을 전하는 데는 영상보다 한 줄의 문장이 더 적합하다.

저자들에 따르면 이러한 차이는 재현(represent)과 상징(symbol)의 차이에서 온다.[135] 영상은 실제 모습을 그대로 보여주지만 언어로 이루어진 텍스트는 추상적인 개념을 사물에 빗대어 의미를 전달하는 데 익숙하다. 추상은 직관적인 이해가 어렵지만 그만큼 복잡한 의미를 담아낼 수 있다. 일상에서 만나는 다양한 사례나 의미를 통합적으로 이해할 수 있게 한다. 예를 들면 "관계가 존재를 규정한다"는 추상적인 명제를 영상만으로 설명하기는 어렵다. 존재와 관계에 대한 통찰에는 언어가 필요하다. 한 존재가 다른 존재와 맺는 관계에 의해 결정될 수밖에 없는 이유를 논리적으로 증명하고 예증할 때 비로소 우리는 이 명제의 참뜻을 이해할 수 있다. 이러한 깨달음의 과정은 사유의 깊이를 더해준다. 추상적 사유를 통해 파편적인 개별 사례를 통합적으로 이해할 수 있는 능력이 길러진다. 통합적 이해는 거꾸로 개별 사례를 해석하고 분석하는 능력을 길러준다.

서점에서 독자를 기다리는 책이 한 권 있다. 이 책은 그 자체만으로는 아무런 의미가 없는 그저 '종이 묶음'에 불과할 수 있다. 하지만 서점에 들른 독자가 집어드는 순간, 즉 새롭게 관계를 맺는 순간 이 책의 존재 의미는 달라진다. 이는 어떤 독자와 만나느냐에 따라 각기 다른 모습으로 존재하게 된다. 똑같은 한 권의 책이 어떤 이에게는 소일거리가 되고 또 어떤 이에게는 인생을 바꾸는 운명의 책이 된다.

때로 글을 영상으로 옮기는 경우가 있다. 원작이 있는 영화가 그렇다. 톨스토이의 《안나 카레니나》[136]나 보리스 파스테르나크의 《닥터 지바고》[137]는 영화로도 널리 알려진 작품이다. 장편 소설을 미리 읽어본 사람이라면 후에 영화로 만났을 때의 차이를 실감할 수 있다. 여러 이유가 있겠으나 언어적 텍스트와 영상 이미지라는 매체 차이가 가장 크다. 읽기와 보기는 상상의 수준이 다르다. 예를 들면 《안나 카레니나》에 나오는 "행복한 가정은 모두 고만고만하지만 무릇 불행한 가정은 나름나름으로 불행하다"[138]는 문장을 영화에서는 인물과 배경, 그리고 사건을 통해 보여준다. 오로지 문장으로만 구성된 소설은 직접 눈으로 볼 수 없으므로 상상으로 채워야 한다. 텍스트는 묘사나 기술, 상징이나 추상을 통해 독자의 상상력을 자극하지만 영상은 구체적인 이미지로 보여주니 상상할 필요가 없다.

텍스트는 여백이 많다. 그래서 한 권의 책을 읽고 저마다 다른 상상력으로 다르게 해석해내는 독자가 존재하지만 영화는 그렇지 않다. 물론 다르게 해석할 여지는 있지만 소설만큼은 아니다. 영화에는 호불호가 작용하여 사람마다 감동의 깊이나 재미가 다를 수 있으나 글로 쓰인 소설만큼 해석의 자유도가 높지는 않다. 김성호와 엄기호는 영상 매체는 속성상 우리가 수동적으로 반응할 수밖에 없음을 지적한다. 글로 묘사된 장면은 보는 순간 끊임없이 머릿속에서 그려보아야 한다. 그러나 이미 이미지로 구성된 영상은 이런 과정을 생략한다.[139] 우리 뇌는 시각적 이미지를 액면 그대로 받아들이면서 특별한 개입 없이 인지하지만 텍스트 메시지는 해석 과정을 거친다. 우리 뇌는 책을 읽으면서 다양한 시뮬레이션 작업을 하는 데 여기에는 자기 경험과 기존에 습득한 지식 등이 동원된다. 예를 들면, 《로미오와 줄리엣》[140]을 읽을 때 셰익스피어는 각본을 제공하는 데 머물 뿐 이를 연극으로 만드는 것은 우리의 뇌라고 저자들은 말한다.[141] 저마다 다른 무대와 연출이 있을 테니 100명이 읽었다면 100편의 연극이 상연되는 셈이다.

영상 미디어가 텍스트를 대체하는 시대가 펼쳐진다고 해도, 심오한 학문적 이론과 난해하고 복잡한 과학적 발견을 전달하는 데는 한계가 있다. 설령 촌철살인의 유머와 설명 능력을 지닌 뛰어난 연사가 등장해 심오한 과학적 발견이나 이론체계를 소개한다고 해도 마찬가지다. 이는 전달자의 고단한 노력 덕분에 누리는 감지덕지(感之德之)의 혜택이다. 그러나 이해는 다른 차원의 영역이다. 사람들은 동영상 강의를 통해 새로운 사실을 배울 수는 있으나 깊이 있는 공부가 되려면 특별한 노력이 필요하다. 수고스러운 노동으로 복잡하고 난해한 의미망을 통과한 사람과 전문가의 설명을 들은 사람 사이에는 현격한 차이가 존재한다.

풍부한 글쓰기 경험과 탁월한 전달력을 지닌 작가가 나타나 글쓰기 비법을 동영상에 담아 전달한다 해도 직접 써보지 않는 이상은 절대로 내 것으로 체화되지 않는다. 단순한 시청은 체험적 깨달음과는 거리가 멀다. 나의 신념이 더해지지 않고 문제 해결 과정을 겪어보지 않았기 때문이다. 영상 속 메시지를 내 것으로 만들려면 후속 작업이 필요하다. 읽기로 깨달음을 정련하고 쓰기로 사유를 체계화해야 비로소 내 것이 된다. 읽고 쓰지 않으면 남에게 읽히고 쓰임을 받지 못하는 이유다.

상상력이 풍부한 원작을 토대로 만들어진 영화를 보며 '참을 수 없는 영상의 가벼움'을 경험한 사람이 적지 않다. 감독만의 잘못이 아니다. 영상만으로는 비상하는 상상력의 날갯짓을 보여주기에 한계가 있다. 무한한 가능성을 지닌 텍스트야말로 끝없이 펼쳐지는 상상력의 텃밭이다.

읽기의 길이가 사유의 길이다

영상과 이미지가 대세인 시대, 우리는 왜 여전히 긴 글을 읽어야 할까? 결론적으로 이야기하면 긴 글을 읽지 않으면 우리 사유도 짧아지기 때문이다. 즉 짧은 동영상이나 짧은 글에 익숙해지면 사유의 길이도 짧아진다. 시야가 좁아지고 깊게 생각할 수 있는 사고력이 실종되기 시작한다. 긴 글 읽기의 실종 사태는 어제오늘 일이 아니다.

김성우, 엄기호의 《유튜브는 책을 집어삼킬 것인가》는 긴 글 읽기가 단순히 독해의 문제가 아니라고 말한다.[142] 글에 집중하지 않으면 작가가 전하고자 하는 바를 간파하기가 쉽지 않다. 그러나 우리들의 뇌는 이미 짧은 글을 대충 훑어보고 섣불리 판단하는 습관에 빠져 있다. 멈추어 생각하지 않는 읽기, 건성으로 보는 읽기가 득세한다. 긴 글을 처음부터 끝까지 진중하게 읽는 능력은 이제 특별한 소수만의 재능이 된 걸까?

긴 글을 읽고 나의 관점에서 발췌하고 요약하는 능력은 독서의 기본이자 필살기다. 스스로 정보를 추려 요약하지 못하는 사람은 타자의 사고에 종속되어 살 수밖에 없다. 장문의 글을 읽을 수도 없고 읽어도 핵심을 놓친다. 어쩔 수 없이 다른 사람이 요약한 내용에 의존하게 되고, 이는 복잡한 세상을 단순하게 바라보는 결과를 낳는다. 사유의 과정이 빠져 있기 때문이다. 내 사고의 진원지가 내가 아닌 남이라면 이것이야말로 정신적 식민지 상태가 아닌가.

김성우, 엄기호는 긴 글 읽기가 시스템을 구성하는 능력으로 이어진다고 본다. 독서라는 행위를 통해 저자의 고민과 사고의 흔적을 하나의 논리적 구조로 체계화하는 작업이 가능하다. 이는 '생각의 체계화'를 배우고 연습하는 과정이기도 하다. 저자의 논리적 흐름을 따라가며 텍스트를 읽다 보면 자연스럽게 구조와 체계를 익히게 된다. 예컨대 등장인물이 각축전을 벌이며 이야기가 전개되는 장편 소설 한 편을 읽으면서 우리는 '구조화'를 경험한다. 전체 내용을 일일이 기억하지는 못하더라도 사건의 흐름이나 결말로 이어지는 방식은 마음의 지도에 남는다. 내가 읽은 글의 길이만큼 사유도 깊어진다. 이는 나중에 내가 쓰게 될 글의 길이를 결정한다. 글을 길게 쓰지 못하는 이유는 이를 감당할 만큼의 재료가 없기 때문이다. 긴 글에는 저자 특유의 신념으로 빚어낸 다양한 개념이 등장한다. 어떤 면에서 독서는 저자들이 강조하거나 새롭게 창조한 개념의 향연을 즐기는 행위다.

영상이 대세인 요즘 개념적 사유가 실종되면서 단편적 정보와 부분적 이해가 난무한다. 깊은 사유와 사색 끝에 자기만의 신념을 오롯이 담아낸 글을 찾기 어렵다. 자극적이고 선정적인 문장으로 사람들의 관심을 얻으려는 글들이 넘쳐난다. 독자들이 이런 글에 익숙해지면 좋은 글을 만날 기회도 줄어든다. 이는 독자로서도 불행한 일이다. 집중하고 몰입하는 읽기와 글쓰기는 타인과 사유를 나누며 지혜를 넓혀가는 작업이다. 책 속에 있는 개념을 내 삶에 비추어 반추하면서 나만의 사색과 고뇌를 담아내는 또 다른 개념으로 재정의하지 않으면 타인이 심어놓은 생각의 식민지에서 살아갈 수밖에 없다.

자기계발은
협력적 관계 형성 작업이다

한나 아렌트의 철학으로 보는
자기계발의 진정한 의미

한나 아렌트는 《인간의 조건》[143] 에서 '탄생성(natality)'이라는 개념을 제시한다. 탄생성은 대체 불가능한 고유한 삶의 시작이다. 탄생은 생물학적으로 태어나는 제1의 탄생과 말과 행위를 통해 공동체에 참여하는 제2의 탄생으로 구분된다. 제1의 탄생이 한 인간의 존재론적 고유성과 연관된 '사실적 탄생'이라면 제2의 탄생은 내가 지닌 새로움과 타자가 지닌 새로움이 만나 공동체를 이루어 살아가는 미덕을 배우는 '정치적 탄생'이라고 볼 수 있다.

　1차적 탄생은 일회적 사건으로 끝나는 데 반해 2차적 탄생은 한 생명이 사멸하기 전까지 끊임없이 발생하는 연속적 사건이다. 아렌트에게 탄생성은 고유성과 지속성 그리고 역동성을 지닌다. 모든 인간은 그 누구와도 다른 존재로서 고유성을 지닌 채 태어난다. 인간의 정체성은 한 번의 탄생으로 결정되지 않는다. 이후로 끊임없이 변화하는 역동적 과정을 거친다. 이런 점에서 아렌트가 말하는 탄생성은 정체된 명사가 아니라 부단히 변신을 거듭하는 역동적 동사다. 아렌트는 인간은 태어나서 죽을 때까지 세 가지 활동(praxis)이나 실천을 통해 자신의 존재 이유나 가치를 드러낸다고 본다. 그녀는 인간의 본질을 '정신'이 아닌 세 가지 활동에서 찾는다. 자신을 표현하고 드러내는 양식으로서 노동(labor), 작업(work), 행위(action)가 바로 그것이다.

고립적 노동과 작업을 넘어 협력적 행위로

아렌트에 의하면 노동(labor)은 인간의 '생명 유지'를 목적으로 하는 신체적이고 생물학적인 활동으로서, 사적 영역에 속한다. 노동은 인간이 생명을 유지하려면 반드시 수행해야 하는 지극히 기초적이고 필수적이며 개인적인 활동이다. 이는 개인의 생존에 집착한 나머지 노동의 사회성을 간과할 위험성을 내포한다. 그녀가 노동에만 집착하는 개인은 세계로부터 추방되는 상황에 처할 수 있음을 경고하는 이유다.

노동은 즉각적으로 '소비'되는 대상물을 생산하는 '생존' 행위다. 노동은 생물학적 필요조건을 충족시키려면 살아 있는 한 무한히 반복할 수밖에 없는 숙명이다. 노동은 태생적 한계를 안고 있다. 생물학적 생존을 위한 필수 요소지만 노동의 산물은 일시적이며 지속적인 가치를 창출하지 못한다는 점이다. 이에 반해 작업(work)은 생존 차원의 노동을 넘어 세상에 의미 있는 무언가를 만드는 활동(making)이다. 노동의 순간성을 극복하고 후세에 자기 존재의 의미와 가치를 확인받으려는 행동이다.

인간은 동물과 달리 단순히 먹고살려고 살지 않는다. 생명의 유한함과 인생의 무상함을 생각하고 예술적으로 표현한다. 먹고살기 위해서는 필연적으로 노동을 할 수밖에 없었던 인간이 자연에 존재하지 않는 인공물을 만들어냄으로써 세계와의 연계를 꿈꾸는 것이다. 사적인 속성을 지니는 노동과 달리 작업은 작품을 통해 공동체와 소통하는 공적 행위가 된다. 하지만 여기에도 한계는 있다. 노동의 한계를 넘어섰지만 여전히 활동 과정 자체는 세계와 단절된 사적 공간에서 이루어진다. 공동체에 유용한 작품을 만들어낼 목적으로 수행하는 장인의 작업은 고립된 활동이라는 점에서는 여전히 한계가 있다.

이를 극복한 개념이 바로 '행위'다. 세상은 사회적이고 정치적인 관계망 속에서 움직인다. 이 지점에서 아렌트는 인간이 평생 누리고 살아야 할 '좋은 삶'에 관한 근본적인 질문을 던진다. 그녀가 얻은 답은 개인적 생존과 함께, 공동체에서 자신의 고유성과 탁월성을 드러내고 소통하는 삶이었다. 사회적 동물인 인간은 자신이 몸담은 공동체에서 자기만의 개성을 드러내고 인정받고 싶어 한다. 이러한 관계지향적 '행위'야말로 좋은 삶의 필수 조건이다. 예를 들면 상대방을 설득하여 공공의 목표를 이루려는 정치나 시민단체 활동이 여기에 속한다. 아렌트는 '행위'라는 개념을 고대 그리스의 도시국가에서 이루어지던 공동의 정치적 활동과 연결 지어 생각한다. 사적 영역에서 독립적으로 일어나는 노동이나 작업과 다르게 공적 영역에서 일어나는 행위는 타자를 전제로 자기다움을 드러내는 관계적 사건이다.

독립적 자기계발이라는 오래된 신화

한나 아렌트의 철학을 잇는 독일 철학자 얀 마스켈라인에 따르면 모든 존재는 탄생하는 순간부터 낯선 타자들과의 관계에 진입하는 '돌이킬 수 없는 사건'의 주인공이 된다. 인간은 이러한 관계성 안에서 말과 행위를 통해 자기다움이라는 고유성을 드러내며 타자와 공존하는 '사이 존재'다. 만약 인간에게 이런 말과 행위가 없다면, 즉 저마다의 고유함을 교류할 수단이 없다면 존재 이유를 상실하게 된다. 한나 아렌트는 이를 "세계에 대해서 죽은 삶"이라고 여겼다. 소비재를 생산하는 '노동'과 공동체를 위한 가치 창조인 '작업'과 달리 '행위'는 나와 다른 존재인 타자와 의미를 공유하는 공동체를 구축하는 과정이다. 나라는 '사이 존재'는 타자와의 낯선 마주침을 통해 어제와 다른 나로 재탄생한다. 따라서 '사이 존재'로서 인간의 행위는 고립된 노동이나 작업의 산물이 아니라 사회적 관계의 합작품이다.

이러한 사유를 자기계발에 적용하면 다음과 같이 생각해볼 수 있다. 자기계발을 '노동'으로 보는 사람은 먹고사는 데 급급해진다. 노동을 통해 얻은 전문성 역시 단순히 생존을 위한 지식과 기술로 취급되면서 지속성이나 영속성을 띄지 못한다. 자기계발을 '작업'으로 바라보는 사람은 어떨까? 먹고사는 차원을 넘어 후세를 위한 의미 있는 일로 추구할 가능성이 높다. 바로 자기 삶을 유한성을 극복하고자 예술 창작이나 저작에 몰두하는 경우가 그렇다. 하지만 이역시 세상과 단절된 고립된 공간에서 전개된다는 점에서 '행위'와는 차이가 있다. '작업'을 지향하는 사람은 자신이 몸담고 있는 공동체와 더불어 살아가는 노력보다 자기다움이라는 독창성을 알리는 데 우선순위를 둘 것이다.

'작업'으로서의 자기계발은 개인이 부단한 노력을 통해 얻은 외로운 투쟁의 산물이다. 따라서 그 과실은 개인의 몫이다. 여기에는 개인과 사회의 분리라는 함정이 있다. 운이 좋아 성공한다면 모를까 그렇지 못할 경우 실패의 원인이 고스란히 개인에게 돌아간다. 목표를 달성하지 못한 것은 전적으로 그 사람이 게으르거나 안이했기 때문이다. 지금까지 우리가 보아온 무수한 자기계발이 바로 이런 식이었다.

이제 '행위'로서의 자기계발을 이야기할 때다. 우리가 추구해야할 자기계발은 먹고살려고 어쩔 수 없이 수행하는 노동이나 자기다움을 후세에 남기려는 외로운 작업과는 다르다. 행위로서의 자기계발은 한 사람의 고유성이 그를 둘러싼 사회에서 겪은 우발적 마주침을 통해 주고받는 상호작용이 만들어내는 사회적 관계의 합작품이다. 미키 맥기의 《자기계발의 덫》[144]이라는 책에서 바로 이러한 관계성에 주목한다. 지금 내 손끝에서 나온 작품은 수많은 타자와의 상호작용이 빚어낸 사회적 합작품이다. 이러한 인식이 바로 '행위'로서의 자기계발적 접근이다.

우리가 사는 세상은 그 어떤 이론으로도 설명되지 않는 복잡한 인연으로 이루어진 연기(緣起)의 세계다. 그 어떤 사회 현상도 한 가지 원인이 하나의 결과로 이어지는 단선적 인과관계로 설명할 수 없다. 오히려 이렇게 단순화하여 설명하려 할수록 세상은 왜곡될 뿐이다. 실제의 세계는 복잡한 변수들이 무수한 방식으로 관계를 맺으면서 생각지도 못한 결과를 만들어내는 복잡계에 가깝다. 그런 의미에서 어떤 사람의 전문성은 독립된 공간에서 단독으로 이룬 성과가 아니다. 당사자는 물론 직간접적으로 상호 영향을 미친 타자들과의 충돌이 빚어낸 사회 역사적 합작품이다. 나아가 전문성은 고정불변의 완성품이라기보다 부단히 변화하는 역동적인 미완의 작품에 가깝다. 우리는 이제 노동으로서의 자기계발, 작업으로서의 자기계발과 결별해야 한다. 혼자 열심히 노력해서 남다른 성취를 이루라는 자기계발의 신화는 이제 말 그대로 신화로 남겨야 한다.

한 사람의 전문성은 사회적 합작품

전통적인 자기계발 개념의 한계는 논리적 단순함에 있다. 성공 못
하는 이유를 개인의 게으름이나 잘못된 습관 탓으로 돌리는 단순
논리는 문제 해결 방법 역시 단순화한다. 이런 입장에 따르면 나만
열심히 하면 성공한다. 성공과 실패의 출발점과 종착역 모두 개인
이며 개인의 노력에 좌우된다고 주장한다. 하지만 이는 현실과 동
떨어진 결론에 불과하다. 분명 자기계발에는 개인의 노력이 따른다.
그러나 이는 결과에 미치는 변수의 하나일 뿐이다. 성공으로 가는
길에는 개인이 통제할 수 없는 변수가 수두룩하다. 게다가 이 변수
들은 상호작용하면서 그 양상이 계속 바뀐다. 자기계발을 통한 성
공하기는 이러한 현실을 인정하는 데서 시작한다.

　이렇게 하면 성공할 수 있다든지, 이렇게 하면 부자가 될 수 있다
는 식의 단순 처방은 일차원적인 가정법으로 이루어져 있다. 만약
내가 ○○한다면 ○○하게 된다는 문장, 즉 'If-then' 형식으로 해결
책을 제시한다. 하지만 여기에는 다른 변수들이 개입하지 않는다는
전제가 깔려 있다. 비현실적이다. 현실은 늘 개인의 통제를 벗어나
는 불가항력적 요소들이 이루는 복잡한 관계망이다.

CONATUS

작가는 생각의 씨앗을 언어로 발아시키는 문장 건축 노동자다

코나투스는 자기 존재를 지속하려는 관성일 뿐만 아니라 자기 존재를 긍정하고 그것을 확장하려는 경향성이다. 모든 존재는 불완전하기에 부족하거나 결여된 부분을 보완하거나 채워서 보다 완전한 존재로 거듭나려는 본성을 지니고 있다. 코나투스는 자기 보존에 도움이 되는 마주침은 강화하려고 하고, 자기 보존에 위협적으로 작용하는 마주침에 대해서는 저항한다.

나는 책을 읽고 글짓기를 하며 책을 쓸 때 코나투스가 본격적으로 작동한다. 살아 있음을 강렬하게 느끼는 경이로운 순간이다. 부족하거나 결여된 생각이 보완되고 채워지는 가운데, 완벽하지는 않지만 부단히 나 자신을 확장시키려는 근원적인 욕망의 물줄기가 꿈틀거린다. 책과 마주치고 써 내려가는 글과 마주치는 순간 에너지가 상승하고 열정적인 몰입이 시작된다. 한 존재가 살아 있다는 느낌, 부족한 부분이 보완되며 나 자신이 더욱 확장된다는 느낌이, 코나투스의 에너지가 넘치기 시작한다.

내게 삶은 글이고 글은 내가 살아가는 삶이다. 내가 살아온 삶, 살아갈 삶만큼 나는 쓸 수 있다. 어제보다 나아지기 위해 노력하는 삶 속에서 어제와 다른 글을 만날 수 있고, 어제와 다른 글 속에서 내가 살아가는 삶을 반추하고 성찰할 수 있다. 내게 책 쓰기는 어제보다 나아지고자 애쓰는 삶이다. 애쓰기로 이루어지는 책 쓰기를 통해 나의 코나투스는 다른 사람의 성공 비법이나 인사이트에 휩쓸리지 않고 삶의 주도권을 지켜내는 원동력으로 작동한다. 다른 글을 쓰고 싶으면 다르게 사는 수밖에 없다. 새로운 사건과 사고가 많을수록 사고를 바꾸는 글짓기가 가능한 까닭이다.

밋밋한 삶은 밋밋한 글을 양산하고 시행착오 속에서 절치부심하며 괴로운 인생을 살아본 사람은 그만큼 심금을 울리는 '앓음다운'

에필로그 작가는 생각의 씨앗을 언어로 발아시키는 문장 건축 노동자다

문장을 건축할 수 있다. 익숙한 세상에서 습관적으로 반복하는 삶은 편하다. 굳이 머리를 쓰지 않아도 된다. 사는 데 불편함이 없으면 뇌는 스스로를 개발하지 않는다. 즉 평상시 해온 대로 생각한다.

글을 쓴다는 행위는 단순히 글감을 언어화하는 정신노동이 아니다. 고단한 삶을 자기만의 언어로 번역하는 처절한 육체노동이다. 게다가 한두 권도 아니고 100여 권을 책을 쓰거나 번역했다면 그건 체력의 산물이다. 체력이 뒷받침하는 '뇌력'은 '괴력'에 가깝다. 몸을 쓰지 않으면 글도 써지지 않는다. 몸 쓰는 일이 애쓰는 일이고 애쓰는 일이 글 쓰는 일이다.

글쓰기는 온몸으로 겪어내는 아픔의 무게

글은 경험과 상상력이 적확한 언어를 만났을 때 비로소 탄생하는 몸부림의 산물이다. 경험은 깊고 풍부한데 글로 쓸 수 없다면 언어를 벼려야 한다. 적확한 언어를 찾지 못하면 파란만장한 경험은 파란을 일으키는 문장으로 태어나지 못한다.

경험은 상상력을 만났을 때 비로소 비상한다. 상상력은 머리가 만들어낸 '생각'의 산물이 아니라 몸이 움직여 만들어낸 경험적 산물이다. 몸이 아니라 머리에서 나오는 생각은 무기력한 공상이나 허상, 망상이나 환상에 불과하다. 경험이 상상력의 용광로에서 '앓음다운' 언어와 만나는 순간 글은 시작된다. 책 쓰기는 이러한 글짓기의 지루한 반복이다.

사람은 생각하는 대로 살지 않고 사는 대로 생각한다. 그리고 사람은 힘들고 어려울 때 새롭게 생각하기 시작한다. 어제와 다르게 살아간 삶만큼 다르게 생각할 수 있다. 몸의 움직임에 따라 지적 자극이 생기고 생각도 달라지는 법이다. 한병철은 《고통 없는 사회》[145]에서 고통을 창조의 산파에 비유한다. 작가의 고통이 없다면 새로운 작품도 없다. 관행적인 체험은 새로운 상상력을 잉태하는 산파가 될 수 없으며, 이전과 다른 생각의 출산을 도와주는 조산사가 되기 어렵다. 경계를 넘어서는 고통과 낯선 마주침이 있어야 깨우침도 얻을 수 있다. 힘들고 어려운 만큼, 몸으로 겪어낸 고통의 깊이만큼 좋은 글이 나온다.

겪어본 만큼 다른 세계를 느낄 수 있고 살아본 만큼 읽거나 쓸 수 있다. 글과 글쓰기는 결국 기법과 기교의 문제가 아니다. 삶의 깊이와 넓이의 문제다. 새롭게 읽거나 새로운 글을 쓰려면 어제와 다르게 사는 수밖에 없다. 예컨대 니체의 책이 안 읽히고 니체처럼 글을 못 쓰는 이유는 단 하나, 니체처럼 살아본 경험의 부재다. 니체처럼 극심한 고통을 겪어보지 못했기 때문이다.

고통은 언어의 문제가 아니라 '살'의 문제다. 살갗을 파고드는 고통은 언어를 거부한다. 고통은 오로지 당사자만이 느낄 수 있다. 누구도 온몸으로 겪어낼 수밖에 없는 구체적인 아픔의 무게를 알지 못한다. 무게를 잴 저울도 없을뿐더러 타자에게 전달할 언어도 부실하거나 부재하다. 그럼에도 나는 글을 쓴다. 완벽하거나 완전하지는 않더라도 몸속에서 출구를 찾지 못하고 방황하는 아픔의 깊이를 헤아리려는 애쓰기가 내 글쓰기의 뿌리이자 기둥이다. 삶이 가져다주는 심오한 의미를 내가 가진 미숙한 단어로라도 번역하려는 몸부림이 없다면 척박하고 차가운 현실을 따스한 진실의 온기로 채우기란 불가능하다.

걸작이나 대작도 졸작에서 시작한다

나의 책 쓰기 여정은 부족한 지식을 채우거나 전달하는 과정이 아니다. 내가 살아가는 의미와 존재 이유를 찾아 나를 세우는 자아 재창조의 과정이다. 앓은 상처에 핀 아픔의 열매다. 고정관념이 깨지고 통념이 무너지면서 고통이 찾아오고 비명도 질러보지만 대책없이 부서진 상처의 텃밭에는 또 다른 앎의 씨앗이 발아를 위해 용틀임한다. 니체의《인간적인 너무나 인간적인 I》[146] 서문에서 질병을 인식을 낚는 낚싯바늘에 비유한다. 아픔 속에서 새로운 인식과 방법을 찾고 앓을 낚아챌 적확한 낚싯바늘을 벼릴 수 있다.

그동안 내 일상은 니체의 삶과는 너무도 달랐다. 뒷짐을 지고 어슬렁거리다 담장 너머의 무거운 침묵을 만나는 순간에도, 질주하는 자동차의 경적이 세월의 속도를 추월할 때도 나는 익숙한 삶 속에서 유유자적하는 산책자였다. 그러다 글쓰기를 만났다. 어제와 다름없는 하루를 보내다 문득 새로운 감각으로 상상력을 발휘해 손이 가는 대로 문장을 휘갈겨 보았다. 그렇게 멋도 모르고 출산한 책이 1995년에 나온 국내 최초의 학습조직 관련서인 《지식경제 시대의 학습조직》[147]이다.

당시만 해도 알량한 앎으로 복잡한 현실을 재단하려는 무모한 시도이자 항거였다. 그 책에서 나는 환경 변화보다 빠르거나 최소한 같은 속도로 학습하지 않으면 조직은 쇠퇴할 수밖에 없다고 주장했다. 지금 생각해보면 내 주관 대신 다른 사람들의 관점을 이리저리 포장해서 담은 글이었다. 이름 모를 골목에서 객사(客死)한 졸작이었으나 그래도 어렵사리 시작한 시험작이자, 걸작이나 대작을 향한 출발점일지도 모른다고 스스로 위안했다.

박사학위를 받으며 몇 권의 전공 서적을 출간하면서 책을 쓰는 기쁨을 조금이나마 알게 되었다. 2007년도에 《용기》[148]라는 책을 쓰기 전까지는 기업 교육과 인재 육성, 교육공학 관련 서적을 30~40여 권 쓰거나 번역했다. 대학원 시절 영어 논문을 완역하면서 적확한 우리말을 찾느라 치열하게 고민했던 경험이 번역서 출간에 많은 도움이 되었다. 그중 《펄떡이는 물고기처럼》[149] 《펑》[150] 《에너지 버스》[151]는 대중적 인기를 얻으며 베스트셀러 목록에 오르기도 했다. 직접 쓰는 것보다 번역이 더 어려웠다. 문화적 맥락에 맞는 해석과 해설이 필요하다 보니 제2의 창작이라 할 만큼 많은 시간과 노력이 들었다. 그렇다면 나는 왜 책을 쓰는가? 내게 책 쓰기의 출발

점이 되는 계기 중 하나는 철학자 들뢰즈가 말하는 '우발적 마주침'
이다.

지금까지의 작품은 땀에 젖은 몸으로 밝혀낸 어둠 속의 출구

책을 쓸수록 모르는 게 많다는 각성이 뼈저리게 다가오면서 새롭게
알고 싶은 분야가 생긴다. 책을 쓰면서 가봐야 할 미지의 세계가 급
격히 늘어나면서 호기심과 불안감이 동시에 몰려온다. '우발적 마
주침'에 대한 기대가 무지의 공포에 사로잡힌 나를 끝없이 유혹한
다. 한 권의 책을 완성하기까지 질문은 꼬리에 꼬리를 물고 이어진
다. 어느 날 갑자기 낯선 나 자신과 마주하게 되듯, 질문으로 만들어
진 낯선 관문이 나의 노려보고 있다.

지금까지 쓴 100권의 책은 집요한 해답 찾기의 산물이다. 자기가
살아온 삶만큼 글을 쓸 수 있다는 건 딱 그만큼의 질문을 잉태할 수
있기 때문이기도 하다. 이때 질문의 깊이와 넓이는 경험의 깊이와
넓이가 결정한다.

질문은 늘 안개 속에 제 모습을 감추고 있다. 언뜻 일부가 드러나
면 희망이 보이다가도 이내 사라져버리면서 절망이 급습한다. 마침
내 질문이 고스란히 제 존재를 드러냈다고 해도 고통은 계속된다.
새로운 질문의 출현은 과거의 해법과의 결별을 의미하기 때문이다.
확신은 흔들리고 관념의 파편들이 어지럽게 머릿속을 떠돌며 신념

의 부름을 기다린다. 답이라고 생각했던 진리를 잠시 접어두고 다시 일리 있는 주장을 찾기 위해 스스로를 토닥이며 또다시 여행을 떠난다.

익숙하거나 쉬운 질문은 빨리 답을 찾을 수 있다. 새롭게 공부할 필요도 없다. 하지만 전대미문의 질문 앞에 서면 마치 미궁에 빠진 느낌이다. 그 덕분에 이전과 다른 방향으로 공부가 시작되기도 한다. 좋은 질문은 몰랐던 걸 새롭게 깨닫게 해준다. 또한 기존의 지식이나 신념이 통념에 불과할 수 있음을 알려준다. 관념이나 이념으로 정형화된 문제의식으로는 현실을 제대로 파악할 수 없다. 오로지 실천만이 골머리를 앓고 있는 난제를 풀 돌파구를 마련할 수 있다. 그랬을 때 한계와 경계를 뛰어넘을 혜안도 생긴다. 지금까지 쓴 책들은 모두 질문이라는 관문 앞에서 어떻게든 답을 찾으려는 간절한 바람과 절실한 시도로 이루어낸 작업이었다. 실마리를 잡고 이런저런 방법을 강구하며 안 되는 '이유'를 찾기보다 그 상황을 '이해'하려고 애썼다. 그리고 결국 출구를 찾았다.

질문이 멈추지 않는 한 책 쓰기도 멈추지 않는다. 습관이나 관습이라는 덫에서 빠져나와 새로이 시작하겠다는 내 의지가 살아 있는 동안은 끝나지 않을 것이다. 사라지지 않고 살아내려는 능동성과 살아지려는 수동성의 흔적은 기록으로 남는다. 책에는 그러한 삶의 무늬가 담겨 있다. 모든 순간의 삶을 결정적인 순간으로 담아내려는 의지야말로 내 삶을 추동시키는 힘이자 책 쓰기의 원동력이다.

책은 문제의식과 시대적 담론이 만드는 이중주

이른바 '지식경영(Knowledge Management)'에 관한 문제의식에서 시작해 지식과 생태학의 우발적 만남으로 탄생한 책이 바로 2006년에 나온 《지식생태학》[152]이다. 지식의 공유에 대한 근원적인 문제 제기는 자연스레 생태학적 상상력과 이어졌다. 《지식생태학》은 2018년 개정증보판을 냈으며 이후 새로운 버전의 《지식생태학: 생태학, 죽은 지식을 깨우다》[153]로 재탄생했다. 제자들과 함께 쓴 이 책에서 지식의 창조와 공유 및 소멸 과정을 생명체들의 고유한 생존 방식 및 생태계 원리와 접목하는 학문적 융합을 시도했다.

《나무는 나무라지 않는다》[154]는 '이기적'으로 살아가는 다양한 나무의 생존 및 성장 방식과 그 원리에 비추어 우리 삶을 성찰해보려는 시도다. 《곡선이 이긴다》[155]는 지식생태학자와 시인의 '우발적 마주침'이 빛을 발한 책이다. 어느 날 홍대 근처에서 저녁과 반주를 하는 와중에 '곡선'이라는 화두를 만났다. 한 시대의 흐름을 관통하는 키워드라는 생각에 이를 테마로 지식생태학자인 나는 자연과 인간의 곡선에 관한 에세이를 쓰고, 시인은 곡선에 관한 시를 쓰기로 했다. 즉흥적인 합의가 세상에 한 권의 책을 선보이게 했다. 곡선이 직선으로 바뀌면서 불행해진 우리 삶의 초상을 발견하고 자연이 품은 곡선에서 행복한 삶의 원형을 찾아보자는 취지였다. 한 권의 책에는 저자의 문제의식은 물론 당대의 시대 담론이 담긴다. 이 책은 그 후《곡선으로 승부하라》[156]라는 책으로 개정·증보되면서 '곡선적 행복론'으로 재탄생했다.

책은 역발상의 산물이기도 하다.《내려가는 연습》[157]이 그렇다. 이 책은 경제 위기를 언제 끝날지 모를 빙하기로 간주하고 성장과 목표를 중심으로 하는 발전 패러다임의 한계를 지적한다. 우리는 흔히 위로 올라가기를 바란다. 그러나 여기서는 거꾸로 잘 내려가는 사람이 진짜 성공하는 사람이라고 주장한다. 후에《끈기보다 끊기》[158]라는 책으로 개정·증보되어 진짜 성공과 행복은 '끈기'가 아니라 '끊기'의 산물이라는 역설을 다시 한번 강조했다.

우리 사회가 직면한 여러 문제 중에 전문가와 전문성의 역기능과 폐해는 생각보다 심각하다. 이를 고민하다 임기응변의 달인이자 오래전 외국 드라마의 주인공인 '맥가이버'의 위기 탈출 방법에서 아이디어를 얻어서 쓴 책이《브리꼴레르》[159]다. 인류학자 레비스트로스의《야생의 사고》에서 유래한 개념인 '브리꼴레르'는 우리말로 하면 '손재주꾼'이다. 이러한 개념은 현재 가용한 자원을 활용, 임기응변력을 발휘하여 주어진 문제 상황을 탈출하는 역발상의 전형이자 융합형 인재의 롤 모델이다. 관념적 지식으로 현장 문제를 해결하려는 '책상 지식인(Book Smart)'이 아닌 실전에서 몸으로 지식을 체득한 '야전형 전문가(Street Smart)'를 이상적인 전문가상으로 설정하면서 우리 사회가 풀어야 할 다양한 문제의 대안을 제시한 책이다.

책은 발상의 전환이나 익숙한 개념이나 원리를 새롭게 재해석 하면서 탄생한다.《상상하여? 창조하라!》[160]가 바로 그렇게 만들어 졌다. 곡선의 물음표로 시작해 직선의 느낌표를 끝나려면 상상력 과 창의적인 아이디어를 적극 활용해야 한다. 하늘 아래 새로운 것 은 없다. 새로워 보이는 모든 창작물은 이미 존재하는 것을 재료로 만들어진다. 기존의 유(有)를 다른 유(有)와 뒤섞어서 새롭게 창조한 결과다. 한 권의 책은 저자의 문제의식만으로 만들어지지 않는다. 때로는 누군가의 제안이나 자료의 도움을 받는다. 2007년도에 출간 한《용기》라는 책이 그렇다. 힘든 삶을 사는 이들에게 용기를 주는 내용의 책을 기획하던 한 출판 편집자로부터 출간 제의를 받았다. 그때부터 나는 '용기'라는 키워드로 스스로 걸어온 삶을 돌아보는 기회를 가졌다. 책 쓰기는 파란만장했던 개인의 역사를 재정리해보 는 소중한 배움의 시간이기도 했다.

한 권의 책을 기획하고 방향을 정한 다음 글을 쓰기 시작하는 것 은 그 과정 자체가 하나의 공부다. 쓰기 전에는 보이지 않던 것들 이 보인다. 쓰기 전의 기대보다 더 의미심장한 배움이 생기면서 사 유에 체계가 잡힌다. 그래서 나는 책을 쓸 때 완벽한 계획과 준비를 마치고 쓰기보다는 일단 시작하는 편을 선호한다. 글을 쓰다 보면 초기의 불확실함이 걷히고 부족한 부분을 다시 채워나가면서 뜻밖 의 성과를 얻기도 한다.

감각의 고통이 토해낸 얼룩이자 언어의 임시 거처

언어는 쉽게 자신을 허락하지 않는다. 적확한 언어를 찾으려면 숱한 불면의 시간을 보내야 한다. 창문을 두드리는 빗방울에 시름하면서도 새벽별을 기다리듯이, 지금 당장 말로 표현할 수 없다 해도 쉽게 기대를 접지는 않는다. 작별이나 이별보다 더 슬픈 결별이 될지도 모르기 때문이다. 그럴 때면 마음속에 간직한 사전을 펼쳐놓고 단어들이 품은 의미를 하나하나 곱씹는다. 애써 문장으로 만들어보지만 여전히 부족하고 어쩐지 막막한 기분이다.

밤이 어두워져야 읽히는 낮의 문장들은 외국의 상형문자처럼 난해할 뿐이다. 해독을 원하는 나는 늘 실패하고 좌절을 밥 먹듯이 한다. 그럼에도 며칠 밤을 지새우며 어설픈 희망을 가져본다. 세월의 흐름이 축조한 지혜의 보고에서 며칠 보내다 보면 잡히지 않는 생각들이 언어라는 옷으로 갈아입고 마침내 세상 밖으로 나올지도 모른다. 그렇게 어설픈 희망 속에서 꾸역꾸역 쓰고 또 쓰면서 여기까지 왔다.

어둠의 이불을 박차고 세상 밖으로 나와 하늘의 명령에 불복하지 않고 구름이 안내하는 길로 총총 내딛던 날이 얼마나 될까. 서녘 하늘이 노을에 잠길 무렵 두려움과 불안 속에서 한 줄의 문장을 벼리고자 얼마나 안간힘을 썼던가. 사람들은 이렇게 묻는다. 평생 한 권의 책을 내기도 쉽지 않은데 무려 100권의 책을 내다니, 특별한 노하우가 있나요? 하지만 정작 나는 할 말이 없다. 그저 밥 먹듯이 책을 읽고 밥 먹듯이 글을 지었다고 할밖에. 몸부림치고 애쓰는 가운데 한 권의 책이 두 권이 되고 세 권이 되다가 결국 이렇게 기적에 가까운 다산(多産)에 이르게 되었다.

글쓰기에는 원형(原型)도 전형(典型)도 없다. 오로지 자기만의 글쓰기 '전통'을 만들어가기 위한 '진통'이 있을 뿐이다. 글쓰기는 경험적 체험이 주는 외상과 깊은 내상의 무늬를 적확한 언어로 표현하는 일이다. 서재에 있는 사전에는 수많은 단어가 잠복근무 중이다. 내 마음에 이는 감정의 물결이 포착되기를 기다리면서.

고뇌를 거듭하면서 떠올린 개념에 나만의 신념이라는 양념을 추가, 새롭게 재개념화한다. 느낌과 생각은 언제나 언어를 기다린다. 타성에 젖은 언어와 이별하고 고루한 사고방식과 결별을 선언한다. 마침내 찾아온 문장에 안도의 한숨을 쉬며 생각의 옷을 입히고 배치한다. 위기의 삶에 위로가 될 한마디를 찾고자 끝도 없는 여행을 떠나지만 돌아오는 길엔 빈 수레 소리만 요란하다.

어제보다 나은 글을 쓰려면 어제보다 더 아프게 살아야 한다. 아픔의 밑바닥에서 기어오르려는 절망의 밥을 먹으며, 엄살과 몸살을 겪으며, 그럼에도 불구하고 글을 써야 할 이유를 배운다. 내가 쓰는 글은 모두 감각이 남긴 얼룩이고 길 잃은 언어가 잠시 쉬어가는 임시 거처다.

과거의 경험을 먹고 자라는 추억의 재생산 기지

그동안 살아온 지난 시절을 반추하며 역경을 경력으로 삼은 책이 《청춘 경영》[161]이다. 장문의 프롤로그에 그간의 우여곡절과 절치부심을 담았다. 삶의 고비마다 몸으로 느끼고 깨달은 교훈을 담은 덕분에 많은 독자에게 감동적인 리뷰나 피드백을 받았다. 돌이켜 보면 일반화의 오류도 있었다. 작은 결실을 포장해서 마치 보편적인 성공 비법인 양 과장한 흔적도 없지 않았음을 고백한다. 과거는 늘 아름답게 포장되기 마련이다. 하지만 없었던 일을 있는 것처럼 꾸며서 쓰지는 않았다. 과거가 현재로 소환되는 까닭은 오늘의 문제를 푸는 데 도움이 되기 때문이다. 과거의 경험은 현재를 바라보는 관점이 되고 미래를 여는 상상력의 밑거름이 된다. 과거가 부실한 사람은 미래도 부실하다.

지금까지 쓴 책은 대부분 나의 실제 경험을 토대로 한다. 사하라 사막에서 열린 울트라 마라톤에 도전한 경험을 담은 《울고 싶을 땐 사하라로 떠나라》[162], 한 해를 정리하면서 지난 인간관계를 돌아보며 쓴 《이런 사람 만나지 마세요》[163], 자전거 국토 완주 그랜드슬램을 달성하면서 느낀 바를 에세이 형태로 쓴 《늦기 전에 더 늦기 전에》[164]는 모두 경험적 깨달음을 담은 책이다. 《2분의 1》[165]은 그동안 다양한 책을 쓰면서 깨달은 점을 집대성한 책이다. "후반전이 반전"이라는 주제로 인생 반전을 위한 '절반의 철학'을 담았다. 생각의 파편을 한데 모아 시대적 담론으로 만들려면 자신의 논리와 사유체계를 점검해야 한다. 흩어진 생각을 하나의 프레임과 구조로 엮어내는 작업은 치열한 성찰과 통찰로 완성된다.

나는 철학을 즐긴다. 철학자들의 저술을 읽다 보면 새롭게 지평이 열리기도 하고, 때로는 난공불락의 요새인 양 접근이 쉽지 않을 때도 있다. 그중 내 인식을 넓혀준 12명의 철학자를 선정해 '무엇이 나답게 살아가는 삶인가?' 하는 질문을 던졌다. 《아이러니스트》[166]는 그렇게 해서 태어난 책이다. EBS 방송에서 20명의 철학자를 소환하여 그들이 지금 우리의 삶에 전하는 메시지를 살펴보는 강의를 한 적이 있다. 그때의 녹취 내용을 기반으로 했다.

언어 광부가 쓴 선입견과 편견의 종합선물세트

책을 쓰는 작업은 가보지 않은 길을 걷는 것이다. 미지의 삶은 화폭에 담을 수 없는 그림자와도 같아서 우산 없이 비를 맞는 심정으로 기다려야 겨우 그 흔적을 포착할 수 있다. 다행히도 글을 쓰는 순간, 보이지 않던 것이 보이기 시작하면서 새롭게 한 권의 책으로 마무리될 수 있었다. 책 속에는 삶의 결정적인 순간을 포착하여 의미로 붙잡아 두려는 아우성이 담겨 있다. 비바람 속에서 안간힘을 써가며 흔적을 남기려는 글쓰기의 여정은 그 자체로 우리 삶을 닮았다. 고달픔과 절망은 늘 새로운 삶을 잉태한다.

폭풍 휘몰아치는 밤 눈밭 위의 발자국처럼 모든 것은 나타났다 사라진다. 우리 삶도 그렇다. 글쓰기는 모든 사라지는 것들에 대한 헌사다. 동맥을 타고 흐르는 언어들이 이 불가능한 기적을 갈구하며 몸 밖으로 빠져나올 때 하나의 문장은 완성된다. 빨랫줄에 걸린 옷가지들이 바람에 흔들릴 때, 그들의 사연이 영감을 흔들 때면 불안하고 불확실한 세계 속으로 한 걸음 더 들어가게 된다. 세계는 내가 알지 못하는 이야기로 가득하다. 얼마나 외로운 사연이 있기에 구름은 참지 못하고 땅으로 곤두박질치는가. 문장을 벼리면서 비의 비애를 온몸으로 느끼던 순간은 또 얼마나 많았던가.

깊어가는 밤을 붙잡고 몇 자 적어보지만 관념의 언어는 모래알처럼 흩어지고 시든 꽃처럼 말이 없다. 현실이라는 맥락 안에서 살아 숨 쉬지 못한 채 허공을 헤매기 일쑤다. 체념과 불안 사이에서 방황하면서도 선물처럼 영감이 떠오를지 모른다는 예감이 들 때면 펜을 놓을 수 없다. 기록을 거부하는 생각을 붙잡고 목적을 상실한 채 서성이던 시간을 기억한다. 읽고 쓰다가 불현듯 다가오는 깨달음은 한두 문장으로 요약할 수 없다. 폐부를 파고든 깨달음의 무늬는 너무도 넓게 퍼져 있다. 양극단의 스펙트럼에는 편견과 선입견이라는 낭떠러지가 있다. 그 사이에서 중심을 잡으려 안간힘을 쓰며 한 걸음 한 걸음 나아간다. 매 순간 느낌과 생각에 집중하며 이를 한 줄의 문장으로 완성하고자 안간힘을 쓴다. 그 처절함과 처연함이 어둠 속에서 의미의 지층을 깨부수는 광부를 닮았다.

적확한 언어를 만나지 못한 글감은
영감이 아닌 떨어진 감

'언어 광부'는 쉬는 법이 없다. 1년 365일 대기하다가 '그분'이 다가오는 순간, 벌떡 일어나 언어를 채굴한다. 아무리 좋은 글감이라도 적확한 언어와 만나지 못하면 그 글감은 떨어진 감에 불과하다.

〈전자신문〉 칼럼을 2년 동안 주 5회씩 연재한 적이 있다. 마감의 고통에 익숙해질 무렵 어느새 500회의 칼럼이 완성되었다. 그동안 압박감에서 벗어나려고 주말에 연구실에서 10회분을 한꺼번에 쓰기도 했다. 그래도 다음 마감은 어김없이 다가왔다. 온 세상 모든 것이 칼럼 소재로 보였다. 신문 헤드라인, 지나가다 만난 특이한 가게 이름, 친구와 대화하다 떠오른 아이디어, 책을 읽다 만난 좋은 문장 등 일상의 모든 곳이 상상력의 텃밭이었다. 그 결과 탄생한 책이 《생각지도 못한 생각지도》[167]와 《체인지(體仁智)》[168]다. 신문과 잡지에 연재한 글을 묶어 책으로 낼 수 있었다.

《삶을 질문하라》[169]는 암중모색(暗中摸索)이라는 사자성어를 문중모색(問中摸索)으로 바꿔 질문을 통한 세상 보기를 테마로 쓴 책이다. 생각의 파문을 일으킬 질문을 통해 우리 시대의 화두가 된 이슈들을 정리했다. 《공부는 망치다》[170]는 우리가 공부를 왜, 어떻게 해야 하는지를 알고 싶어서 쓴 책이다. 여기에는 '기존에 통용되던 공부법이 과연 효용가치가 있을까?' 하는 문제의식이 담겨 있다. 공부에 대한 신화를 깨고 새로운 나로 거듭나기 위한 인생 공부의 중요성과 실천 방법을 인문학적으로 탐색했다.

글과 말을 매개로 책을 쓰고 강연하는 사람에게 언어는 생명과도 같다. 오랫동안의 이 문제를 고민하고 새롭게 공부하면서 쓴 책이 《언어를 디자인하라》[171]다. 똑같은 생각도 어떤 언어의 옷을 입느냐에 따라 다르게 다가온다. 의미를 분명히 하고 상대를 설득하는 가장 확실한 방법은 나의 언어를 바꾸는 것이다. 이런 전제하에 구체적인 언어 능력 향상 방법을 제시했다.

그동안 쓴 100권의 책에는 저마다의 노력이 담겨 있다. 새로운 언어로 독창적으로 표현하려는 안간힘 속에는 다급함과 갈급함도 섞여 있었을 것이다. 관성과 점성에서 벗어나 낯선 생각을 잉태하려는 작업은 어제와 다른 날 선 언어로 벼리고 벼리는 과정의 무한 반복일 수밖에 없다. 그런 과정을 거쳐야 타성에 젖은 언어는 비로소 탄성을 자아내는 감동의 언어로 탈바꿈한다.

진저리가 만든 잠정적 진리의 다른 이름

미국의 철학자 에릭 호퍼는 《길 위의 철학자》[172]에서 '사람다운 질문'을 말한다. 작가는 작가다운 질문을 던져야 한다. 작가의 위기는 쓸 글이 없을 때가 아니라 어떤 글을 왜 써야 하는지에 관한 질문이 사라졌을 때다. 질문이 틀에 박히면 글도 틀에 박힌다. 이런 상태에서는 새로운 사유가 나올 수 없다. 전대미문의 질문이 새로운 글쓰기의 문을 연다.

흔들리는 갈대가 온몸으로 바람의 언어를 번역하듯, 낯선 문이 열리는 순간 몸의 감각도 함께 열린다. 살아 있음의 위태로움이 아름다움으로 전화하는 순간을 포착하고자 상상력의 촉수도 바쁘게 움직이기 시작한다. 김소연 시인의《마음사전》[173]에 따르면 '설렘'은 뼈와 뼈 사이에 내리는 첫눈이고, '야속함'은 뼈와 뼈 사이에 내린 첫눈이 녹아내리는 것을 지켜보는 것이고, '애틋함'은 뼈와 뼈 사이에 내린 첫눈이 녹아내릴까 봐 안타까워하는 것이고, '참혹'은 뼈와 뼈 사이에 내린 폭우로 인한 참사다.

책을 쓰면서 설렘의 순간을 맞이한 적이 많았다. 속삭이는 언어의 나지막한 흥분을 들을 수 있었고, 야속했으나 너저분한 현실의 이면을 포기하지 않았으며, 애틋함 속에서도 안타까운 순간을 마다하지 않았다. 홀연한 외로움을 의연함으로 삭혔고, 참혹한 아픔에도 처참한 샛길로 빠지지 않으려 애썼다. 혹한의 추위를 견뎌낸 고단한 여정과도 같았던 어제의 글쓰기가 오늘의 책이 되었다.

과거의 책은 오늘의 책에 의해 용도가 폐기된다. 누군가 미국의 경영철학자 피터 드러커에게 "당신이 쓴 책 중에 제일 좋은 책은 무엇이냐?"고 묻자 그는 머뭇거림 없이 "다음에 나올 책"이라고 대답했다고 한다.

책에 담긴 생각이나 관점은 지금까지 살아온 삶이 내린 결론이다. 과거의 책은 과거의 결론이다. 결론은 몸으로 겪어보는 과정에서 생긴 일시적인 반론에 불과하다. 반론은 변론을 거듭하는 가운데 또 다른 결론으로 대체될 운명에 처해 있다. 결론은 일생 동안 여러 번의 장례식을 치른다. 책에 담긴 이론은 당대의 역사적 맥락과 이론 창조자의 문제의식이 만나면서 탄생한 '상황적 일리'다. 상황이 바뀌면 일리 있는 이론이 아니라 무리가 따르는 기론(奇論)에 불과해질 수도 있다는 뜻이다. 지금까지 쓴 책은 새롭게 만난 삶의 갈림길에서 벌인 사투의 결과다. 즉 신인(新人)으로 거듭나고자 했던 진저리의 산물이다. 그래서 모든 이론은 진저리가 만든 잠정적 진리의 다른 이름이다.

내 삶에 대한 해석이자 독자가 해석한 주석(註釋)

소설가 이청준은 《예언자》[174]에서 작가의 숙명에 대해 말한다. 현실은 작가에게 패배자의 굴레를 덮어씌워 절망의 나락으로 떨어뜨린다. 그러나 글쓰기는 멈추지 않는다. 지배와 패배, 순응과 저항, 인정과 부정, 절망과 희망이 희비의 쌍곡선을 그리며 롤러코스터처럼 오르내린다. 찰나적 희망이라는 진통제로 고통을 견디며 무의미라는 해일에 맞선다. 백지의 공포 위에서 사투를 벌이지만 고행의 글쓰기는 한 발짝도 나아가지 못한다. 100권의 책은 100번의 고행이 남긴 상처이자 이에 대한 해석이 남긴 앎의 상처다.

수많은 책을 쓰면서 의도했던 바는 '이렇게 하면 무조건 성공할 수 있다'는 식의 비법 전수가 아니라 새로운 경험을 통해 깨달음을 얻을 수 있다는 점을 상기시켜 주고자 함이었다. 누구에게나 통용되는 만고불변의 비법은 없다. 내가 창안해낸 방법도 더 빨리 목적을 이루게 하는 것이라기보다는 삶 자체의 의미를 돌아보자는 것에 가깝다. 우리에게는 가던 길을 멈추고 방향과 목적을 점검하는 시간이 필요하다.

사람은 스스로 자기 존재를 증명할 수 없다. 타자와의 관계 속에서만 비로소 존재의 의미와 이유가 밝혀질 수 있다. 마찬가지로 책도 독자와의 관계 속에서만 그 의미와 가치가 발견되고 증명된다. 내가 쓴 책들은 내 삶에 대한 자기 해석이지만 독자에게 전해졌을 때는 독자의 삶으로 해석되는 주석(註釋)이 달린다. 내게 책 쓰기는 기정사실을 당연히 받아들이지 않고 이면을 살핌으로써 마침내 사실을 진실로 전환시키려는 노력이자 그 가능성을 증명하려는 애쓰기였다.

가장 마음에 드는 책은 아직 쓰이지 않았다. 가장 기억에 남을 깨달음을 줄 책도 아직 쓰이지 않았다. 다시 한번 써보고 싶을 정도로 끌리는 책도 아직 쓰이지 않았다. 나의 삶을 온전히 담아낼 인생 책은 여전히 대기 중이다. 내게 있어 책은 비록 잠정적 일리로 작용하는 진리이지만 적어도 책상머리에서 요리조리 생각해낸 소갈머리의 산물이 아니다. 진절머리가 끄트머리의 위기를 극복하려 이리저리 산통을 겪은 끝에 출산한 자식이다. 일리라는 미완성의 신념은 외부의 공격을 버티며 진리라는 전통이 된다. 진리는 진저리가 낳은 자식인 까닭이다. 이는 유효 기간이 정해져 있다는 뜻이다.

내가 책을 읽은 게 아니라 책이 나를 읽는다. 101권째 책으로 출간 예정인《인생이 시답지 않아서》라는 시집이 그런 책이었으면 하는 소망을 가져본다.

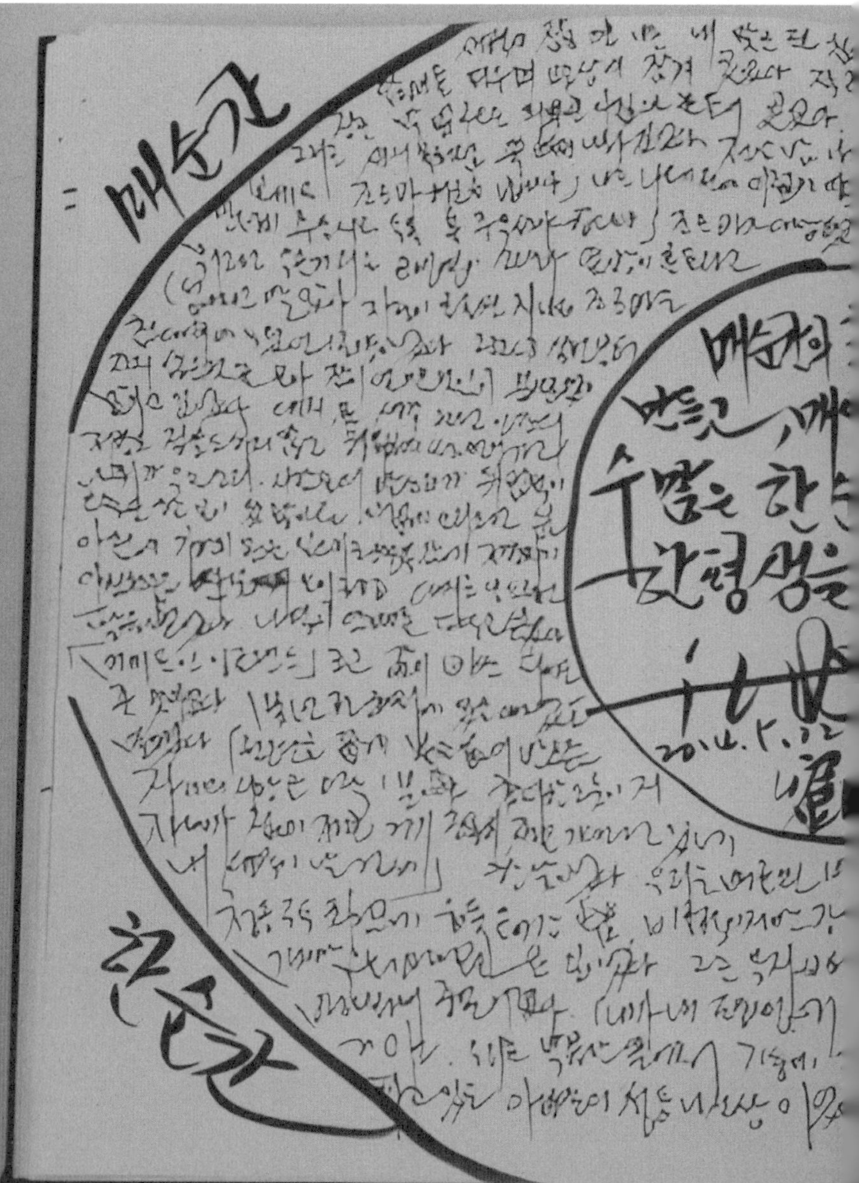
매순간
매순간의
한순간

매일은
친절한
축적이
다.

내일

미주

1 B. 스피노자(지음). 강영계(옮김)(2007).《에티카》. 서광사.

2 프리드리히 니체(지음). 박찬국(옮김)(2018)《선악의 저편》. 아카넷.

3 질 들뢰즈(지음). 김상환(옮김)(2004).《차이와 반복》. 민음사.

4 질 들뢰즈·펠릭스 가타리(지음). 김재인(옮김)(2001).《천 개의 고원》. 새물결.

5 질 들뢰즈(지음). 서동욱·이충민(옮김)(2004).《프루스트와 기호들》. 민음사.

6 박동섭(2024).《성숙, 레비나스와의 시간》. 컴북스캠퍼스.

7 질 들뢰즈·펠릭스 가타리(지음). 김재인(옮김)(2014).《안티 오이디푸스》. 민음사.

8 요한 볼프강 폰 괴테(지음). 정서웅(옮김)(1999).《파우스트》. 민음사.

9 공자(지음). 소준섭(옮김)(2018).《논어》. 현대지성.

10 새뮤얼 스마일스(지음). 장만기(옮김)(2017).《자조론》. 동서문화사.

11 노자(지음). 오강남(평역)(1995).《도덕경》. 현암사.

12 메를로 퐁티(지음). 류의근(옮김)(2002).《지각의 현상학》. 문학과 지성사.

13 움베르토 마투라나·프란시스코 바렐라(지음). 최호영(옮김)(2013).《앎의 나무》. 갈무리.

14 강남순(2022).《데리다와의 데이트》. 행성B.

15 미셸 푸코(지음). 심세광(옮김)(2007).《주체의 해석학》. 동문선.

16 헤르만 헤세(지음). 전영애(옮김)(2000).《데미안》. 민음사.

17 헤르만 헤세(지음). 김누리(옮김)(2002).《황야의 이리》. 민음사.

18 헤르만 헤세(지음). 박병덕(옮김)(2002).《싯다르타》. 민음사.

19 서머싯 몸(지음). 송무(옮김)(2000).《달과 6펜스》. 민음사.

20 니코스 카잔차키스(지음). 이윤기(옮김)(2009).《그리스인 조르바》. 열린책들.

21 쇠렌 키르케고르(지음). 임규정(옮김)(1999).《불안의 개념》. 한길사.

22 쇠렌 키르케고르(지음). 김용일(옮김)(2006).《죽음에 이르는 병》. 계명대학
    교출판부.

23 이기철(2012).《나무, 나의 모국어》. 민음사.

24 김연수(2023).《너무나 많은 여름이》. 레제.

25 이원(2020).《시를 위한 사전》. 마음산책.

26 미야노 마키코·이소노 마호(지음). 김영현(옮김)(2021).《우연의 질병, 필연
    의 죽음》. 다다서재.

27 롤랑 바르트(지음). 김희영(옮김)(2004).《사랑의 단상》. 동문선.

28 양귀자(2013).《모순》. 쓰다.

29 이응준(2023).《고독한 밤에 호루라기를 불어라》. 민음사.

30 우치다 타츠루(지음). 이경덕(옮김)(2010).《푸코, 바르트, 레비스트로스, 라
    캉 쉽게 읽기》. 갈라파고스.

31 한병철(지음). 최지수(옮김)(2023).《서사의 위기》. 다산초당.

32 발터 벤야민(지음). 최성만(옮김)(2008).《역사의 개념에 대하여/폭력비판
    을 위하여/초현실주의 외》. 길.

33 롤프 도벨리(지음). 유영미(옮김)(2018).《불행 피하기 기술》. 인플루엔셜.

34 유영만(2013).《세상을 지배할 지식인의 새 이름, 브리꼴레르》. 쌤앤파커스.

35 임마누엘 칸트(지음). 정명오(옮김)(2016).《순수이성비판》. 동서문화사.

36 김용규(2014).《생각의 시대》. 살림.

37 아리스토텔레스(지음). 강상진·김재홍·이창우(옮김)(2011).《니코마코스 윤리학》. 길.

38 윤석철(2011).《삶의 정도》. 위즈덤하우스.

39 노나카 이쿠지로·가쓰미 아키라(지음). 양영철(옮김)(2012).《생각을 뛰게 하라》. 흐름출판.

40 신영복(2018).《감옥으로부터의 사색》. 돌베개.

41 에마뉘엘 레비나스(지음). 강영안(옮김)(1996).《시간과 타자》. 문예출판사.

42 신영복(2016).《처음처럼》. 돌베개.

43 프리드리히 니체(지음). 김정현(옮김)(2002).《선악의 저편, 도덕의 계보》. 책세상.

44 이진경(2020).《우리는 왜 끊임없이 곁눈질을 하는가》. 엑스북스.

45 라이너 마리아 릴케(지음). 문현미(옮김)(2005).《말테의 수기》. 민음사.

46 이지(지음). 김혜경(옮김)(2004).《분서 I》. 한길사.

47 이지(지음). 김혜경(옮김)(2004).《분서 II》. 한길사.

48 이지(지음). 김혜경(옮김)(2007).《속 분서》. 한길사.

49 옌리에산·주지엔구오(지음). 홍승직(옮김)(2005).《이탁오 평전》. 돌베개.

50 윤정구(2018).《황금 수도꼭지》. 쌤앤파커스.

51 질 들뢰즈(지음). 허희정(옮김)(2005).《디알로그》. 동문선.

52 유영만(2015).《유영만의 청춘경영》. 새로운 제안.

53 신영복(2017).《손잡고 더불어》. 돌베개.

54 신영복(2017).《냇물아 흘러흘러 어디로 가니》. 돌베개.

55 고시연구사 편집부(엮음)(2013).《다시 태어난다 해도 이 길을》. 고시연구사.

56 우치다 타츠루(지음). 김경원(옮김)(2018).《어떤 글이 살아남는가》. 원더박스.

57 유영만(2016).《공부는 망치다》. 나무생각.

58 프리드리히 니체(지음). 정동호 옮김(2000).《차라투스트라는 이렇게 말했다》. 책세상.

59 로먼 크르즈나릭(지음). 안진이(옮김)(2018).《인생은 짧다 카르페 디엠》. 더퀘스트.

60 앙투안 드 생텍쥐페리(지음). 김수영(옮김)(2020).《어린 왕자》. 코너스톤.

61 요한 볼프강 폰 괴테(지음). 정서웅(옮김)(1999).《파우스트 1》. 민음사.

62 우석훈(2011).《나와 너의 사회과학》. 김영사.

63 엄기호(2018).《고통은 나눌 수 있는가》. 나무연필.

64 알렉산드라 호로비츠(지음). 박다솜(옮김)(2015).《관찰의 인문학》. 시드페이퍼.

65 주디스 콜·허버트 콜(지음). 후박나무(옮김)(2002).《떡갈나무 바라보기》. 사계절.

66 우치다 타츠루(지음). 김경원(옮김)(2017).《곤란한 성숙》. 바다출판사.

67 블라디미르 프로프(지음). 어건주(옮김)(2013).《민담 형태론》. 지식을만드는지식.

68 우치다 타츠루(지음). 김경옥(옮김)(2013).《하류지향》. 민들레.

69 우치다 타츠루(지음). 박동섭(옮김)(2020).《우치다 선생이 읽는 법》. 유유.

70 테오도르 W. 아도르노(지음). 김유동(옮김)(2005).《미니마 모랄리아》. 길.

71 한병철(지음). 이재영(옮김)(2017).《타자의 추방》. 문학과지성사.

72 롤랑 바르트(지음). 김희영(옮김)(2004).《사랑의 단상》. 동문선.

73 배수아(2005).《당나귀들》. 이룸.

74 김상욱(2018).《떨림과 울림》. 동아시아.

75 김훈(2015).《라면을 끓이며》. 문학동네.

76 김훈(2014).《자전거 여행 2》. 문학동네.

77 장자(지음). 안동림(옮김)(2010).《장자》. 현암사.

78 니시오카 쓰네카즈(지음). 시오노 요네마쓰(엮음). 최성현(옮김)(2013).《나무에게 배운다》. 상추쌈.

79 김훈(2008).《바다의 기별》. 생각의나무.

80 조지 오웰(지음). 이한중(옮김)(2010).《위건 부두로 가는 길》. 한겨레출판.

81 조지 오웰(지음). 신창용(옮김)(2008).《파리와 런던의 밑바닥 생활》. 삼우반.

82 김훈 글(2014). 이강빈(사진)(2014).《자전거 여행 1》. 문학동네.

83 신형철(2018).《슬픔을 공부하는 슬픔》. 한겨레출판.

84 니코스 카잔차키스(지음). 이윤기(옮김)(2009).《그리스인 조르바》. 열린책들.

85 황현산(2013).《밤이 선생이다》. 난다.

86 더글러스 호프스태터(지음). 박여성·안병서(옮김)(2017).《괴델, 에셔, 바흐》. 까치.

87 이어령(2003).《기업과 문화의 충격》. 문학사상사.

88 구본형(2005).《그대, 스스로를 고용하라》. 김영사.

89 정현종(2022).《어디선가 눈물은 발원하여》. 문학과지성사.

90 이기철(2006).《정오의 순례》. 애지.

91 김수영(2022).《시여, 침을 뱉어라》. 민음사.

92 슈테판 츠바이크(지음). 서정일(옮김)(2019).《감정의 혼란》. 녹색광선.

93 수전 손택(지음). 이민아(옮김)(2002).《해석에 반대한다》. 이후.

94 앙리 베르그송(지음). 황수영(옮김)(2005).《창조적 진화》. 아카넷.

95 신영복(2012).《변방을 찾아서》. 돌베개.

96 서광원(2009).《시작하라 그들처럼》. 흐름.

97 프리드리히 니체(지음). 김미기(옮김)(2002).《인간적인 너무나 인간적인 II》.
    책세상.

98 김재인(2023).《AI 빅뱅》. 동아시아.

99 테오도르 W. 아도르노(지음). 홍승용(옮김)(1999).《부정 변증법》. 한길사.

100 장상호(2020).《교육학의 재건》. 교육과학사.

101 김지수(2023).《위대한 대화》. 생각의힘.

102 조르조 파리시(지음). 김현주(옮김)(2023).《무질서와 질서 사이에서》. 사이
    언스북스.

103 아니 에르노(지음). 신유진(옮김)(2022).《세월》. 1984Books.

104 우치다 타츠루·오오쿠사 미노루(지음). 현병호(옮김)(2019).《소통하는 신
    체》. 민들레.

105 장석주(2023).《지금은 시가 필요한 시간》. 나무생각.

106 김연수(2023).《너무나 많은 여름이》. 레제.

107 알베르 카뮈(지음). 장소미(옮김)(2023).《결혼·여름》. 녹색광선.

108 박정대(2011).《삶이라는 직업》. 문학과지성사.

109 윌리엄 진서(지음). 서대경(옮김)(2017),《공부가 되는 글쓰기》. 유유.

110 사이토 다카시(지음). 장은주(옮김)(2017).《어휘력이 교양이다》. 한빛비즈.

111 밀란 쿤데라(지음). 이재룡(옮김)(2011).《참을 수 없는 존재의 가벼움》. 민음사.

112 클로드 레비스트로스(지음). 안정남(옮김)(1996).《야생의 사고》. 한길사.

113 황현산(2018).《황현산의 사소한 부탁》. 난다.

114 김경원·김철호(2006).《국어 실력이 밥 먹여준다―낱말편 1》. 유토피아.

115 김경원·김철호(2007).《국어 실력이 밥 먹여준다―낱말편 2》. 유토피아.

116 귀스타브 플로베르(지음). 진인혜(옮김)(2012).《통상 관념 사전》. 책세상.

117 미키 맥기(지음). 김상화(옮김)(2011).《자기계발의 덫》. 모요사.

118 미하이 칙센트미하이(지음). 최인수(옮김)(2004).《몰입 Flow》. 한울림.

119 스티븐 코비(지음). 김경섭(옮김)(2017).《성공하는 사람들의 7가지 습관》. 김영사.

120 이문재(2014).《지금 여기가 맨 앞》. 문학동네.

121 프리드리히 니체(지음). 안성찬·홍사현(옮김)(2005).《즐거운 학문 메시나에서의 전원시》. 책세상.

122 안상순(2021).《우리말 어감 사전》. 유유.

123 발터 벤야민(지음), 김영옥·황현산(옮김)(2010).《보들레르의 작품에 나타난 제2제정기의 파리》. 길.

124 지그문트 바우만(지음). 이수영(옮김)(2010).《새로운 빈곤》. 천지인.

125 발터 벤야민(지음). 최성만(옮김)(2008).《경험과 빈곤》. 길.

126 한병철(지음). 전대호(옮김)(2023).《정보의 지배》. 김영사.

127 시어도어 젤딘(지음). 문희경(옮김)(2016).《인생의 발견》. 어크로스.

128 한병철(지음). 전대호(옮김)(2023).《정보의 지배》. 김영사.

129 이반 일리치(지음). 권루시안(옮김)(2013).《과거의 거울에 비추어》. 느린 걸음.

130 한병철(지음). 김태환(옮김)(2015).《에로스의 종말》. 문학과지성사.

131 마르틴 하이데거(지음). 이기상 (옮김)(1998).《존재와 시간》. 까치.

132 지그문트 바우만(지음). 오윤성(옮김)(2019).《고독을 잃어버린 시간》. 동녘.

133 김성우·엄기호(2020).《유튜브는 책을 집어삼킬 것인가》. 따비.

134 프리드리히 니체(지음). 정동호(옮김)(2000).《차라투스트라는 이렇게 말했다》. 책세상. 63쪽.

135 김성우·엄기호(2020).《유튜브는 책을 집어삼킬 것인가》. 따비. 98쪽.

136 레프 니콜라예비치 톨스토이(지음). 박형규(옮김)(2010).《안나 카레니나 세트(전3권)》. 문학동네.

137 보리스 파스테르나크(지음). 김연경(옮김)(2019).《닥터 지바고 1, 2》. 민음사.

138 레프 니콜라예비치 톨스토이(지음). 박형규(옮김)(2010).《안나 카레니나 세트(전3권)》. 문학동네. 11쪽.

139 김성우·엄기호(2020).《유튜브는 책을 집어삼킬 것인가》. 따비. 127쪽.

140 셰익스피어(지음). 최종철(옮김)(2008).《로미오와 줄리엣》. 민음사.

141 김성우·엄기호(2020). 《유튜브는 책을 집어삼킬 것인가》. 따비. 126쪽.

142 김성우·엄기호(2020). 《유튜브는 책을 집어삼킬 것인가》. 따비. 269쪽.

143 한나 아렌트(지음). 이진우(옮김)(2019). 《인간의 조건》. 한길사.

144 미키 맥기(지음). 김상화(옮김)(2011). 《자기계발의 덫》. 모요사.

145 한병철(지음). 이재영(옮김)(2021). 《고통 없는 사회》. 김영사.

146 프리드리히 니체(지음). 김미기(옮김)(2001). 《인간적인 너무나 인간적인 I》. 책세상.

147 유영만(1995). 《지식경제 시대의 학습조직》. 고도컨설팅출판사.

148 유영만(2007). 《용기》. 위즈덤하우스.

149 스티븐 C. 런딘·해리 폴(지음). 유영만(옮김)(2000). 《펄떡이는 물고기처럼》. 한언.

150 스튜어트 에이버리 골드(지음). 유영만(옮김)(2006). 《핑》. 웅진윙스.

151 존 고든(지음). 유영만·이수경(옮김)(2007). 《에너지 버스》. 쌤앤파커스.

152 유영만(2006). 《지식생태학》. 삼성경제연구소.

153 유영만 외(2018). 《지식생태학: 생태학, 죽은 지식을 깨우다》. 박영사.

154 유영만(2017). 《나무는 나무라지 않는다》. 나무생각.

155 유영만·고두현(2011). 《곡선이 이긴다》. 리더스북.

156 유영만·고두현(2016). 《곡선으로 승부하라》. 새로운 제안.

157 유영만(2008). 《내려가는 연습》. 위즈덤하우스.

158 유영만(2023). 《끈기보다 끊기》. 문예춘추사.

159 유영만(2013). 《브리꼴레르》. 쌤앤파커스.

160 유영만(2008).《상상하여? 창조하라!》. 위즈덤하우스.

161 유영만(2009).《청춘경영》. 명진출판사.

162 유영만(2013).《울고 싶을 땐 사하라로 떠나라》. 쌤앤파커스.

163 유영만(2019).《이런 사람 만나지 마세요》. 나무생각.

164 유영만(2024).《늦기 전에 더 늙기 전에》. 이새출판사.

165 유영만(2023).《2분의 1》. 블랙피쉬.

166 유영만(2022).《아이러니스트》. EBS BOOKS.

167 유영만(2017).《생각지도 못한 생각지도》. 위너스북.

168 유영만(2018).《체인지(體仁智)》. 위너스북.

169 유영만(2023).《삶을 질문하라》. KHRD.

170 유영만(2016).《공부는 망치다》. 나무생각.

171 유영만·박용후(2022).《언어를 디자인하라》. 쌤앤파커스.

172 에릭 호퍼(지음). 방대수(옮김)(2014).《길 위의 철학자》. 이다미디어.

173 김소연(2008).《마음사전》. 마음산책.

174 이청준(2001).《예언자》. 열림원.

습관성 자기계발 시대, 삶의 주도권을 지켜내는 일생이론

코나투스

초판 1쇄 발행	2024년 5월 30일
초판 7쇄 발행	2024년 10월 21일

지은이	유영만
펴낸곳	(주)행성비

펴낸이	임태주

편집총괄	이윤희
책임편집	김지호
디자인	페이퍼컷 장상호
마케팅	배새나

출판등록번호	제2010-000208호
주소	경기도 김포시 김포한강10로 133번길 107, 710호
대표전화	031-8071-5913
팩스	0505-115-5917
이메일	hangseongb@naver.com
홈페이지	www.planetb.co.kr

ISBN 979-11-6471-263-2 03190

행성B는 독자 여러분의 참신한 기획 아이디어와 독창적인 원고를 기다리고 있습니다.
hangseongb@naver.com으로 보내 주시면 소중하게 검토하겠습니다.